高等院校人力资源管理专业系列教材

绩 效 管 理

袁庆宏　编著

南开大学出版社
中国·天津

图书在版编目(CIP)数据

绩效管理／袁庆宏编著．—天津：南开大学出版社，
2009.7（2019.8重印）
（高等院校人力资源管理专业系列教材）
ISBN 978-7-310-03199-3

Ⅰ.绩… Ⅱ.袁… Ⅲ.企业管理：人事管理－高等学校－
教材　Ⅳ.F272.92

中国版本图书馆 CIP 数据核字(2009)第 116148 号

版权所有　侵权必究

南开大学出版社出版发行
出版人：刘运峰
地址：天津市南开区卫津路 94 号　　邮政编码：300071
营销部电话：(022)23508339　23500755
营销部传真：(022)23508542　邮购部电话：(022)23502200
＊
天津泰宇印务有限公司印刷
全国各地新华书店经销
＊
2009 年 7 月第 1 版　　2019 年 8 月第 2 次印刷
787×960 毫米　16 开本　17 印张　285 千字
定价：42.00元

如遇图书印装质量问题，请与本社营销部联系调换，电话：(022)23507125

总　序

　　社会需求是学科发展和专业建设的最基础和最强大的推动力。随着人力资源在社会经济各类组织中战略地位的不断凸显，人力资源管理的重要性也日益受到关注。虽然人力资源管理专业名称在我国出现只是在改革开放之后的20世纪80年代，但是近年来，随着我国社会与经济的高速发展对于高素质的人力资源管理人才的需求不断扩大，人力资源管理领域的专业人才培养工作取得了突飞猛进的发展，我国人力资源管理的学科建设和专业发展也已经进入不断完善和日臻成熟的阶段。

　　南开大学是国内商科中较早设立人力资源管理本科专业的院校之一，现已形成较为完整的人力资源管理专业的本硕博系列学位培养体系，2008年人力资源管理专业又获得教育部的高校"第一类特色专业建设点"项目的支持。本套系列教材的策划和撰写正是我们进行高校人力资源管理特色专业建设探索的重要活动之一。

在人力资源管理专业系列教材建设方面,我们2001年推出的"21世纪人力资源开发与管理系列教材"(共六册)得到了学界和业界人士的认可,并被多所高校列为教学用书。在当前社会与经济发展的新形势下,尤其是信息化、网络化社会的发展,中国经济全球化程度的加深,以及新的劳动合同法的出台等一系列因素,对中国企业人力资源管理带来新的机遇和挑战,也对我国人力资源管理学科发展提出新的要求,我国人力资源管理专业的知识结构、培养目标、课程内容安排和教材体系建设等方面都需要进行相应的调整和完善。如何借鉴国际先进经验,结合我国经济和社会发展的现实需求,探索新的适应国际化发展和体现我国特色的人力资源管理专业人才培养的教材体系显得十分迫切。为此,我们决定对第一套教材进行全面修订和重大补充。

本套"高等院校人力资源管理专业系列教材"是由南开大学商学院人力资源管理专业教师团队精心策划和撰写的。编者们结合近年来国内外人力资源管理领域在理论研究和实践应用方面的发展走向,同时本着推动具有我国特色的高校人力资源管理专业的课程与教材体系的不断完善的思路,力求为广大学生提供一套前瞻性、系统性、创新性、实用性较强的专业教材。

本套丛书共包括七本教材,分别是:《人力资源管理概论》、《职务管理》、《员工招聘》、《人力资源开发》、《绩效管理》、《薪酬管理》、《员工关系管理》。本教材力图做到既有理论的深入分析,又具有实践的可操作性,同时也成为企业人力资源管理部门专业管理人员的参考工具。本书可供高等学校人力资源管理专业学生使用,也可供工商管理类、劳动管理专业学生使用。

丛书在编写中难免有一些不足之处,敬请读者批评指正。

前　言

　　随着社会的不断发展与经济全球化不断深入,市场竞争环境日益复杂多变,企业从组织结构到运行模式都在不断发生变化。然而变化中蕴含不变的是,企业对于绩效的永恒追求。员工在工作中的个人绩效是组织绩效的基础,员工绩效评价与绩效管理是企业人力资源管理的核心。

　　然而,绩效评价与绩效管理的理论上的重要性同其现实实践中的表现,一直存在着巨大的反差。我国在引入国外(主要是美国)人力资源管理体系过程中,结合中国的企业实践,不断丰富和充实员工绩效管理的内容,但是还没有形成相对成熟的体系。其中一方面原因是引进得还不系统,另一方面原因是我国自身实践的迫切需求与发达市场经济国家有所不同。在人力资源管理专业课程中,绩效评价既是一门技能性很强的"策论"课程,又是一门与组织战略密切相关的"宏论"课程。

本教材的定位包含三个方面：

1. 紧密围绕战略视角。绩效评价与绩效管理体系的设计过程，实质上也是组织激励体系的变革过程，绩效管理是一项生生不息的管理活动。如果不树立这种动态循环的观念，就难以把握绩效管理的真谛所在。本教材第二章专门从企业战略的层面，阐述员工绩效管理的意义，并力图在后续章节的绩效管理循环过程和体系设计中体现出来。

2. 知识框架与操作技能的兼顾。为体现知识的整体性，内容包括了"绩效—绩效评价—绩效管理"基本概念体系，"计划—实施—评价—反馈—改进"的绩效管理的基本流程，绩效管理的技术与方法介绍等。书中涵盖了绩效管理的基本的知识点。

3. 适当关注理论前沿。能够识别和吸收最新理论成果，站在创新前沿，为实践所用。本教材在描述绩效评价与管理的基本知识框架和主流理论知识的同时，也适当关注了最近理论研究的进展，通过每章文中的资料框，以及第九章部分内容，对于绩效评价与管理领域的研究成果和发展趋势进行了阐释和评述，以拓展在掌握基础知识之后有一定研究兴趣的读者的视野。

本书是袁庆宏结合为本科生和研究生讲授"绩效管理"课程的积累，并参阅国内外相关资料，提出写作提纲。袁庆宏撰写第1、2、3、8、9章，范冠华撰写第4、5章及第7章(部分)，徐静撰写第6章及第7章(部分)，最后由袁庆宏负责全部章节总纂。本书付梓之际，我要感谢所有参编者的辛勤努力，感谢在课堂上积极参与讨论的同学们，也感谢我在编写中参考和引用其成果的国内外学者们——他们都为本书最终完成作出各自独特的贡献。最后还要感谢南开大学出版社编辑的辛勤劳动。对于本书存在的不足，责任由我承担，希望读者提出批评和建议。

袁庆宏
2009年5月于南开大学商学院

目 录

第一章 概论 …………………………………… (1)
　　第一节 绩效 …………………………………… (2)
　　第二节 绩效评价 ……………………………… (14)
　　第三节 绩效管理 ……………………………… (20)

第二章 基于战略的绩效管理 …………………… (31)
　　第一节 绩效管理与企业战略 ………………… (32)
　　第二节 战略绩效管理与人力资源管理 ……… (39)
　　第三节 战略绩效管理设计思想与框架体系
　　　　　　………………………………………… (44)
　　第四节 战略绩效管理的实现过程 …………… (48)

第三章 绩效目标与绩效计划 …………………… (55)
　　第一节 基本概念与基本理论 ………………… (56)
　　第二节 绩效目标 ……………………………… (60)
　　第三节 关键绩效指标(KPI) ………………… (64)
　　第四节 绩效计划 ……………………………… (75)

第四章 绩效评价方法 …………………………… (89)

　　　　第一节　绩效评价方法的选择 …………………………………… (90)
　　　　第二节　绩效评价的一般方法 …………………………………… (93)
　　　　第三节　绩效评价方法的常见偏差及其规避措施 …………… (110)

第五章　绩效评价的信息来源 ……………………………………… (119)
　　　　第一节　绩效评价信息来源的含义与选择原则 ……………… (120)
　　　　第二节　绩效评价的主要信息来源比较 ……………………… (123)
　　　　第三节　多源绩效评价体系及实施条件 ……………………… (138)
　　　　第四节　评价者的培训 …………………………………………… (144)

第六章　绩效沟通与反馈 …………………………………………… (151)
　　　　第一节　持续的绩效沟通的投入产出过程模型 ……………… (152)
　　　　第二节　持续的绩效沟通的实现 ……………………………… (156)
　　　　第三节　绩效反馈面谈的准备 ………………………………… (164)
　　　　第四节　绩效反馈面谈实施的步骤与效果 …………………… (168)

第七章　绩效诊断、绩效改进与评价结果应用 ………………… (177)
　　　　第一节　绩效诊断 ………………………………………………… (178)
　　　　第二节　绩效改进 ………………………………………………… (183)
　　　　第三节　绩效评价结果的应用(1)：绩效薪酬、调整工作配置、培训
　　　　　　　　　………………………………………………………… (191)
　　　　第四节　绩效评价结果的应用(2)：不良绩效处理与离职 …… (200)

第八章　员工绩效管理体系的设计与实施 ……………………… (212)
　　　　第一节　绩效管理体系的设计 ………………………………… (213)
　　　　第二节　员工绩效管理体系的实施 …………………………… (220)
　　　　第三节　绩效管理体系的组织保障 …………………………… (226)

第九章　绩效管理理论与实践的新发展 ………………………… (236)
　　　　第一节　变动的工作环境下的员工绩效管理 ………………… (237)
　　　　第二节　员工绩效管理应用的新发展 ………………………… (243)
　　　　第三节　员工绩效管理理论的发展趋势 ……………………… (255)

第一章

概　　论

本章学习要点

- 掌握绩效、绩效评价、绩效管理的基本概念。
- 了解绩效管理在企业管理中的重要意义与角色。
- 认识绩效的个人特性、行为和业绩三个基本效标。
- 明确绩效管理体系的主要内容,为后续章节学习奠定基础。

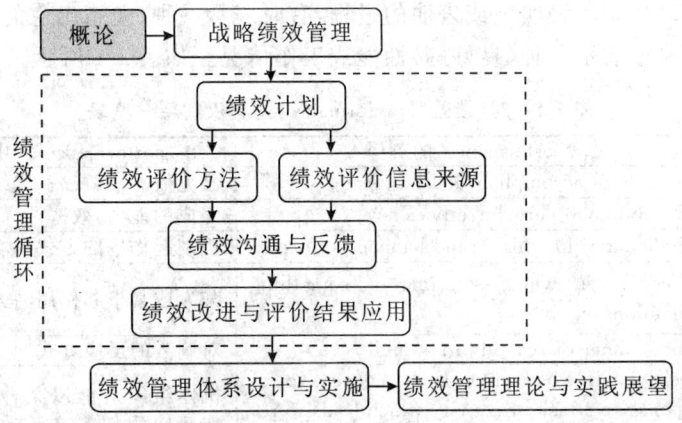

绩效管理的思想始于绩效评价,有人群的地方就会有绩效评价。绩效评价既是一种社会现象,也是一种社会需要,有着悠久的历史。在有组织、有目的的人群或机构中,绩效评价又往往是有意识和有系统的活动过程。

人类早期的评价不具备通常意义上绩效评价的基本形态,只有到了工业社会,随着管理科学的不断发展,制度性的、规范化的评价在社会组织中才得到广泛的应用,绩效评价向绩效管理的拓展成为组织中管理科学化的重要内容。

第一节 绩效

一、绩效的一般含义

(一)绩效的基本语义

什么是绩效(performance)?

从字面上理解,汉语中与"绩效"相近的词汇,包括"业绩"、"实绩"、"效绩"等。《新华字典》"绩"——成就、功业。如:绩用(绩效,功用)、绩庸(功效,工作的成绩)、绩阀、功绩等。"效"——功用,成果。如:效验、效果、成效、有效、功效、效益、效用、效应、效率等。

英语中对于"performance"的解释包括"执行、履行、表现、成绩"等多层含义,有时强调一种实施或表演的过程,有时表示一种(尤指出色的)行为或成就,有时也表示一种(良好的)性能或工作情况。如表 1-1 所示。

表 1-1 对"绩效"(performance)的英汉解释一览表

序号	"performance"的英译	"performance"的中译
1	something accomplished; deed, feat	已完成的事;成就、成绩
2	the ability to perform; efficiency	完成的能力;效率
3a	the manner in which a mechanism performs	机制起作用的方式
3b	the way in which someone or something functions	某人或某事起作用的方式
3c	the manner of reacting to stimuli	对刺激的反应方式
3d	behavior in which an organism engages in response to a task or activity which leads to results, especially to a result which modifies the environment in some way	机体组织对能以某种方式改变环境的任务或活动进行反应时的行为

续表

序号	"performance"的英译	"performance"的中译
4a	the act of performing, or the state of being performed	进行或实行某事的行为或过程
4b	the fulfillment of a claim, promise or request; implementation	要求允诺或请求的满足和履行
4c	the execution of an action	行动的完成
4d	activity	活动
5	linguistic behavior, contrasted with competence	语言表现度,为胜任度的对比
6a	the action of representing a character in a play	在戏剧中扮演角色的表演
6b	a public presentation or exhibition	公开的演出或展出
6c	the act or style of performing a work or role before an audience	在公众面前完成某项任务或扮演某个角色的行为或风格

资料来源:杨杰等,《关于绩效评价若干基本问题的思考》,《自然辩证法通讯》,2001(2),第43页。

(二)绩效的基本范畴

绩效的最一般含义应该是活动的成绩与效果。在现代社会和经济发展过程中,人们越来越关注各种各样的活动主体及其所执行事务的成绩与效果。因此绩效及绩效评价工作得到更多的重视。具体应用的对象和情境不同,绩效所具有的语义也会有不同方向和程度的拓展。

1. 绩效的层次性

按照被衡量的行为主体的多样性,可以从组织、团体、个体等不同层面给绩效下定义。例如,政府绩效、组织绩效、团队绩效、员工绩效等。层面不同,绩效所包含的内容、影响因素及其测量方法也不同。其中:

(1)政府绩效是指政府层面的运行成绩与效率。政府绩效改革是西方国家在新公共管理思潮影响下出现的旨在提高政府机构的效率和公信力的一项管理改革举措。政府绩效评价与审计问题正成为我国社会关注的热点之一,被认为是我国政府职能转变和提高政府执行力的重要途径之一。

(2)组织绩效则是指组织在实现自身目标过程中的成绩和效率。组织包括营利组织和非营利组织。其中企业绩效是指企业作为一种营利性组织的运行成绩与效率,通常强调的是组织整体的财务绩效和管理绩效等内容。

(3)团队绩效是近来随着工作团队在组织中广泛运用而备受关注的概念之一,它侧重的是由若干员工组成的一个工作群体的工作绩效。

(4)员工绩效是指组织中的成员个体实现工作目标的成效情况。员工绩效不同于团队绩效和组织绩效。员工绩效是团队绩效和组织绩效的基础，团队绩效和组织绩效与员工的绩效管理密切相关。

本教材是以个人绩效和部分团队层面的绩效的评价与管理为主体内容。

2. 绩效的行为性

被衡量的对象也可能是正在进行的某项活动，此时的绩效是指某项活动的行为体现出的效率和效果。例如，政府公共支出方面的绩效、某项水利工程的绩效、新建的物流系统的绩效、企业的财务绩效、质量控制体系的绩效等。例如，目前我国企业推行的强调从质量管理领域来提升企业经营管理水平的卓越绩效评价准则，显然是以某种特征的企业管理活动，而不是以员工个体行为评价为出发点的。构成本教材行为主题的是，组织活动中员工层面的绩效活动。

3. 绩效的学科视角差异性

绩效作为一种具有复杂成因和影响的问题，可以运用不同学科知识加以研究和解释。从不同学科视角来看待绩效也会有不同含义。

从经济学视角来看，绩效与薪酬是员工和组织之间的对等承诺关系，其中绩效是员工对组织的承诺，而薪酬是组织对员工的承诺，两者的关系实质上体现出市场经济的等价交换原则。

从社会学视角来看，绩效意味着每一位社会成员按照社会分工所确定的角色承担他的那一份职责，社会成员履行职责的表现和程度是影响其社会关系和社会地位的重要方面。

还有近年来在人力资源管理中受到更多关注的心理学视角，从工作状态中个人的心理行为角度来理解绩效。从心理学视角看，绩效往往是指与内在心理相对的外部行为表现。performance 在不同场合通常可译为"行为、表现、运用、表演、（测试）成绩"等。

从管理学视角来看，绩效是组织期望的结果，是组织为实现其目标而展现在不同层面的有效输出，它包括个人绩效、团队绩效和组织绩效等不同层面。在管理实践中，人们更强调从一个工作活动的过程及其效果来定义绩效[见资料框1-1]。

二、员工绩效的含义

本教材主要以企业组织中员工个人层面的工作绩效为阐述对象，绩效的含义主要限定在企业组织内部、员工个人层面、基于工作职位系统等方面。

资料框 1-1： 绩效内涵的新审视

多年来,在人事心理学的研究文献中,"工作绩效"通常被认为是一种单一的测量,其内涵很少被明确说明。直到近十多年来,学术界才开始重视对绩效的内涵加以明确界定。但学术界对绩效内涵的看法并不统一,主要存在两种观点:一种是Bernardin等人(1984)的定义,他们认为,绩效是在特定时间范围、在特定工作职能、活动或行为上生产出的结果记录。这种观点被大多数研究者反对。学术界普遍赞同另一种观点,即Campbell、McCloy、Oppler和Sager(1993)提出的观点,他们认为绩效是员工自己控制的与组织目标相关的行为。在这个定义中,还包含了对绩效的一些其他观点:(1)绩效是多维的,没有单一的绩效测量,在大多数背景下,与组织目标有关的工作行为有多种类型;(2)绩效是行为,并不必然是行为的结果;(3)这种行为必须是员工能够控制的。之所以不以任务完成或目标达到等结果作为绩效,主要有以下三方面的原因:一是许多工作结果并不必然是员工的工作带来的,可能有其他与个人所做工作无关的促进因素带来了这些结果;二是员工完成工作的机会并不是平等的,而且也不是在工作中做的一切事情都必须与任务有关;三是过度关注结果将使人忽视重要的过程和人际因素,使员工误解组织要求。

蔡永红、林崇德:《绩效评价研究的现状及其反思》,《北京师范大学学报》,2001(4)。

(一)企业组织范围内绩效

不同于行政或其他类型的组织,企业是经济组织,经济目标是企业生存与发展的重要方面。企业社会责任等目标也是为其经济目标服务的。企业目标需要通过组织体系分担到各个部分和具体的员工岗位之上。随着经济的全球化和信息时代的到来,世界各国企业都面临着越来越激烈的国内和国际市场竞争。为了提高自己的竞争能力和适应能力,许多企业都在探索提高生产力和改善组织绩效的有效途径。对于经济目标和管理效率的关注,使得我国企业对于不同层次绩效内涵和重要性的认识也在不断变化,需要对绩效赋予新的含义。员工绩效是构成企业绩效的基础,只有员工绩效得到了真正的提高,才会有组织绩效真正的提高。

(二)员工个人层面的绩效

企业提高效率的途径有多种。例如,组织结构调整、裁员、组织扁平化、职能外包等成为当代组织变革的重要趋势。但实践证明,各种调整措施只是提供了一个改善绩效的机会,它们也许能够降低成本,却并不一定能改善绩效,真正能促使组织绩效提高的途径是组织成员行为的改变。员工个人层面的绩效是构成企业绩效的基础。绩效是员工所做的工作对实现企业的目标具有效益和贡献的部分。员工绩效的目标制定、考评实施、反馈与改进、考评结果运用等,都是本教材关注的主要内容。

(三)基于工作职位意义上的绩效

企业人力资源管理对于绩效的理解,更关注基于岗位职责和具体工作任务意义上的工作绩效,倾向于将员工绩效限定为员工个体能够自我控制并影响组织目标实现的行为,将员工工作绩效理解为个体帮助组织实现其目标过程的贡献大小。对于员工工作绩效的判断,有助于了解员工在组织中履行其岗位职责并完成工作任务的状况,为进一步作出员工薪酬待遇和晋升与否等人事决策提供依据。

近年来,在有关工作绩效的理解中,一个日益引人关注的问题是,组织成员对组织目标的影响,不仅仅表现为工作说明书所规定的角色内的行为,许多角色以外的行为也直接影响着组织绩效和组织目标。因此,工作绩效被细化为任务绩效和周边绩效,从而加深了人们对于员工绩效的理解。

绩效的概念表述很多,表1-2是对不同学者关于绩效含义与分类的表述的一个归纳。

表1-2 不同学者对于工作绩效的定义

绩效定义	代表文献	总因素	绩效分类
工作绩效的层面是由绩效的量、绩效的质、对工作尽力的程度所组成	Porter & Lawler (1968)	结果行为	任务绩效
工作绩效是一种员工从事自己工作的方法。员工自己学习安排时间、技术、技巧,和其他人互动服从上级领导	Hall & Goodale (1986)	策略技巧	学习绩效 关系绩效
绩效不是行动的后果或结果,它本身就是行动,它包含个体控制之下的、与目标相关的动作,无论这些动作是认知的、驱动的、精神运动的,还是人际间的	Campbell, McCloy, Opper, & Sager (1993)	行为绩效	任务绩效
工作绩效是可以评价的、多维度的、连续的与组织目标相关的行为结构体	Borman & Motowidlo(1997)	行为绩效	任务绩效 关系绩效
绩效是个性的一个随机变量	Hogan & Shelton (1998)	潜在价值	角色绩效
工作绩效是某个个体或组织在某个特定的时间内以某种方式实现的某种结果	杨杰、方俐洛、凌文铨(2000)	结果	任务绩效
绩效是指行为和结果。行为由从事工作的人表现出来,将工作任务付诸实施。(行为)不仅仅是结果的工具,行为本身也是结果,并且能与结果分开进行判断	仲理峰、时勘(2002)	行为绩效 结果绩效	任务绩效 关系绩效

续表

绩效定义	代表文献	总因素	绩效分类
工作绩效是在个体控制下的，对组织目标具有贡献的行动或行为	Rotundo & Sackett.(2002)	行为绩效	任务绩效 关系绩效
绩效是组织期望的结果、员工对组织的承诺、按照社会分工所确定的角色承担他的一份职责	付亚和、许玉林(2003)	综合体	角色绩效
善于学习新的任务，有信心掌握新的任务，具有灵活性"获得经验、应对策略"	Hesketh & Neal (2004)	学习	学习绩效
绩效中关于持续学习的维度反映出形成计划、学习并将新知识和新技能应用于不断变化的组织的环境过程中	Ligen & Pulakos (2004)	学习	学习绩效
主动支持创新思想、搜寻新的工作方法、技巧或工具，产生创新性的想法，用系统的方法介绍创新的思想，将创新思想转化到实际应用中等	Janssen & Van Yperen(2004)	创新	创新绩效

资料来源：韩翼、廖建桥，《南开管理评论》，2006(3)，第61—66页。

综上所述，绩效是员工在实现组织或部门目标过程中，对于组织和部门的贡献度，以及在过程中表现出来的行为和特质。它既可以是一个结果，也可以是员工工作的效率、工作产生的效益或对待工作态度、人际关系、勤奋等。

三、员工绩效的基本效标

所谓效标(criteria)是指判断或检验某种事物的标准、准则或尺度。员工绩效是一个具有多维结构的体系，测量的效标因素不同，其结果也会不同。要想测量、评价和管理员工绩效，必须先对其基本效标的确切内涵进行界定。

绩效就是我们想要的东西，通常是一种"结果"，因此"结果"是测量绩效的一个首要效标。与此同时，被评价者的某种"行为"和某种"特性"也会对绩效结果有着明显的直接的影响，它们也可以作为识别绩效的重要效标。结果、行为和特性，共同构成绩效的三个重要效标。下面分别叙述反映员工绩效的这三个基本效标：

（一）员工绩效的结果效标

员工绩效的结果效标即所谓的"结果说"，绩效即结果(results)。

主要观点：绩效是工作所达到的结果，是一个人的工作成绩的记录。

Bernardin 等(1995)认为,"绩效应该定义为工作的结果,因为这些工作结果与组织的战略目标、顾客满意感及所投资金的关系最为密切"。Kane(1996)指出,绩效是"一个人留下的东西,这种东西与目的相对独立存在"。

表示绩效结果的相关概念:绩效即结果,不是一种空洞的观念,而是通过一系列相关概念的具体组合呈现出来。主要包括:
- 结果(results)。
- 职责(accountability)。
- 关键结果领域(key result areas)。
- 责任、任务与事务(duties, tasks and activities)。
- 目的(objectives)。
- 目标(goals or targets)。
- 生产量(outputs)。
- 关键成功因素(critical success factors)。

可能的不足在于,如果要以结果作为准确评价个人绩效的依据,就必须考虑个人与结果之间的内在关系。个人是形成结果的主要原因还是次要原因?除了个人的因素以外,有没有其他因素影响结果产生?例如,一个销售目标的达到不仅仅取决于个人努力的结果,还包括公司政策、支持以及外部市场环境等。如果在绩效评价中不考虑这些因素,一方面会造成评价结果的误差,另一方面也造成了不公平。以结果作为评价个体绩效的重要效标,可能面临以下三方面问题:
- 许多工作结果并不一定是个体行为所致,可能受到与工作无关的其他影响因素的影响。
- 员工没有平等完成工作的机会,并且在工作中的表现不一定都与工作任务有关。
- 过分关注结果会导致忽视重要的行为过程,可能会在工作要求上误导员工。

因此,结果可以作为评价组织绩效的整体效标,但在用于评价个人绩效时,就不宜简单地依据结果进行评价。现实对绩效是工作成绩、目标实现、结果、生产量的观点提出了挑战,绩效的行为观点获得越来越多的认同。

(二)员工绩效的行为效标

员工绩效的行为效标即所谓的"行为说",绩效即行为(behavior)。该类观点的理论阐述主要来自以下方面:
- Murphy(1990)给绩效下的定义是,"绩效是与一个人在其中工作的组织或组织单元的目标有关的一组行为"。

● Campbell(1990)指出,"绩效是行为,应该与结果区分开,因为结果会受系统因素的影响","绩效是行为的同义词,它是人们实际的行为表现并是能观察得到的。就定义而言,它只包括与组织目标有关的行动或行为,能够用个人的熟练程度(即贡献水平)来定等级(测量)。绩效是组织雇人来做并需做好的事情。绩效不是行为后果或结果,而是行为本身。绩效由个体控制下的与目标相关的行为组成,不论这些行为是认知的、生理的、心智的或人际的"。

● Borman 和 Motowidlo(1993)则提出了绩效的二维模型,认为行为绩效包括任务绩效(task performance)和关系绩效(contextual performance,也称周边绩效)两方面,其中,任务绩效指所规定的行为或与特定的工作熟练度有关的行为;关系绩效是指自发性或超职责行为。

绩效的行为效标作用的发挥,是以满足以上条件的行为为前提的。而现实工作中许多个人行为与组织的联系不一定紧密,单纯的行为效标也面临效度问题。孤立的行为效标是不存在的,因为它需要建立行为与结果的联系,如果没有与结果的联系,行为就丢失了最终效标。

(三)员工绩效的特质(特性)效标

员工绩效的特质效标,是指绩效是以素质为基础的员工潜能(competence)。个人特征(技能、能力等)是绩效的"原材料"。对于从事销售工作的员工来说,组织期望他们有良好的人际关系技巧和关于产品的知识。然而这些原材料是通过员工的个体行为转化为客观结果的。只有当员工具备必要的知识、技能以及其他特征的时候,他们才能执行某些行为。因此,具有良好的产品知识和人际关系技巧的员工能够与顾客讨论各种不同品牌产品的优点,同时也能够表现出一种友好、帮助人的态度(但是这并不意味着他们一定会表现出这些行为来,而只是说他们能够表现出这些行为)。另一方面,产品知识很少、人际关系技能缺乏的员工则不能有效地表现出上述这些行为来。

1. 主要观点

●对绩效的研究不再仅仅关注于对历史的反应,而是更关注于员工的潜在能力,将个人潜力和个人素质纳入绩效评价的范畴,重视高素质与高绩效之间的关系。

●从系统的观点考量。个人特性是将绩效优秀者与绩效平平者区别开来的心理特征,是对在特定环境下的行为和行为结果的概括[见启示1-1]。

> **启示 1-1：**
> 与其训练火鸡爬树，不如直接去招聘松鼠，因为松鼠擅长爬树的特质要远远强于火鸡。运用个人特性这一最终效标，能够在很大程度上预测实际绩效的发生。随着企业知识化程度提高，个人能力对于绩效行为和结果的影响更加明显。

2. 应用条件

在三个基本效标中，第三个效标相对难以被人直观地理解。严格地说，如果没有"行为"、"结果"，人们根本无法对一个人的"特性"进行评价。因为特性是一个人行为和行为结果的抽象与概括。在招聘时，我们需要对应聘者能力进行预测性评价。因为对应聘者不了解，所以依赖于基于行为的面试，通过其以前的行为和结果预测未来。而绩效评价则是一个相反的过程，由后向前看，从行为和结果中概括被评价者的能力。因此，我们需要正确理解个人特性作为绩效效标的含义。从理论上说，个人特性是一种最终效标，其本身不能作为绩效直接测量，只有转化成实际效标才能被测量，而这个实际效标就是特定环境下的行为和行为结果。

（四）三个基本效标的关系分析

1. 基本效标间的递进驱动关系

绩效的概念，可以看成是结果、行为和个体特性的综合。从因果关系来讲，人的特质导致行为，行为导致结果，或者说，结果根源于行为，行为根源于特性。三者之间是递次驱动的关系。反过来说，一个结果如果不是当事人的行为导致的，那么这个结果就不是他的结果，而是其他因素导致的结果；一个行为如果不是当事人的内在特性导致的，也不能是这个人的典型行为，而只是偶然行为。因此，员工必须具有某些特定的特征，同时采取一系列的正确行为，然后才能取得某些结果。

2. 绩效效标的影响因素分析

员工绩效取决"个人"和"系统"两个方面。个人的因素包括个人特性、行为和结果三方面；系统因素包括环境限制和组织战略两个方面。绩效最终是由环境、战略目标、个人特性、行为和结果这些因素共同作用的产物（如图 1-1 所示）。

首先，要考虑影响绩效发生的系统因素，即当事人产生绩效时面临的情景与环境限制是什么，当事人所在组织的战略和部门目标是什么。

其次，对于影响绩效的个人层面的因素进行分析，即当事人具有怎样的个人特性，采取了哪些行动，导致了什么后果。分析的逻辑是，个人特性引导行为,行为导致结果。

在对绩效效标进行选择和运用时,只有分清系统因素和个人因素的影响,剥离与个体绩效无关的因素,才能使绩效评价公平和准确。

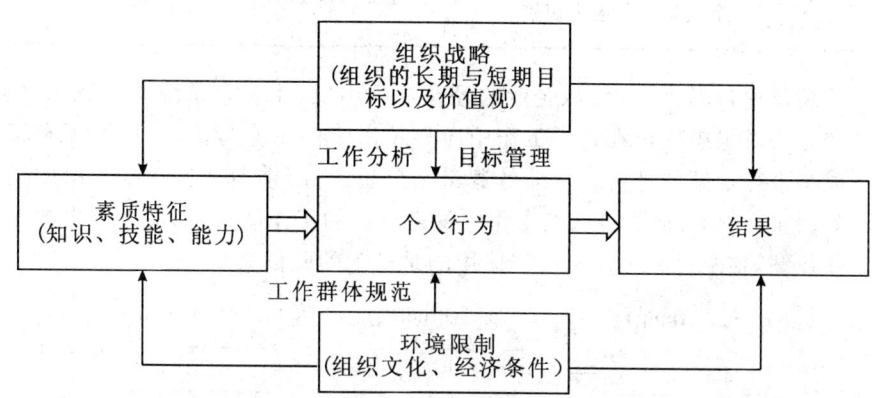

图 1-1 绩效的素质、行为及结果三效标的关系图

3. 应用考虑

在大多数组织中,绩效评价采用的是单一方法而不是系统方法。如某些岗位用结果法评价(如生产、销售人员),某些岗位用行为法(如服务人员),还有些岗位用特性法(如行政人员)。这种做法在理论上缺乏效度验证,在实际应用中可能造成不公平的评价,或让绩效评价流于形式。因此,绩效的三个基本效标是密切联系的,现实的绩效判断往往是以上不同效标的组合。表 1-3 列举了在不同绩效发生的情境中,选择绩效效标面临的关键问题、对策思路和相应的适用范围。

表 1-3 绩效效标选择的情境多样性

绩效效标	关键问题	对策思路	最适用范围
完成所分配工作任务	工作任务的界定;完成工作的最好方法	工作研究、定额管理	一线生产者、体力劳动者、例行性工作者
结果或产出	衡量组织整体效果以及个人工作结果的关键指标	目标管理、指标分解	高层管理者、销售人员(可量化工作性的人员)
行 为	确认个人可控的与组织目标相关的行为	任务绩效与周边绩效的区分、行为锚定法、行为观察法	基层员工;相对稳定的,强调流程规范,注重规则的成熟企业

绩效效标	关键问题	对策思路	最适用范围
结果＋过程（行为）	综合考察做事的结果与做事的方式	不同企业、不同层次人员的侧重不同	具有很大的普遍性
做了什么＋能做什么	个人素质与潜力识别	基于素质的绩效评价	知识工作者

绩效评价通常是指,从企业的经营目标出发,用一套系统的、规范的程序和方法对组织成员在日常工作中所显示出来的工作能力、工作态度和工作成绩进行定期的评价。从绩效逻辑来分析,一个绩效从投入到产出的逻辑如图1-2所示:员工投入在工作中的是自己的工作能力,而最终产出的是工作业绩,整个过程中起到决定作用的是员工的胜任力。

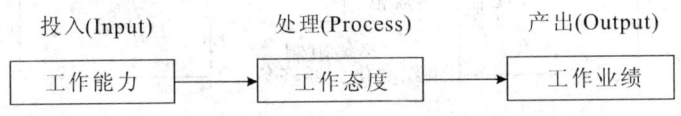

图1-2　工作能力、工作态度与工作绩效关系图

企业实施绩效评价的目的,一方面是希望能够通过考评了解每个员工的工作状况;另一方面则是更为重要的:通过考评帮助员工找出弱项并督促其不断改进,以达到改善绩效的目标。根据绩效逻辑我们可以看到要想由绩效评价来改善绩效,仅仅从工作业绩出发来评量是远远不够的,因为工作业绩往往是比较滞后的、偏重财务方面的数据,这种针对结果的评价效果往往不是很理想。因此我们除了工作业绩以外,还应该对员工工作的过程加以控制和评量,这就需要通过对胜任力的评价来实现,所以一个完整的评价体系包括这两个部分的内容。

四、绩效的相关概念辨析

（一）企业绩效与员工绩效

企业绩效是指企业整体的业绩与效果。企业绩效评价(performance evaluation)是指运用一定的技术方法,采用特定的指标体系,依据统一的评价标准,按照一定的程序,通过定量、定性对比分析,对企业业绩和效益作出客观、标准的综合判断,真实反映现时状况,预测未来发展前景的管理控制系统。

企业绩效评价的对象是企业的整体,包括企业生产经营的全部过程,这些过程要完成不同职能,需要用不同的指标来衡量。

传统财务方法的综合性评价指标(如 ROI)是经营成果的滞后反映,不能与企业的未来发展战略相联系,造成企业可持续发展后劲不足。经济增加值法(Economic Value Added,EVA)采用单一财务指标,虽然简化了指标体系,但是很难与员工联系起来,导致员工的日常行为偏离企业总体目标。

平衡计分卡(Balanced Score Card,BSC)是在财务评价基础上进行的扩展,它增加了顾客、内部过程及学习提高等三方面的非财务指标,并将这些指标通过因果关系连接形成战略地图。但由于非财务指标不易量化,不容易被员工理解和掌握,其有效应用仍然存在着难度。

(二)组织绩效与个人绩效

绩效是组织期望的结果,是组织为实现其目标而展现在不同层面上的有效输出,它包括个人绩效和组织绩效两个方面。组织绩效是建立在个人绩效实现的基础上,但个人绩效的实现并不一定能保证组织是有绩效的。如果组织的绩效按一定的逻辑关系被层层分解到每一个工作岗位以及每一个人的时候,只要每一个人都达到了组织的要求,组织的绩效就实现了。但是,组织战略的失误可能造成个人绩效目标实现而组织却失败的后果。

(三)任务绩效与周边绩效

绩效评价目标的性质,难以完全界定个人可控行为。

在企业人力资源管理中,雇员绩效首先必须是明确的,绩效标准和指标应该具有良好的可操作性。也就是说,雇员绩效是可以明确评价的。

雇员绩效评价一般是指对个体达成组织目标期望程度的总体评价,是组织对于个体层面的组织行为表现的评价。

从可操作化视角看,雇员组织行为绩效是一个多维度的分析构念。目前绩效研究和应用中普遍接受的雇员组织行为绩效构念是由 Borman 和 Motowidlo 定义的任务绩效和关系绩效。将组织绩效按任务和关系两个维度界定,可以较准确反映雇员组织行为绩效最一般的共同性和两类绩效功能区分效度。其中,任务绩效是指当雇员通过组织核心技术流程使用技能和知识生产出所需要的产品和服务,或者实现了支持这些职能的专门任务时的行为和结果;关系绩效则是指当雇员自愿地帮助落后同事、保持良好工作关系或付出额外的努力准时完成任务时的行为和结果。

第二节 绩效评价

绩效评价(performance appraisal),又称绩效评估绩效考核、或绩效考评。它是以工作绩效为重点的评价,是企业每年都要进行的一项已经制度化的工作。随着企业规模的扩大和内部管理体系的复杂化,大多数组织越来越注重绩效评价体系从形式到内容的规范,在作出人事决策前越来越依赖于正式的绩效评价结果。调查表明,如何建立有效的绩效评价体系被列为困扰中国企业的10大管理难题之首。

如何理解绩效评价的含义和内在的冲突,如何理解绩效评价的基本问题,是本节内容的关键。

一、绩效评价的含义

绩效评价,即对于绩效的评价。其中,所谓绩效应该包含以产出与投入的比率来衡量的效率(efficiency)和以目标实现程度来衡量的效果(effectiveness)等两层意义;所谓评价是指对一种事物依据某些标准进行判断(judgment)和评定(rating)的过程。因此,从本质上说,绩效评价就是依照某些标准判断以评定某项事物的效率与效果指标的达成程度的过程。再考虑到绩效评价的主体、客体、标准、方法、过程等特征,我们可以将其作如下定义:

绩效评价是指评价主体对照工作目标或绩效标准,采用科学的评价方法,评定员工的工作任务完成情况、员工的工作职责履行程度以及员工的发展情况,并且将评定结果反馈给员工的过程。

绩效评价主要包括以下三层含义:

(一)目的性

绩效评价是考察员工对组织目标的贡献程度,即从企业经营目标出发对员工工作进行考评,并使考评结果与其他人力资源管理职能相结合,推动企业经营目标的实现。

(二)系统性

绩效评价是人力资源管理系统的组成部分,它是运用一套系统和一贯的制度性规范、程序和方法进行的考评。

(三)内容性

绩效评价是对组织成员在日常工作中所表现的工作业绩进行以事实为依据的评价。这里的工作业绩是一个宽泛的概念,不仅包括工作成果,而且包括履职行为、岗位胜任能力乃至个人特质等。

二、绩效评价的作用与功能

理论上谁都不会否认绩效评价的重要性,但在现实中绩效评价地位却往往很难确定,有时它备受轻视,管理人员例行公事进行评价,员工敷衍了事应付评价,给人一种"鸡肋"的感觉;而有时它又显得至关重要,与薪酬晋级、职位升迁、培训机会等人事决策密切联系到一起,甚至还会成为激发矛盾冲突的导火索[见启示1-2]。

启示 1-2: 对于绩效评价作用的理解上的矛盾

现实中许多绩效评价却总像是在做无用功:
- 经理向员工找茬
- 鞭打员工的棍棒
- 贴在墙上的装饰画
- 一年一度的烦人的填表

大多数组织在作出人事决策前越来越依赖于正式的绩效评价结果:
- 汽车座位上的安全带
- 行为导向的指挥棒
- 联结其他各项人力资源管理职能的中枢

(一)绩效评价中组织与员工个人的内在冲突

人们对于绩效评价作用的理解不同,首先是因为评价者与被评价者在绩效评价中的角色差异造成的。它一方面可以为企业和员工提供评价性信息,从企业的角度看,可以检评企业政策,了解个别员工的发展潜能或不足之处,为员工的任免、晋升和奖励提供依据;从员工的角度看,有助于员工了解自己的工作表现。另一方面可以为企业和员工提供发展性信息,即借此了解企业人力资源和未来发展的需要,改善员工行为,开发潜力,帮助员工进行职业生涯规划。

因此,组织和个人在绩效评价中角色不同,具体表现在:

1.组织希望通过绩效评价达到以下两个目的

(1)从员工个体那里收集信息作为薪酬和人事决策的基础。

(2)通过提供咨询、教练与职业生涯规划来实现员工个体的发展。

2. 个人希望通过绩效评价达到以下两个目的

(1) 寻求有效的绩效反馈以获知自身所处的阶段和决定向何处发展。

(2) 追求获得主要的报酬,同时尽力维护自我形象。

由此形成组织与个人在绩效评价中的角色冲突,如图1-3所示。

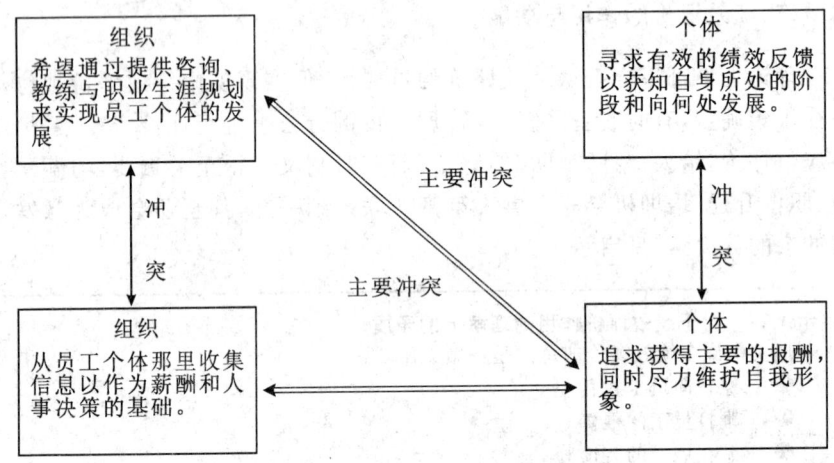

图1-3　组织和个人在绩效评价中的角色冲突

资料来源:Performance Appraisal:Dilemmas and Possibilities,Michael Beer,Organizational Dynamics,Winter 1981

组织一方面希望通过绩效评价能够得到一些具体的、能够为薪酬和人事决策作基础的信息;另一方面又希望这些信息能够为员工职业生涯发展带来参考性的意见。然而这两方面的侧重点是不一样的,那些仅仅为了人事决策而收集的信息要更加的表面化,只要能为组织提供信息就可以了;而如果想依靠这些信息作为员工职业发展计划的参考意见的话,就要在绩效评价的时候,更加关注现在员工的绩效可能会对未来的绩效产生什么样的影响。这就造成了组织层面的一种角色冲突:是关注现在还是关注未来。

员工之间也会有冲突,一方面员工想要通过绩效评价能够得到自己工作的真实信息,这样可以真实地估计自身所处的阶段以及对自己发展的方向做一个定位;另一方面个体又是理性的经济人,希望通过绩效评价得到尽量多的报酬,并且需要在他人面前维护自己的形象,这样就构成了员工自身的一种角色冲突。

组织与员工之间也存在着相似的冲突。然而,在组织内部,员工之间的冲突相对于组织与员工之间的冲突而言是一种弱冲突,组织与员工之间的冲突相对而言是一种强冲突。

(二)绩效评价的目的

绩效评价的主要目的是检讨个人在工作上的表现,以及工作进度的状况,通过评价来发掘员工未来的升迁潜力,并据此做好员工的个人职业生涯规划。因此,绩效评价是一种系统性的方法。要取得、分析和记录个人工作表现的信息,通过这个方法,使主管可以通过评价来改善员工的绩效,并为员工规划职业生涯,督促员工的自我成长,并协助提升企业经营成果。

传统的绩效管理一般局限于以绩效评价达到人事行政决策之目的。现在由于企业竞争激烈,为了不断提升员工的生产力与组织效能,企业逐渐重视以绩效管理达到员工发展之目的。绩效管理的目的一般可以分为两大类(French,1985):

第一类是行政管理上的目的:(1)提供员工客观有效的信息,让员工了解主管对其工作表现的评价与肯定;(2)提供相关人事决策,如薪资、奖惩、晋升的依据基础;(3)协助留住人才与解雇员工的参考。

第二类是发展性的目的:(1)提供回馈给员工,作为沟通的工具,并以该回馈作为改进绩效的依据与参考;(2)有助于员工对组织产生认同感;(3)强化主管与部属之间的关系;(4)借用员工对绩效的知觉,激励及支持员工;(5)提供组织进行个人与组织面的问题诊断。

图1-4为2004年中国企业员工绩效评价现状调查中,对于绩效评价目的的调查数据。从调查结果看,企业实施绩效考核的目的,被调查企业列在前三位的分别是:把薪酬与绩效结合起来(75.90%)、检查工作完成情况(55.40%)、培养员工的能力(54.50%)。列在最后三位的分别是:改变企业的组织文化(19.30%)、辅助员工进行职业生涯规划(19.90%)、确定培训需求(26.10%)。从中可以看出,绩效评价的"行政管理上的目的"还是被放在主要位置,而"发展性的目的"的内容落在了后面(见图1-4)。

绩效评价既需要面向过去,也需要面向未来。面向过去,是要给予作出绩效的员工一个正确的评定,以便于按劳付酬;面向未来,是要让员工明白绩效还有改进的余地,让其总结经验寻找差距。对于员工不能负责的绩效,例如工作分配、工作条件等,管理者要研究如何通过组织改进来提高员工绩效。归纳起来,绩效评价的目的有以下三方面:

1. 衡量性

绩效评价的过程首先是绩效衡量的过程,衡量性是其他目的的基础。工作一年下来,谁干得好,谁干得差,需要有个说法。从这个意义上来说,衡量就是区别,有了区别才能为绩效反馈、绩效改进和各项人事决策提供依据。

2. 行为导向性

通过绩效评价结果的使用,如与职务晋升、工资晋级、岗位聘任、培训开发等关系到员工切身利益的事情挂钩,向他们发出行为导向的信号,引导员工清楚地认识到:在工作中为组织所做贡献的差异最终导致个人所得到的综合利益的差异,从而引导员工努力完成本职工作。

3. 培训开发性

绩效评价的主要依据是岗位职责,因而可以为员工的培训提供科学依据。通过评价发现员工在履行职责方面存在的不足和问题,从而有的放矢地开展培训。特别应该明确的是,这是一种双向的开发。在员工出现不足和问题的后面,不仅要检查员工方面的主观原因,进行有针对性地开发与培训,而且还要检查组织方面的客观原因,即用人是否得当,培训是否到位,制定组织改进措施。

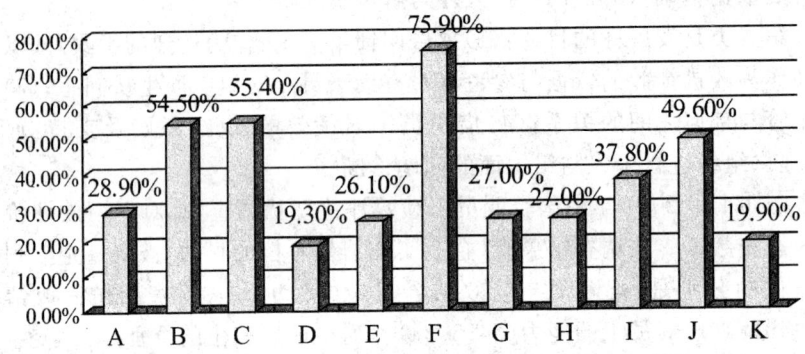

A. 确定每个员工的绩效目标　　B. 培养员工的能力　　C. 检查工作完成情况
D. 改变企业的组织文化　　　　E. 确定培训需求　　　F. 把薪酬与业绩结合起来
G. 评价员工的潜能　　　　　　H. 留住优秀的人才　　I. 淘汰不合格的员工
J. 帮助员工更有效地开展工作　　K. 辅助员工进行职业生涯规划

图 1-4　中国企业员工绩效评价的"评价目的"调查数据(2004)

资料来源:中国人力资源开发网(www.chinahrd.net)。

三、认识绩效评价体系的几个基本问题

(一)绩效系统的组成要素

Geary A. Rummler 界定了绩效系统的五个组成部分:工作情境(输入)、工作者、反应(输出)、引发的结果、反馈。五部分相互之间的关系及说

明如图 1-5 所示。

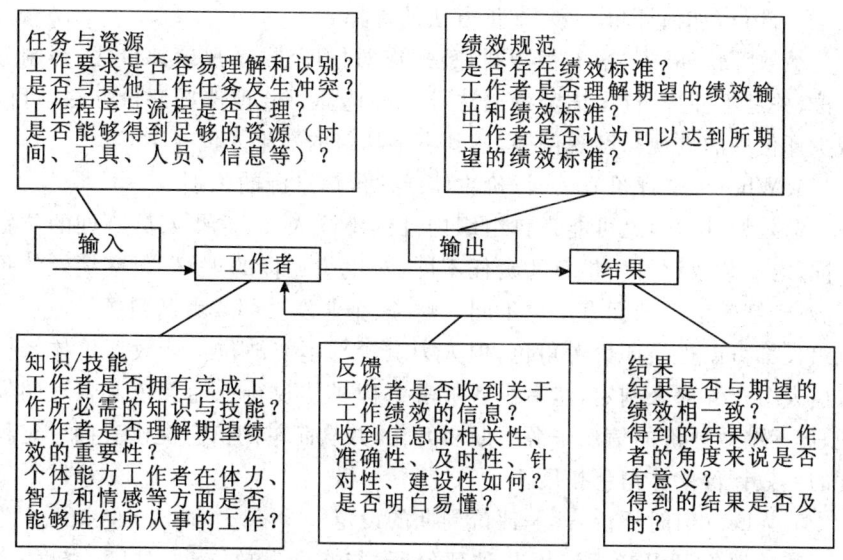

图 1-5　Rummler 的绩效系统图

Rummler 在以上研究的基础上,提出了绩效系统的三条基本原则：

（1）最终的绩效是系统内所有因素共同作用的结果,任何一个组成部分若出现问题,都会影响到绩效系统的最终结果。

（2）大多数情况下,影响绩效的因素往往不是工作者因素,而是绩效系统中其他一种或几种非工作者因素。

（3）如果将一个优秀的工作者置身于一个差的绩效系统之中,通常情况下,系统对个体的影响将会大于个体对系统的影响。

以上三条原则适用于任何层次和文化的组织。

（二）绩效评价体系的"5W1H"

绩效评价是一个体系,可以从"5W1H"的思路来总结绩效评价体系。

1. What（评价什么）——评价内容的确定

评价内容的确定,涉及是采用行为导向还是结果导向,如何针对不同的被评价者确定不同的评价内容,在评价内容选择上如何协调短期绩效与长期绩效之间的关系,在众多评价指标中如何突出关键绩效指标对员工行为的引导,等等。

2. Whom（评价谁）——评价对象的划分

对管理者、技术人员、一线操作人员的评价,评价方法也不会相同。不同的绩效评价对象,面临不同的关键问题,需要不同的对策思路。

3. How(如何评价)——评价方法的选择

绩效评价办法一般有简单排序法、成对排序法、图尺度评价法、强制分布法、关键事件法、行为锚定量表法等多种选择。合理选择评价办法,可以减少评价中的主观与客观偏差,达到事半功倍的效果。

4. Who(谁来评价)——评价主体或评价信息源的识别

绩效评价的信息可能来自组织内外的不同人员,这些人员所处的位置不同,对于绩效评价所担负的责任不同,对组织目标的理解、观察绩效的角度、对于绩效信息的拥有量也不同。财务、企业发展部或者部门领导、主管、班组长都可以担当评价者角色,但人力资源部不能缺位。绩效评价体系应该由人力资源部来制定,然后由各业务部门具体执行。随着企业管理的发展,员工绩效评价的信息来源不断多元化,并从简单的信息提供者向一定程度的绩效评价主体角色拓展。

5. When(何时评价)——评价周期的设定

绩效评价可以考虑以下几种评价期:与奖金发放同步、月度、季度、半年、年度、工作项目周期。不同评价内容的时间组合,是反映绩效评价体系的重要特征之一。

6. Why(为何评价)——评价目的或者评价结果应用范围的侧重

评价目的包括为制定薪酬、岗位调整、晋升、培训,以至于辞退等人事决策提供依据。企业在人力资源管理的不同发育阶段,会以不同层次的绩效评价目的为侧重点。随着企业人力资源管理的规范化和科学化,绩效评价目的的层次也会不断提升。绩效评价的第一层目的是检查员工工作完成情况,以获得薪酬制定依据为侧重点;第二层目的是关注员工胜任能力的培养;第三层次目的是注重企业文化的塑造与员工职业生涯规划的辅导。

第三节 绩效管理

随着社会与经济的发展,工作方式、员工构成和绩效特征等发生变化,人们对绩效评价的理解被赋予新的含义,绩效评价的价值取向发生重要变化。量化和科学的评价并不是绩效管理的终极意义所在,它更大的价值在于帮助管理者养成科学的管理习惯,帮助员工提升工作绩效,从而促成企业战略的实现。

当工作过程直观可见,工作成果容易评价的时候,绩效评价更突出控制取向;而当工作过程是看不见的,工作结果难以评价的时候,绩效评价的激励取向就变得更重要。对于体力劳动者的管理,适合于对绩效评价的控制;而对于脑力劳动者的管理,为更偏好激励员工工作的主动性和创造性,绩效评价需要向绩效管理拓展。

一、从绩效评价到绩效管理

针对绩效评价的局限与不足,20世纪70年代后期出现了"绩效管理"的概念。80年代后半期和90年代早期,随着人们对人力资源管理理论和实践研究的重视,传统的绩效评价目的逐渐转移到雇员发展上来,确定了绩效管理的重要基调,绩效管理逐渐成为一种被广泛认可的人力资源管理活动。

(一)基本含义

绩效管理实质上是一系列以员工为中心的组织干预活动。它旨在用更有效的绩效管理系统替代传统的单一的绩效评价。从制定绩效计划到对绩效进行评价和辅导,整个绩效管理系统强调了基于绩效目标的员工行为管理和组织的可持续发展。

绩效管理是不同于绩效评价的现代管理系统,其主要特点如图1-6所示。

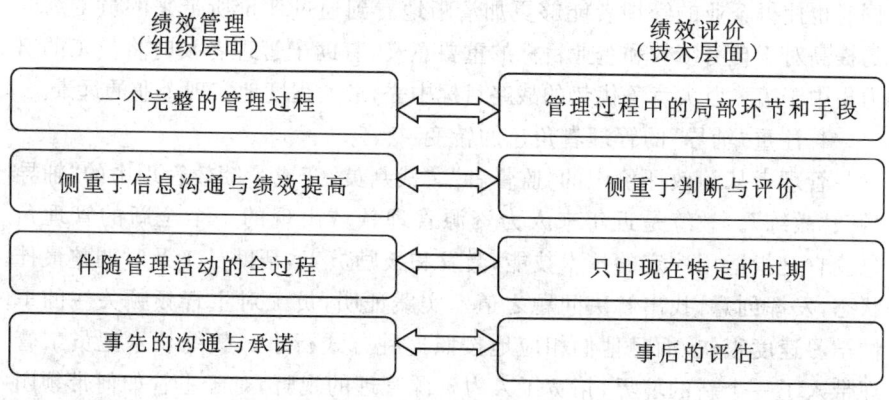

图1-6 绩效评价与绩效管理的含义比较

1. 注重发展的评价目的

传统评价体系是单纯为评价而评价,将评价仅仅看作是对员工一年来在绩效指标框架体系中一个评价,或者不被人们重视、流于形式,或者容易引起人们的焦虑情绪;而现代绩效管理的目的已经由传统的行政目的(薪酬、晋升的依据)向绩效提升、能力开发的目的转换。绩效管理的最终目的是改善员工的工作表现,提升绩效;识别员工发展的需要,确定职业生涯目标,推动员工向职业目标前进。在实现组织发展目标的同时,提高员工的满意度和未来的成就感,最终达到组织和个人发展的共赢。

2.注重管理过程中的持续沟通

绩效管理过程是一个强调沟通的过程,它包括沟通组织的价值、使命和战略目标,沟通组织对每一个员工的期望结果和评价标准以及如何达到该结果,沟通组织的信息和资源,员工之间相互支持、相互鼓励。通过沟通使员工明晰评价标准,准确掌握自己的绩效状况,形成顺畅的沟通渠道,从而使员工与管理者之间的沟通内耗降至最低点,形成宽带信息往来空间,避免因认知上的差异所带来的冲突。所以现代绩效管理重点是通过持续的沟通,对员工工作过程和行为进行管理。

3.注重战略目标的动态评价体系

在绩效管理中,绩效指标的设置已经由原来以工作分析为基础的静态评价变为融入企业战略目标的动态评价。囿于"德能勤绩"范畴、基于工作分析蓝本的评价指标体系也会有疏漏之处,这就是关乎企业存亡的重要因素——企业战略。而绩效管理拓宽了标准的设置范围,直接将经营战略与个人绩效联系在一起,从而使员工的工作与企业成功之间的关系更加密切,同时也使得企业的管理者能够更加清晰地看到通过评价所带来的员工绩效的提高对于自身绩效和企业目标的重要意义,有助于管理者及时将员工的努力集中于蕴藏巨大竞争优势的战略目标中去,最大程度地实现企业的远景。

4.注重"辅导"的管理者角色的转变

管理者从绩效评价中的"监督者"、"裁判员"变成了绩效管理中的"辅导员"、"教练"。教练是近年来人力资源管理领域出现的一个全新的管理角色。它是指运用一定的技术技能,激发和鼓励员工,帮助员工及时调整最佳状态,发挥创意,找出解决问题之道。实践证明,员工对主管频频关注的事情学习速度很快,而且他们相应地按照这种方式行事。教练技术把员工管理带入了一个新的境界,拓宽了人力资源管理的视野,对于主管如何带领团队具有重要的指导价值。

(二)从绩效评价到绩效管理:人力资源管理理念的发展

绩效管理扩展了绩效评价的内涵和外延,它通过有效的绩效沟通和员工的绩效改进解决了评价者和被评价者之间的对立与冲突。从绩效评价到绩效管理,蕴含着管理理念的深刻变革。绩效管理是一种"基于绩效而管理、基于绩效而发展"的管理哲学。

1. 管理思想：从科学管理到人本管理

评价是"鞭策"之鞭，体现了"经济人假设"的管理思想实质。"经济人假设"与科学管理在提高组织工作的精确性和可靠性以及保持组织秩序的稳定性、纪律性等方面优于其他管理体系，但是它们忽视人的主动性和能动性，容易导致管理实践中管理者与员工的对立局面。从绩效评价到绩效管理，实质上是管理思想从科学管理到人本管理的转变。具体表现在以下几方面：

首先，强调发展目的渗透着人本管理思想。绩效管理的初衷和最终目的在于激励员工，激发员工的潜能，这与传统的绩效评价"秋后算账"思想有着天壤之别。

其次，强调员工参与。在不同程度上的"参与式"管理不仅提供了管理者与员工相互沟通的平台和途径，而且体现了对员工的尊重，满足了员工的尊重需要和自我实现的需要，为组织创造了一种良好的氛围。

最后，管理角色转变体现人本意识。从"监督者"、"裁判员"变成"辅导员"、"教练"、"咨询员"，不仅有助于提升员工工作绩效，而且有利于减轻传统绩效评价中易出现的员工焦虑现象。

2. 管理手段：从行政约束到沟通激励

传统的绩效评价更多运用行政约束的管理手段，而现代绩效管理则充分运用沟通激励的管理手段。

行政约束是管理运作中一种重要的管理手段，但其管理效果也是有限的。行政约束管理以事为本，强调控制意识，使员工在制度框架下被动地执行，缺乏主动参与管理和自觉配合管理的积极性，容易造成管理目标和要求与员工思想、行为的错位，使管理难以取得积极的效果。

随着现代社会的发展，员工的知识和成熟度越来越高，沟通激励也越来越成为实现有效管理的重要手段。在现代绩效管理中，沟通激励渗透在循环网路的各个环节：

首先，在绩效计划阶段，需要上下级在共同沟通的基础上，达成对工作任务的一致认识，形成绩效契约。绩效计划成功的关键是员工的参与和承诺。

其次，在绩效管理过程中，管理者与员工的持续性沟通不仅能够保证员工更好地完成工作任务，而且使得员工的工作满意度大大提高，关键岗位的人员流失率大幅度下降。

最后，在绩效反馈阶段，管理者与员工更是进行深入讨论，而不是简单地通告评价分数。

3. 管理基点:从结果管理到过程管理

绩效管理注重过程管理,包含两层含义:

其一,就绩效本身的含义而言,绩效包含具体行为以及行为所导致的结果。传统的绩效评价侧重绩效结果评价,是一种事后控制;而绩效管理不仅强调结果,还重视达成目标的过程,是对结果和行为的双维管理。由于结果管理是最经济、最容易、最直观的评价办法,管理者往往喜欢以结果论英雄,却容易适得其反,失去评价的相对公平性,使得那些没功劳但有苦劳的员工的辛劳没有得到认同,在下次遇到同样的事情,从一开始就会放弃,于是导致目标的有效性大打折扣。

其二,过程管理体现在整个绩效管理系统的各环节,它是在过程中管理绩效,而不是在结果中管理绩效。这种对过程的管理,不仅体现在绩效目标的确定与沟通过程,体现在绩效评价结果的反馈、讨论与改进的过程,更加体现在绩效计划设计、确定和过程管理中,通过对达成绩效的行为、过程和能力的管理,实现达成绩效结果的保证。

二、绩效管理的含义与功能

(一)绩效管理的含义

绩效管理是一个完整的系统,在这个系统中,组织、经理和员工全部参与进来,经理和员工通过沟通的方式,将企业的战略、经理的职责、管理的方式和手段以及员工的绩效目标等管理的基本内容确定下来,在持续不断沟通的前提下,经理帮助员工清除工作过程中的障碍,提供必要的支持、指导和帮助,与员工一起共同完成绩效目标,从而实现组织的远景规划和战略目标。对于绩效管理的具体含义的界定,学者们有着不同的理解(如表1-4所示)。

表1-4 不同学者关于绩效管理的定义

学者	绩效管理的定义
Philop R. Kelly(1958)	是用以判断一个人工作贡献的价值、工作的质量或数量及未来发展的潜能,借以提供个人为达到目标所需之帮助
Willian F. Glueck (1979)	是一项人事管理活动,企业经此活动来决定从业人员所达成工作的有效程度
Dales Beach (1980)	是针对一个人的工作绩效与发展潜力作系统性的评价
Middlemist Etal(1981)	是衡量员工的工作行为与决定员工在其工作上所达成效果的程度

续表

学者	绩效管理的定义
Carroll, S. J. & Schneier, C. E.(1982)	是指依照一定衡量因素或标准,评价员工工作绩效,审视个人所贡献的程度与未来工作发展的情形
Edwards(1983)	是有系统地评定组织的员工之间在工作绩效上的个别差异,或每位员工本身在各工作层面上表现的优劣,据以作为各项人事管理执行上的基础
R. Wayne Mondy & Robert M. Noe(1990)	是在特定期间内回顾与评价员工个人的工作绩效的一套正式制度
Pride, Hughes & Kapoor(1991)	是针对员工现行绩效及潜在绩效的评价,以便管理者客观地进行人力资源决策
Rue & Byars(1992)	是包括对员工如何执行本身的工作和建立绩效改进计划的决定和沟通过程
Bovee, Thill, Wood & Dovel(1993)	是评价对员工期望有关的绩效并提供反馈的过程
Armstrong & Michael(2006)	是指通过对团队与个人的绩效表现的开发,以提升组织绩效表现的系统过程

资料来源:徐恒熹主编,《员工关系管理》,中国劳动社会保障出版社,2007年,第7页。

由绩效管理含义表述的演进可以看出,绩效管理的内涵和外延不断丰富。学者们日益将绩效管理看作是对绩效实现过程中各要素的管理,是通过对企业战略的建立、目标分解、绩效评价,并将绩效评价结果用于企业日常管理活动中,以激励员工绩效持续改进并最终实现组织战略及目标的一种管理活动。

综上所述,绩效管理(performance management)是指依据一定的程序和方法,通过对员工工作绩效的界定、改进、评价、强化等一系列管理措施,对员工的工作绩效进行制度化、规范化的管理,以期提高和改善员工的绩效,从而提高组织绩效和实现组织战略目标的过程。

(二)绩效管理的功能

实施绩效管理的目的是为了提高组织的绩效。一套完善科学的绩效管理系统应该能够帮助组织完成诸多任务,并实现组织和员工个体的共赢。绩效管理的功能主要体现为以下方面:

1. 激励功能

通过绩效管理可以激励员工,提高工作积极性。实践证明,对员工的工作进行指导,帮助他们排除工作中的障碍,对他们进行辅导教练等这些更趋于人性化的管理方式,能提高员工对组织的承诺和对组织的满意感,从而激励员工的工作积极性。

2. 沟通功能

在绩效评价工作中面临最大的难点是：上级没有就绩效指标或目标的制定与员工进行充分沟通。而绩效管理非常重视员工的"参与"。从绩效目标的制定、绩效计划的形成、实行计划中的信息反馈和指导到绩效评价、对评价结果的运用以及提出新的绩效目标等都需要员工的参与，需要管理者与员工双方的沟通。

3. 支持功能

绩效管理对人力资源管理的其他环节具有一定的支持作用，通过它把人力资源的其余各项功能整合为一个内在联系的整体。为员工的薪酬制定、培训、晋升、职业发展提供依据，为人员招聘和选拔提供参考。

4. 价值功能

通过绩效管理能提高员工绩效，实现员工和组织的双赢。绩效管理的一个重要思路是组织通过培训、指导、绩效反馈等方式帮助员工提高绩效，达到绩效标准。总之，一个合理完善的绩效管理系统有助于实现组织和员工个人甚至社会的最大效益。

三、绩效管理的流程与体系

（一）绩效管理流程

绩效管理是指为实现企业的战略目标，通过管理人员和员工持续地沟通，经过绩效计划、绩效实施、绩效评价和绩效反馈四个环节的不断循环，不断地改善员工的绩效，进而提高整个企业绩效的管理过程。如图1-7所示。

系统的绩效管理理论认为，一个完整的绩效管理系统主要由以下四个环节构成：(1)结合组织战略，制定绩效计划；(2)注重持续沟通，指导绩效实施；(3)制定评价标准，合理准确评价；(4)绩效反馈面谈，促进绩效改进。

（二）绩效管理知识体系的表述框架

1. 绩效管理的相关概念框架（见图1-8）

(1)绩效评价的相关概念：绩效管理、人事测评、组织绩效评价。

(2)绩效评价的基本效标：绩效结果、绩效行为(态度)、绩效素质。

(3)绩效管理的基本流程：绩效计划、绩效沟通与实施、绩效评价、绩效改进、绩效评价结果应用。

(4)分析要素框架：评价内容、评价方法、评价者与被评价者、实践与理论。

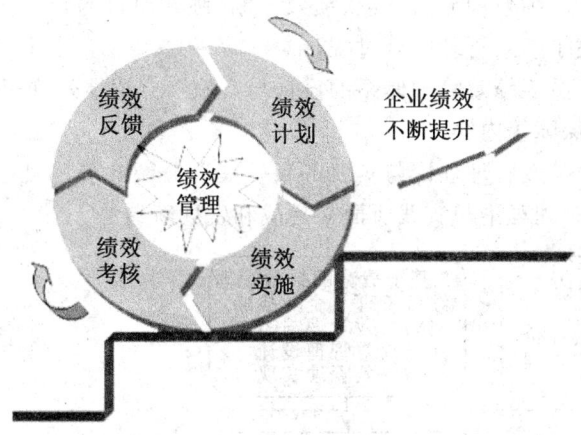

图 1-7 绩效管理流程体系图

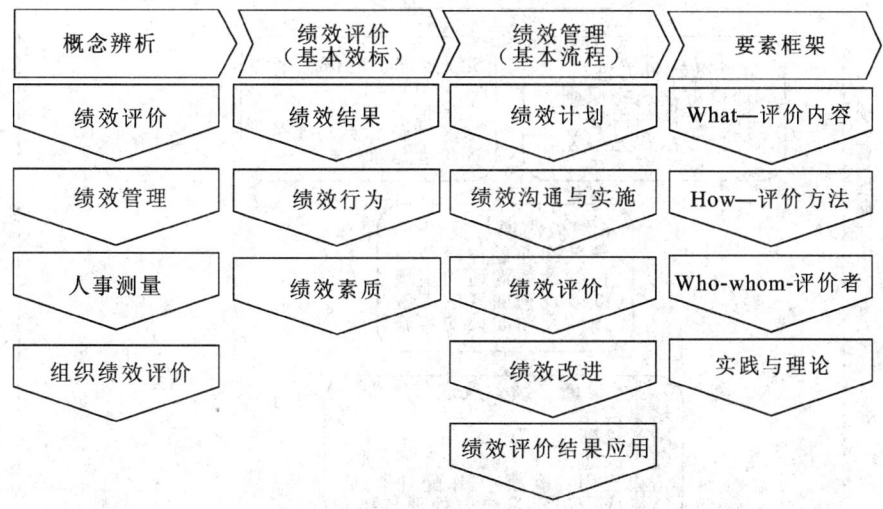

图 1-8 绩效管理的相关概念框架

2. 本书的绩效管理体系

全书共分为九章，逻辑框架如图 1-9 所示。

第一章"概论"，明确绩效、绩效评价、绩效管理的基本概念。

第二章"基于战略的绩效管理"，从组织战略视角理解绩效管理的意义。

第三章至第七章，分别从绩效目标与绩效计划、绩效评价方法、绩效评价的信息来源、绩效沟通与反馈、绩效诊断、绩效改进与评价结果应用等环节,系统阐述了绩效管理的全过程。

第八章"员工绩效管理体系的设计与实施",介绍绩效管理体系的构建、实施和组织保障等内容。

第九章"绩效管理理论与实践的新发展",介绍在新的社会与经济背景下员工绩效管理理论与实践所面临挑战和发展新趋势。

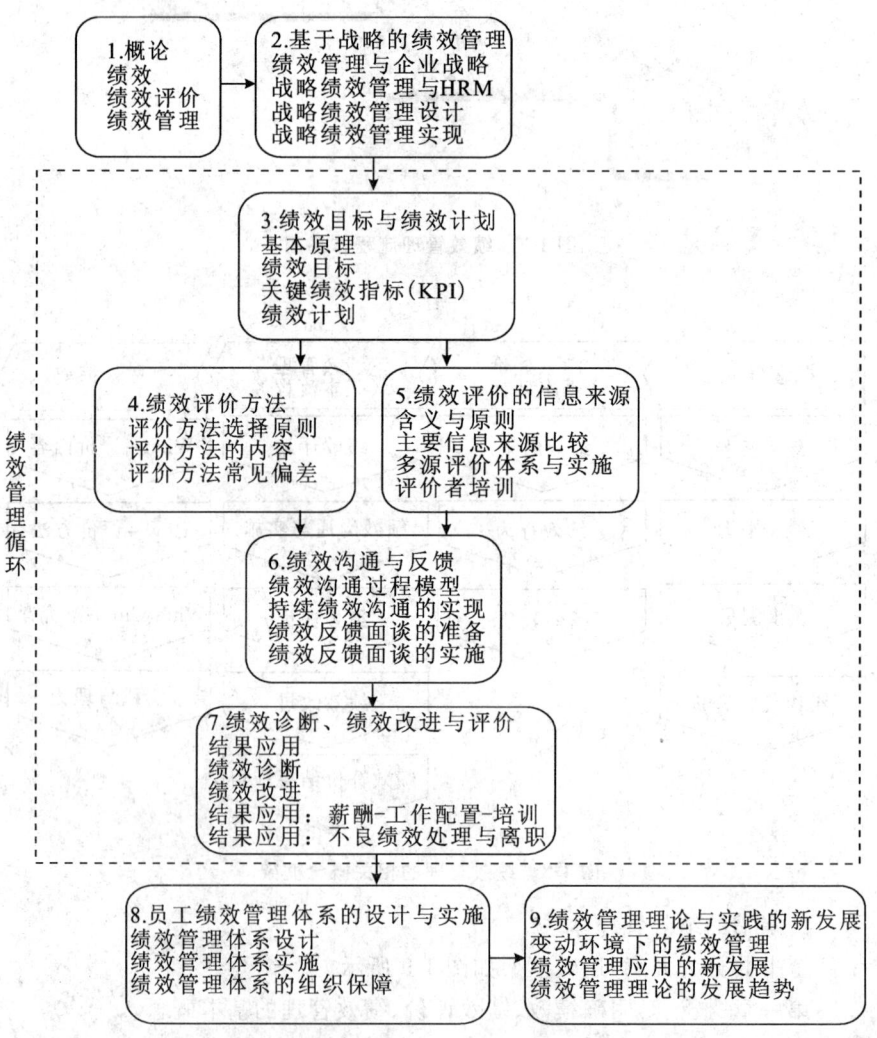

图1-9 本书章节体系安排

思考题

1. 员工绩效、企业绩效、组织绩效、组织行为绩效等不同表述,在含义上有什么区别与联系?
2. 如何看待普通员工与管理者在绩效含义上的差异?组织的高层管理者的个人绩效与其所负责组织的整体绩效如何区分?
3. 在员工绩效中区分任务绩效与周边绩效有何现实意义?
4. 如何理解组织与员工个人在绩效评价中存在的内在冲突?
5. 目前中国企业在员工绩效管理方面现状如何?存在的突出问题是什么?解决这些问题的可能对策有哪些?

本章案例　Acme公司的绩效评价"表演"

12月份又到了,这也是企业会计年度的年末,Acme公司除了要做会计结算工作外,各级经理人员和员工们又开始了一年一度的被他们称之为"表演"的绩效评价工作。

迈克尔直接管理着客户服务部的14名员工,因此他又将忙于与这些员工进行绩效面谈和填写考评表等工作。由于人事部门催促他准时上交这些报表,他必须要想出一个能尽快完成这些工作的主意来。他确实也想到了一个好主意。他通过公司的内部网络交换系统给每位员工发送了一份评价表。待他们填完后,他就表中内容同每人谈上15分钟,然后签上名。谢天谢地,问题总算解决了,纸面上的绩效评价工作准时完成了,公司人力资源部门也很满意,于是,每个人又回到"现实工作"中去了。迈克尔和其他经理们提交到人力资源部门的员工绩效评价表格都被放进了专门的文件夹里,通常情况下这些表格都会被遗忘掉。考评表中的信息是如此的含糊不清和不可靠,以至于无法根据它来做一些最基本的人事决策,更不用说是有关薪酬和晋升方面的决策了。迈克尔和他的员工们在下一次年终业绩评价"表演"之前也不会再看它们一眼。就这样,员工们敷衍了事地填写考评表格,部门经理例行公事地进行绩效面谈,人力资源部门照章办事地进行考评文件分类归档,反正大家都习以为常了,顶多私下里议论时发一些"走过场"、"白费时间"之类的牢骚。

可问题是,迈克尔负责的客户服务部现在运行得不是很好。他的员工不能按要求完成任务。他们对谁应该做什么不是很清楚,所以造成有些事没有人做,而另外的事大家又重复做。同一个错误重复发生,致使每一个人都感到手足无措,但是好像没有人知道为什么会这样。大多数情况下,迈克尔对正在发生的事都不太清楚,他只知道他很忙,他的员工也很忙。他真的不知道怎样才能解决这些问题。

思考提示:

1. 为什么员工绩效评价说起来重要,而在实施过程中往往严重失效呢?

2. 如果你是迈克尔的一位新上司,上级指示你帮助改变该部门员工绩效管理中的低效状况,你会考虑如何去做?

参考文献

1. 芦慧、顾琴轩,《绩效考核,你究竟惹谁了?》,《中国人力资源开发》,2006(9)。

2. 张光,《美国警察机构的工作绩效评价》,《公安教育》,2002(6)。

3. 杨杰、方俐洛、凌文铨,《关于绩效评价若干基本问题的思考》,《自然辩证法通讯》,2001(2)。

4. 付亚和、许玉林,《绩效管理》,复旦大学出版社,2003年。

5. 蔡永红、林崇德,《绩效评估研究的现状及其反思》,《北京师范大学学报》,2001(4)。

6. 仲理峰、时勘,《绩效管理的几个基本问题》,《南开管理评论》,2002(3)。

7. John M. Ivancevich, Human Resource Management, Seventh Edition, 机械工程出版社, McGraw—Hill, 1998.

8. Michael Beer, Performance Appraisal: Dilemmas and Possibilities, Organizaiional Dynamics, Winter 1981.

第二章

基于战略的绩效管理

本章学习要点

- 明确雇员绩效管理与企业战略的关系。
- 认识影响绩效评价与管理的成效的组织因素。
- 了解绩效管理在人力资源管理系统中的地位。
- 掌握基于企业战略的员工绩效管理的基本框架。

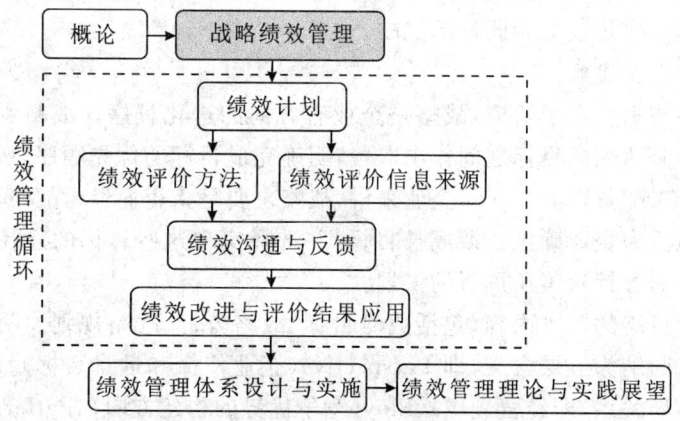

将员工绩效管理与组织战略相联系是近年来绩效管理发展的显著特点。本章绩效管理的战略含义主要体现在以下三个方面：(1)绩效管理体系与企业战略的一致性。绩效管理应该以战略为导向，围绕企业战略制定有效绩效管理制度。这是在目标定位和总体导向层面上绩效管理系统与组织战略的匹配。(2)绩效管理与人力资源管理各职能之间的一致性。绩效管理应起到统领各职能指向组织整体战略的作用。这是在控制与激励机制实现层面上绩效管理系统与人力资源管理各职能的匹配。(3)绩效管理体系设计本身的系统性。绩效管理体系自身要具有明确的系统目标、系统实施规划来保证。这是在实施操作层面上绩效管理的战略分析工具的开发与应用。

第一节 绩效管理与企业战略

一、企业战略与战略管理的含义

企业是通过创造价值获取收益的组织，而价值是产品的一种综合属性，即产品所具有的、能够满足顾客需求而且顾客愿意为之支付货币的一组功能，它决定着产品价值的大小。在市场经济中，创造价值的过程又是一个竞争的过程。当企业能够成功地策划并实施一项价值创造战略时，企业就构建起了战略竞争力。可持续竞争优势是指企业在实施价值创造战略时，其他企业无法模仿或复制同样的战略。

(一)企业战略

战略的本质在于适应，战略是企业有方向的进化程序。战略要在一组不可能同时达到的目标之间作出取舍，明确完成目标的优先顺序，然后根据这种承诺来配置资源。对于企业来讲，战略主要是指企业经营战略，它是在竞争环境里为企业确定长期成长目标，并选择实现这些目标的途径和取得竞争优势的方针对策所进行的谋划。

企业战略的基本内容，包括战略目标、战略方针、战略规划。明茨伯格曾将战略归纳为五层含义，即 Perspective(企业使命和远景目标)、Position(产品/市场关系，即经营领域)、Ploy(竞争优势的构建方向)、Pattern(竞争优势的构建方式)、Plan(实现目标的具体任务)，合在一起就构成了战略的基本内容。

(二)战略管理

战略管理是企业通过战略的制定与执行,连续地为企业在变化的环境里选择正确的成长方向作出决策,并借助计划动员企业内部力量实现这些决策的动态过程。战略管理的基本内容包括:战略环境分析、设定战略目标、战略生成、战略实施、战略控制。

(三)现代企业面对的战略管理问题

随着经济全球化、技术与知识的作用增强、超强竞争点的出现,现代企业面临的战略问题更加突出。经济全球化意味着产品的自由转移,意味着产品创新、技术创新在全球范围内的传播;知识与技术在价值创造过程中扮演着日益重要的角色,甚至在改变着竞争的游戏规则;而竞争的强度、频度都在加大,竞争对手会对竞争行为迅速作出反应。企业发展环境的变化,要求组织具有更高的适应性,企业的成长、兼并、重组,甚至倒闭等行为更加剧烈,带来的相应的人员变动也更加频繁。与这些要求相应的人力资源管理职能要能够从战略层面来支持组织的战略变化。

二、战略绩效管理与组织整体因素的匹配

战略绩效管理的建设不应该忽略组织整体因素,如公司战略、技术类型、组织结构、组织文化等,必须从企业与外部环境、企业整体与各部门,以及与各部门内部员工的绩效之间的匹配性来考虑。图 2-1 列出了有效运转的企业在考虑组织整体因素与组织行为因素的匹配的具体流程。可以根据企业所处的具体环境,以不同环节为侧重点开始整个流程。重要的组织整体因素包括企业战略、组织设计、技术结构、组织文化等见图 2-1。

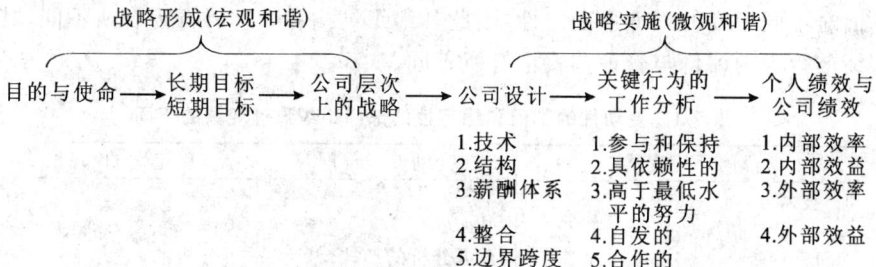

图 2-1 宏观组织变量与微观组织变量的关系

资料来源:加里·莱瑟姆,《绩效评价》,中国人民大学出版社,2002 年。

(一)战略绩效管理与企业战略的匹配

战略的阐述要回答这样一些问题:我们应该致力于哪些行业?我们应

该如何在这些行业中竞争？回答不仅要明确企业的使命，而且必须明确环境因素，如客户、市场、规则体系和竞争对手。为了使组织有效运行，企业必须对这些环境因素进行分析和管理。企业战略的实施，会带来从企业高层到基层的跨越整个企业各个层级的一系列目标和计划，以使员工的绩效与企业的使命相一致。只有当企业绩效管理体系反映企业的使命和战略时，它才是有效的。当企业使命和战略发生变化时，企业绩效管理体系也需要相应调整。

公司战略模糊，是真实准确的绩效信息的隐性杀手。绩效应该是与目标在方向、路径上一致的行为结果，它有三层含义，一是方向正确，二是过程相对最优，三是结果有效。

企业推行绩效管理时，喜欢从个人绩效评价入手，即使对部门的评价也容易变成对主管个人的评价——绩效管理与战略脱节，即"不明确战略"——但对于公司经营目标如何落实到各责任中心（事业部/子公司/部门）则关注不够。经营绩效管理是员工个人绩效管理的基础，只有如此，才能保证战略实施与战略评价有效落实，使得个人绩效符合组织绩效需求，否则，得出的绩效信息就是失真的。

（二）战略绩效管理与组织设计的匹配

组织结构的设计需要考虑企业面临环境的类型权宜应变。在外部环境稳定并且可预测时，应该把任务分解为具体的元素，并且清楚地界定层次，决策可以适当集权；但当外部环境不确定时，工作任务应当经常调整并重新界定，决策可以适度分权，减少程序的标准化程度。表 2-1 表明在外部环境稳定性和变动性情况下，不同行业的企业研发部门、生产部门和营销部门要面对不同程度的环境不确定性，因此其组织结构和管理者行为有所不同，其绩效行为的评价与管理方式也有所不同。

表 2-1 变动性的部门和稳定性的部门组织设计变量的不同

部门环境变量	变动性的部门	稳定性的部门
1. 技术		
a. 例外情况	很多	很少
b. 探查	不可分析的	可分析的
c. 相互依赖性（团队内）	高	低
2. 结构		
a. 集权	低	高
b. 规范化	低	高
c. 专业化	高	低

续表

部门环境变量	变动性的部门	稳定性的部门
3. 整合(部门间的相互依赖)	非常重要	不重要
4. 边界跨度 (环境的相互依赖)	非常重要	不重要
5. 薪酬体系	认同目标 参与任务	遵守规章 个人和团体的薪酬
6. 关键性的工作行为	高于最低水平的努力 自发 合作	参与和保持 独立的 高于最低水平的努力
7. 主要的绩效维度	内部与外部效益 外部效率	内部效率

资料来源:加里·莱瑟姆,《绩效评价》,中国人民大学出版社,2002年。

(三)战略绩效管理与企业文化的匹配

战略绩效管理与企业文化的匹配可以从相互影响的角度来理解:一方面,战略绩效管理本身就是企业文化的一部分,它是强化已有行为规范和价值观、维护和巩固已有企业文化的有力工具;另一方面,战略绩效管理通过实施新的绩效理念和绩效评价体系,促进现有管理者的观念和员工的行为准则的转变,成为推动企业文化变革的有力工具。

绩效管理所要实现的目的是绩效的持续改进与提高,并通过企业绩效水平的提高和员工绩效与能力的改善来实现"双赢",这就需要具备绩效导向的企业文化。因此,企业具备绩效导向的企业文化也是战略绩效管理实现的又一个基本条件。通过建立绩效导向的企业文化,企业形成以提高绩效为基础的核心价值观,每个员工都为提高绩效不懈地努力,战略绩效管理才能真正实现其目的。

员工绩效的实现过程,以及管理者对于员工进行绩效评价的过程,与企业文化发展特征具有内在的联系。优秀的企业文化是通过绩效文化的形式,对企业战略目标分解、绩效目标沟通、绩效评价、绩效评价结果用于日常管理活动,以及激励员工绩效持续改进,最终实现组织战略及目标等绩效管理的全过程,产生积极的影响。随着企业管理成熟度的提高,企业的绩效文化也会逐步形成(如图2-2所示)。

(四)战略绩效管理与企业技术结构的匹配

技术和结构随不确定性的变化而变化,进而影响绩效。有的企业面临高度不确定性,它们所拥有的有关变化过程方面的知识不完善,且会遇到很多例外情况,而这些例外情况的处理要求采取无现成规律可循的探索行为。因此工作小组成员之间相互依赖性很高。合适的结构是一种非正式的、由

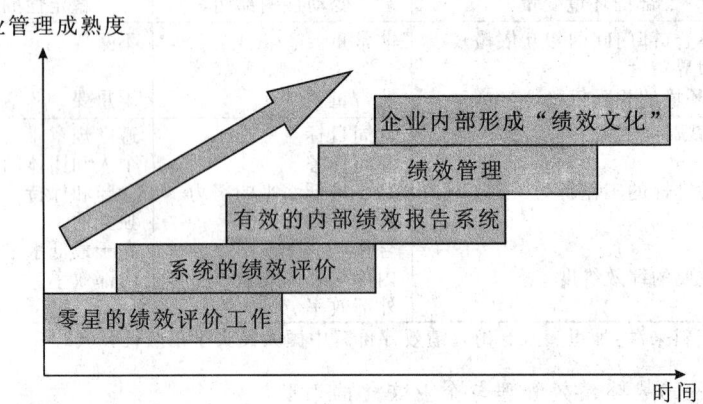

图 2-2 企业绩效文化与企业管理成熟度的关系

专业人员分权进行的决策。有的企业单位因为所拥有的有关变化过程的知识相对充分,所以能够根据事先明确的技术和结构进行设计。工作成员之间的相互依赖程度较低,决策可以正式和集权。工作人员的专业化教育和培训要求较低(如图 2-3 所示)。

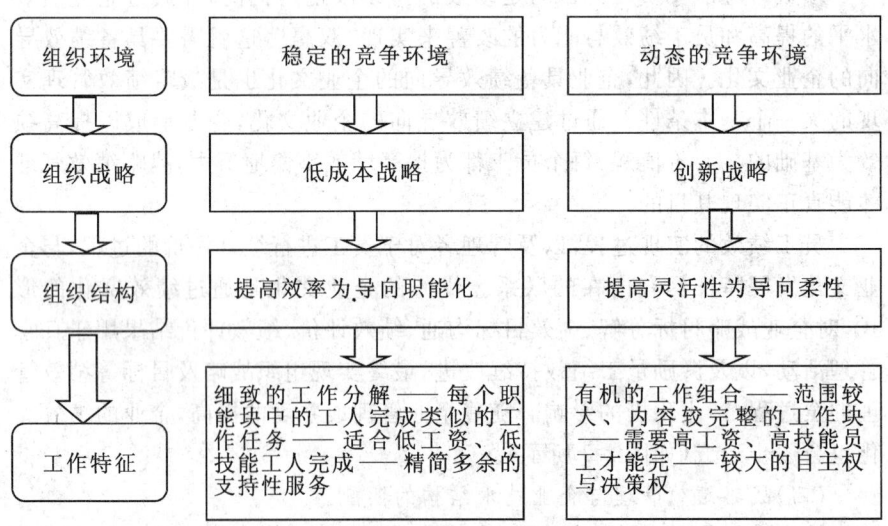

图 2-3 不同环境下组织整体因素的匹配特点

不同的技术结构环境,会有不同的关键行为,在绩效评价与管理体系设计过程中,必须关注这些差异性。

三、战略性绩效管理的含义及动因

(一)组织战略和绩效管理的关系

对世界优秀企业的研究资料显示,优秀企业的绩效管理通常都具有以下共同的特征:明确一致且令人鼓舞的战略、进取性强又可以衡量的目标、与目标相适应的高效组织结构、透明而有效的绩效沟通和绩效评价、迅速而广泛的绩效结果应用。

绩效管理体系是企业竞争战略的一个有机组成部分,是通过对员工绩效的有效评价与管理来实现企业战略目标的过程。绩效管理成为企业战略实施的伙伴,战略绩效管理是建立与企业战略一致化的人力资源管理的过程。它是通过企业管理和人力资源职能人员的共同管理行为实现的。

企业战略目标与员工绩效目标关系的本来意义,就是基层保证总体,个体目标支撑组织目标;而绩效评价与绩效管理对于组织战略的实现具有导向功能,绩效管理的组织价值就是通过这种导向体系来响应组织管理及变革。

战略性绩效管理,即以战略为导向的绩效管理系统,它是指为实现组织发展战略和目标,通过对员工绩效的评价目标制定、评价实施与反馈、绩效评价结果运用与绩效改进等管理过程的全面分析、设计与实施,保持绩效管理体系与组织战略执行体系之间的一致性,保证绩效管理与组织战略高度契合的过程。

(二)组织实施战略性绩效管理的动因

1.由于组织的战略越来越以人为中心,变革过程中人力资源的意义日益突出。因此,人力资源管理成为组织战略发展差异的主要来源。绩效管理是组织进行战略规划的前提之一,是鉴别员工优势领域的途径,也是帮助个体员工进行职业生涯规划的参谋。随着从绩效评价到战略管理的角色转变,组织借助绩效评价实施日常管理的功能弱化了,而更多地将绩效管理服务于组织战略和个人发展的目标。

2.当组织进行战略分析时,通常对自身的优势、弱势以及外部环境带来的机会、威胁(SWOT)进行一番考察,势必要了解组织当前整体的绩效水平和可持续的绩效潜能。这项内部环境资源的分析是组织战略分析框架中的重要环节,今后竞争性战略的制定是整合组织的资源、绩效基础以及外部环境信息而完成的,而战略内容的实现需要具体落实到群体和个人的绩效管理中。因此,组织战略和绩效管理的关系变得日益重要。

3. 对个体员工而言,绩效评价的重心从评价员工过去的工作表现逐步转向发现和诊断员工的优势领域,使每一个普通员工能找到合适的岗位发挥他们不平凡的作用。这将是激发员工创造性和风险精神的根本动力,组织的战略目标和愿景恰恰需要这样的高绩效、高奉献的员工群体。与此同时,个体员工也能在绩效评价的基础上进一步规划自己的职业生涯发展及职业轨迹,体现出人本主义的管理理念。绩效评价不仅是一种单纯的管理员工手段,更是一种帮助员工成长的途径。

4. 战略性绩效管理的理念使员工绩效评价的核心由控制员工走向支持战略。企业绩效评价必须与组织战略要求相一致、相匹配,绩效评价系统应该有利于把员工的行为统一和导向到战略目标上来。首先界定组织战略所要求的个人及团队行为和结果究竟是什么,然后设计相应的绩效指标体系,以此为导向标指引人们在工作中最大限度地向组织所期望的行为和结果去努力。为了与组织战略相适应,企业绩效评价系统必须有足够的弹性,以适应战略调整而带来的变化。

四、战略视角下的多层次绩效匹配模型

战略视角下的绩效管理与组织战略相匹配的思想,随着人们对于不同层面的绩效匹配对象的认识的深化,而不断得到深化。

(一)任务绩效:绩效与工作的匹配

任务绩效是衡量在直接为产品或服务生产提供的技术维持活动中员工的贡献大小,属于结果导向的业绩管理。任务绩效侧重评价员工过去的贡献,主要立足点是工作岗位任务的完成情况。与此相对应的管理模式,是以任务绩效理论为指导的"人—职务"匹配的绩效管理模式。

(二)周边绩效:绩效与组织的匹配

20世纪90年代,Motowidie和Borman提出了任务绩效和周边绩效模型。周边绩效是构成组织的社会心理背景的行为,包括人际公民行为、组织公民行为和对工作的责任意识,涵盖了员工本岗位外对群体、对组织效能起促进作用的行为,其根本点是一种自愿的利他人、利组织,以及利工作行为。这种行为使以任务绩效理论为指导的"人—职务"匹配的绩效管理模式转向由任务绩效与周边绩效理论共同指导的"人—职务—组织"相匹配的绩效管理模式。

(三)适应性绩效:绩效与环境的动态匹配

随着市场竞争的日益激烈,组织成员行为的适应性对于企业形成竞争能力,从而提高生产力和改善组织绩效的影响作用也越来越明显,适应性绩效成为绩效管理发展中的关注点之一。不论是"人—职务"匹配,还是"人—职务—组织"相匹配的绩效管理,绩效管理的中心是组织和职位,绩效管理界定的范围始终在组织边界内。而实际上,除了员工个体和组织的因素以外,个体工作绩效背后的工作本身和组织环境因素也在不断变化,因而要求绩效管理具有更强的适应性。适应性绩效,是对任务绩效与周边绩效的绩效二分法的重要补充,是对绩效研究领域重要的发展。

第二节 战略绩效管理与人力资源管理

一、企业战略管理体系中的人力资源管理

战略是对未来结果的一种期望,这种期望的实现要依靠组织所有成员、按照一定逻辑相关性职责和绩效要求的导向,通过发挥员工的创造性和努力来实现。绩效管理系统已成为组织战略管理控制系统中不可缺少的管理工具和手段。

> **思考问题 2-1:** 制定企业战略时需要考虑人力资源战略的支撑
> ☆ 我们现在从事哪些领域的经营活动?
> ☆ 我们希望进入哪些领域?
> ☆ 我们的人力资源优势是什么?
> ☆ 我们的顾客将来会有哪些需求?
> ☆ 谁将成为我们未来的竞争对手、供应商或合作伙伴?
> ☆ 我们未来的竞争范围主要集中在哪些领域?
> ☆ 我们如何获得与维持支撑竞争力的人力资源?
> ☆ 哪些技术发展会对我们所在的产业形成冲击?
> ☆ 企业未来环境的"情景"大致是什么形态?

(一)战略人力资源管理

人力资源战略是企业竞争战略的一个有机组成部分。人力资源管理成为企业战略实施的伙伴,通过对人力资源进行有计划的管理,有助于企业战略目标的实现。

战略人力资源管理,也称人力资源战略管理,是指以战略规划为主导来开展有关人力资源管理活动。战略人力资源管理的实质,是要在人力资源管理与企业战略规划之间建立起内在的联系,明确人力资源管理在企业战

略规划过程中所扮演的角色、所承担的职责,以及所发挥的作用。

人力资源管理实践如何影响企业绩效是战略性人力资源管理系统关注的主题。人力资源管理实践与企业战略之间的紧密联系日益受到关注。随着组织不断展开的变革活动,人力资源部门的战略地位提升,随着战略性人力资源管理日益成为企业管理的一项关键功能,作为其中的重要环节——绩效管理,其角色也发生着改变,即由职能性绩效评价的传统角色逐渐向战略性绩效管理的现代角色转变。

战略人力资源管理是组织竞争战略的一个有机组成部分,是通过对人力资源的有计划的管理来实现组织战略目标的过程。它是通过各层管理人员和人力资源职能管理人员的共同管理行为实现的(如图2-4所示)。

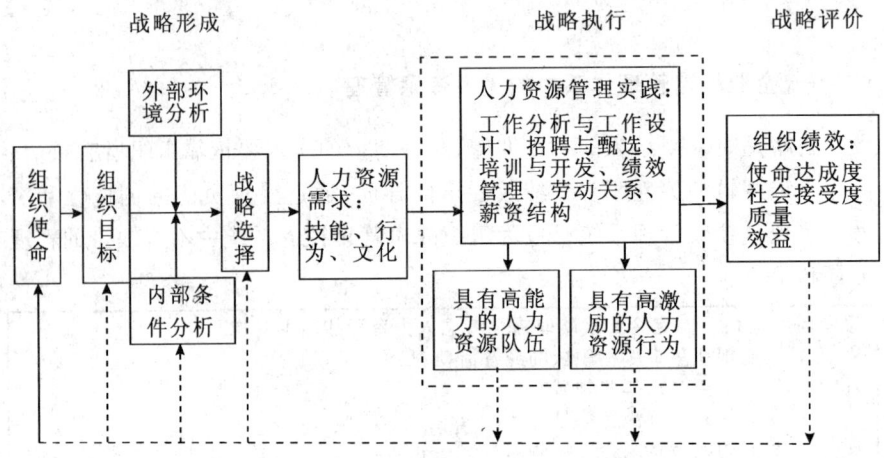

图 2-4　组织战略体系中的人力资源管理实践

(二) 绩效管理在组织战略中的位置

战略人力资源管理是组织发展战略的重要组成部分,而战略执行阶段的关键是对组织进行设计、对资源进行分配、确保组织获得高技能的雇员,以及建立起能够促使员工的行为与组织战略目标保持一致的报酬系统,绩效管理又是执行组织战略的各项人力资源管理工作的关键职能之一(如图2-5所示)。

(三) 绩效管理在人力资源管理系统中的地位

企业的人力资源管理是一个有机系统,这个系统中的各个环节紧密相联。绩效管理在这个系统中占据核心的地位,起到重要的作用。如图2-6所示,在人力资源管理体系的任职资质评价、培训与开发、薪酬管理、调配与解聘等管理活动中,绩效评价与管理处于关键性地位。企业甄选员工进入公司之后,员工的表现是否如企业所预期,人员素质是否能够达到岗位任职要求,岗位配置制度是否有效,必须通过绩效评价的结果来判定;需要对员工进行哪些培训与开发,以及这些培训与开发能否确实提升员工的工作能力,也必须透过绩效评价的结果来察觉;在薪酬激励方面,职务薪酬和绩效薪酬最终也需要依据绩效评价的结果来提供适当的回馈。绩效管理的功能与重要性,早已成为国内外人力资源管理者所关注的焦点(如图 2-6 所示)。

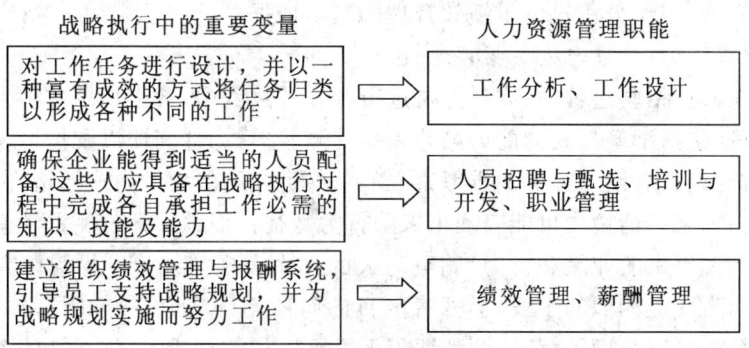

图 2-5　保障组织战略执行体系中绩效管理的位置

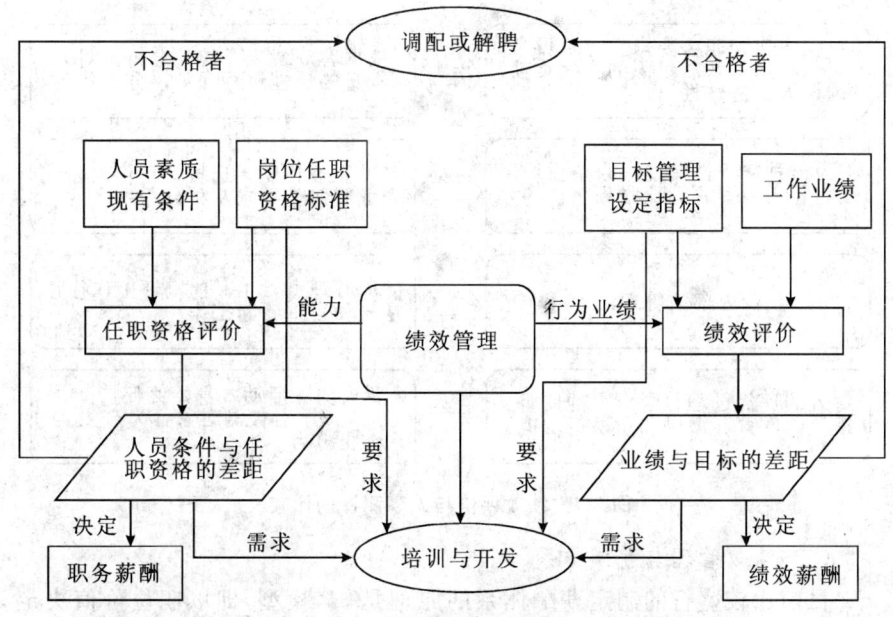

图 2-6　绩效管理在人力资源管理系统中的位置

二、绩效管理与人力资源管理其他环节的关系

（一）绩效管理与工作分析

工作分析是绩效管理的重要基础。通过工作分析，能够确定一个职位的工作职责以及它所提供的重要工作产出，据此制定对这个职位进行评价的关键绩效指标。按照这些关键绩效指标确定对该职位任职者进行评价的绩效标准，工作分析提供了绩效管理的基本依据。

（二）绩效管理与人员招聘选拔

在人员招聘过程中，或对人员进行开发的过程中，通常采用各种人事测评手段，包括纸笔形式的能力测验和个性测验、行为性面谈以及情境模拟技术等，这些人事测评方法侧重考察人的一些潜在的能力倾向或性格，以此推断人在未来的情境中可能表现出来的行为特征。而绩效评价侧重考察人们已经表现出来的业绩和行为，侧重对人的过去表现的评价。尽管两者有时会采用表面上相似的手段，但两者的目的有所不同（如图 2-7 所示）。为了对一个人进行全面了解，这两种评价手段可以相辅相成，提供互补的个体特征的信息。

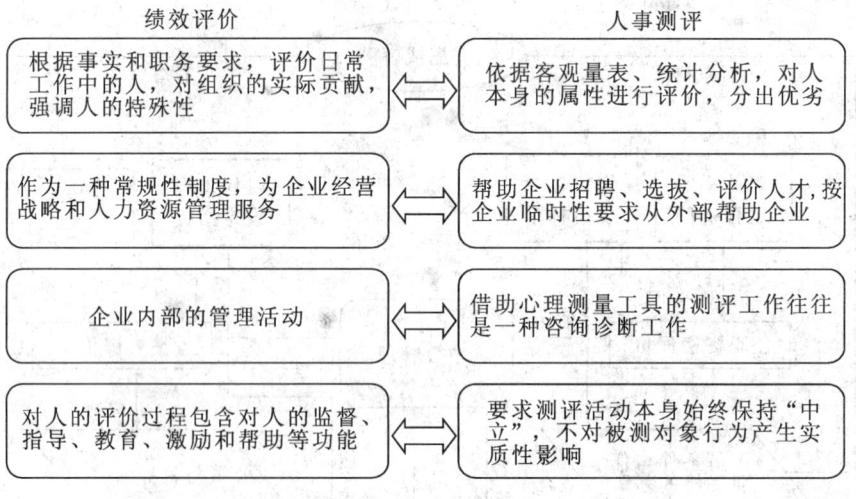

图 2-7　绩效评价与人事测评的比较

（三）绩效管理与薪酬体系

目前比较盛行的制定薪酬体系的原理是 3P 模型，即以职位价值决定薪酬(pay for position)、以绩效决定薪酬(pay for performance)和以任职者

的胜任力决定薪酬(pay for person)的有机结合。因此,绩效是决定薪酬的一个重要因素。在不同的组织中,对不同性质的职位,在不同的薪酬体系中,绩效所决定的薪酬成分和比例有所区别。通常来说,职位价值决定了薪酬中比较稳定的部分,绩效则决定了薪酬中变化的部分,如绩效工资与奖金等。

(四)绩效管理与培训开发

由于绩效管理的主要目的是为了了解目前人们绩效状况中的优势与不足,进而改进和提高绩效,因此培训开发是在绩效评价之后的重要工作。在绩效评价之后,主管人员往往需要根据被评价者的绩效现状,结合被评价者个人发展愿望,与被评价者共同制定绩效改进计划和未来发展计划,形成指导员工发展的重要依据。人力资源部门则根据员工目前绩效中有待改进的方面,设计整体的培训与开发计划,并帮助主管和员工共同实施培训开发,保证组织发展的持续与稳定。

(五)绩效管理与员工的职业生涯规划

当一个绩效管理系统忽视了员工的职业生涯规划的时候,这个绩效管理系统就不是一个完好的绩效管理系统。当一个员工不能达到期望的绩效标准的时候,他需要知道自己下一步该怎样做,如何提高自己的绩效,甚至怀疑现在的工作是否适合自己,是否需要改变职业发展规划。如果一个员工绩效很好,他也许要知道自己接下去该向什么方向发展。因此绩效管理系统能够提供有助于员工进行职业生涯规划的一些基本成分,为组织发展规划与员工个人发展规划相结合提供帮助。

三、体现企业战略意义的绩效评价体系

绩效管理作为一项有效的管理工具,必须与人力资源管理系统中的其他职能相互配合,才能发挥作用。绩效管理必须基于任职资格制度,对员工的工作绩效以及适应岗位要求的能力进行评价。这种评价结果,将应用于薪酬分配、开发与培训、岗位晋升与调整等方面。这种联系具体表现为:

基于能力的人力资源管理系统是由任职资格体系、绩效管理体系、潜能评价开发体系、薪酬管理体系、培训开发体系和人力资源规划六个业务板块构成。企业建立的一套客观、公正的体现战略意义的绩效评价体系,必须是一个系统,这个系统跟整个人力资源管理系统是相配合的,跟整个企业的战略应该是结合在一起的。完善的绩效评价系统是由以素质模型为核心的潜能评价体系、以任职资格标准为核心的职业化行为评价体系、以战略为导向的 KPI 指标为核心的绩效评价体系、以经营检讨及中期述职报告为核心的绩效改进体系、以提高管理者人力资源管理责任为中心的绩效管理循环体系五大体系构成的(如图 2-8 所示)。这五个体系是互相交错、协同发挥作用的。

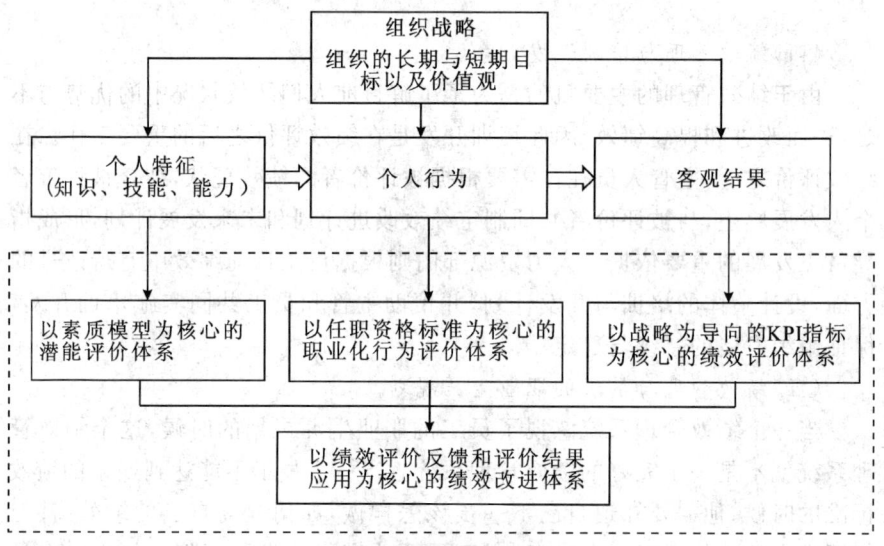

图 2-8 体现组织战略目的的绩效管理体系

第三节 战略绩效管理设计思想与框架体系

只有通过战略绩效管理体系的有效实施,即通过员工对于组织目标与实施的参与度的提高、对于员工与产出紧密关联的能力的培养、对于员工工作绩效行为的及时评价与校准,才能最终在整个组织范围内推动绩效的提升。

一、战略性绩效管理体系的设计思想

战略绩效管理是一个重要的管理理念,这一理念的落实,需要一套系统、严谨的方法。通过策略思维,战略与绩效管理活动有机地结合起来,个体目标与企业目标有机地联系起来,才能真正实现"有组织的战略努力"。

战略性绩效管理是一项系统性的工程,它要求企业在全过程、全方位参

与,与计划、组织、领导和控制等所有管理活动发生联系,它包括两方面内容:

一是围绕企业战略制定科学规范的绩效管理制度,使企业各项经营活动始终以战略为中心展开;

二是依据业绩管理制度对上一个业绩循环周期进行检查,对经营团队或责任人进行绩效评价,并据此进行价值分配和权力分配。

战略性绩效管理,需要以企业战略为导向,围绕企业战略制定绩效管理制度。其中,绩效管理的策略选择是一个非常重要的阶段,也是连接企业战略与绩效管理制度设计的关键环节。在战略绩效管理的过程中,策略选择的过程是不可忽视的,而且需要高层的高度重视与参与[见资料框2-1]。

资料框2-1: 有效绩效管理的七个必要条件

有效的绩效评价与管理,需要企业整体管理体系的支持。管理体系应该做到以下七个方面:
1. 连续的指导与反馈。
2. 提高管理者技能。
3. 重在提高绩效与开发人才。
4. 明晰绩效的构成。
5. 绩效管理迎合组织及其经营需求。
6. 使之成为经营计划过程的基本环节。
7. 领导垂范。

文献出处:How to improve performance management. by Cunneen, Patrick, People Management, 2006, Vol. 12 Issue 1, pp. 42~43。

二、企业战略目标分解与层层绩效落实

企业推行绩效管理时,喜欢从个人绩效评价入手,即使对部门的评价也容易变成对主管个人的评价,但对公司经营目标如何落实到各责任中心(事业部/子公司/部门)则关注不够。这样容易造成绩效管理与战略脱节,即"不明确战略"。经营绩效管理是员工个人绩效管理的基础,只有如此,才能保证战略实施与战略评价有效落实,使得个人绩效符合组织绩效需求;否则,得出的绩效信息就是失真的。

绩效目标犹如绩效评价的指导方向,如何将企业的"企业关键绩效指标"、"部门关键绩效指标"和"岗位关键绩效指标"之间相互联系起来呢?

首先,需要从企业战略目标的分解开始。平衡计分卡由于提供了从"财务绩效、客户需求、内部运营和学习与成长"四个维度的分析视角,使这一战略管理工具在企业绩效管理领域发挥着重要作用,进而成为战略实施工具。

战略目标的分解过程架构于"两条线索、三个层级"的基础上(见图2-9)。

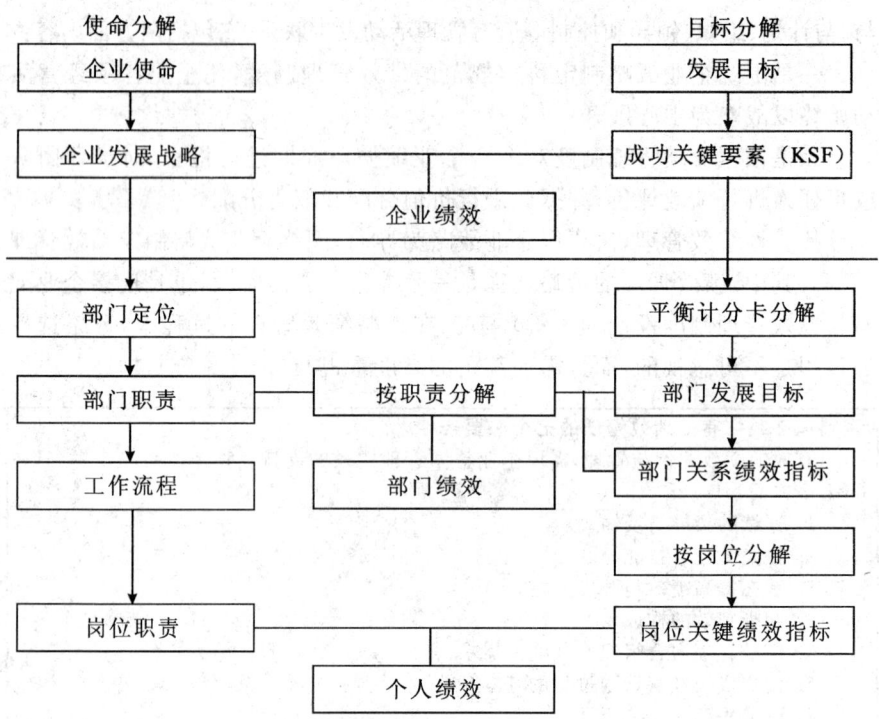

图 2-9 从战略目标到个人绩效目标的分解过程

两条线索分别是:"使命分解"和"目标分解"。从两条线索进行分解,可以保证企业的长远可持续发展。企业的使命是企业的愿景追求。而目标则是企业使命在每个发展阶段的具体体现。

三个层级分别是:"企业绩效"、"部门绩效"和"个人绩效"。员工是构成企业的细胞,只有每名成员实现了个人的绩效指标,进而才能实现部门的团体绩效目标,最终才能提升企业的绩效,所以从三个层级分解能保证企业绩效目标的有效落地。

从企业战略目标开始,寻找驱动战略成功的关键成功因素(KSF),然后可以借助平衡计分卡,根据各部门的定位,建立企业各部门与关键成功因素密切相关的关键绩效指标体系(KPI),随之根据员工的职位说明书中主要职责的界定,将部门的关键绩效指标分解到每名员工身上,最终形成完整的企业绩效评价指标体系。

在绩效管理过程中,通过绩效指标的跟踪指导,衡量战略实施过程的状态并采取必要的修正,以每名员工绩效指标的实现及绩效的持续增长为基础,最终实现企业战略目标。

绩效管理作为企业战略有效的导向工具,应该可以根据企业具体情况进行调整。

首先,分析企业战略的形成和企业的业务流程。弄清企业各个部门在企业业务流程中的位置,通过进一步分析,确定这些部门在企业战略中所起的作用。

其次,在明确各部门甚至各工作岗位在企业战略中所起的作用之后,就可以根据其不同的作用设置绩效评价的标准。

三、战略绩效管理的工具与方法

传统绩效评价在现代企业管理中是有局限性的,现代的绩效评价与管理被赋予了更深刻的意义,即从如何提高企业核心竞争力角度进行思考,通过这种系统化的绩效评价和管理,与企业的关键能力相连接,确保组织具有不断提升的竞争能力。

战略绩效管理层面的工具与方法,是从组织核心竞争力出发,以提高组织的综合能力为目的来开发的,与企业绩效评价理论与方法有着密切的联系。目前备受关注的西方企业层面绩效评价体系主要有关键绩效指标(KPI)、经济增加值(EVA)、平衡记分卡(BSC)、绩效棱柱(TPP)等。

从20世纪90年代起,关键绩效评价体系(Key Performance Index,KPI)、平衡记分卡(Balanced Scorecard)、标杆超越(Benchmarking)等旨在提高企业核心竞争力的系统化评价体系,开始在企业绩效管理和员工绩效管理交界的层面获得广泛的应用。这些工具与方法的发展,在回答绩效管理中的以下几个基本问题时,发挥了积极的作用。

绩效管理中的基本问题可以归纳为以下五个方面:

问题1:绩效管理指标没有重点,体现不出企业对关键绩效的关注和对员工行为的引导。

问题2:不能很好协调短期绩效与长期绩效之间的关系,过分突出短期业绩而忽视企业的经营安全。

问题3:企业绩效管理与战略实施相脱节,战略目标没有被层层分解到所有员工,出现员工与企业战略目标相背离的行为。

问题4:组织、团队、个人之间的绩效存在差异,无法实现组织绩效、团队绩效和个人绩效的联动。

问题5:难以进行员工工作绩效的预测,日益成为管理者绩效管理中具有不确定性的重要方面。

针对以上基本问题,相应的绩效管理的系统工具与方法分别包括:

● 平衡记分卡——是一套具有战略管理功能,将企业财务性指标控制和非财务性指标控制联系起来的组织评价系统。

● 关键绩效指标——是指企业宏观战略目标决策经过层层分解产生的可操作性的战术目标,是宏观战略决策执行效果的行动指针,其目的是建立一种机制,将企业战略转化为内部过程和活动。

● 目标管理——是一种程序或过程,它使组织中的上下级共同协商,根据组织使命确定一定时期内组织的总目标,由此决定上下级的责任和分目标,并把这些目标作为组织绩效评价和评价每个部门与个人绩效产出对组织贡献的标准。

● 团队绩效评价——不仅要对团队绩效进行评价,还要对团队成员的工作表现及团队绩效对组织目标实现的贡献进行评价。

● 基于素质的绩效考评——以员工胜任某一岗位的素质情况为依据,评价员工可能取得的绩效水平。

第四节 战略绩效管理的实现过程

在实施操作层面上,战略绩效管理体系自身要具有明确的系统目标、系统实施规划来保证。这是绩效管理的战略分析工具的开发与应用。

一、给企业的战略特征画图

现实中的企业,自觉或者不自觉地选择了各种各样的战略或者战略组合,战略学者们试图用各种学派去解释和研究,在此,我们不想就战略研究的思想和方法做深入的探讨,只希望把现实中企业的各种战略选择形象地描述出来,企业要做的第一件事就是,在其中寻找与自己的战略相似的模式,这是战略绩效管理的第一步。

通过分析和研究,可以把现实中的企业战略归纳为不同类型,例如:

1. 成本领先。在传统的业务领域,依靠不懈的努力不断强化成本优势,追求数一数二的市场地位。如戴尔、联想。

2. 产业链延伸。在市场形势的要求下,向产业链的某一方向延伸。如正大、百安居。

3. 利基市场。服务者紧盯某一利基市场，做该市场长期、持久的产品、服务领先者。如宝马、劳力士。

4. 相关多产品。通过相关的多产品、多业务系列，锁定多个客户群体。如宝洁、顶新。

5. 创新激活潜在需求，把新技术变成商业。如谷歌、盛大、携程网。

6. 扩张导向。以快速扩张、覆盖市场为目标，在快速发展中寻找机会，解决问题。如国美、顺驰。

7. 资源主导。基于独特的资源优势考虑战略问题。如：土地、政策、人力、原材料、能源，等等，如中石油、中铁快运。

8. 模式复制。相对成熟的运营模式，以复制模式为主的发展。如麦当劳、万科。

9. 专业化服务。以专业化能力服务具有专业化需求的客户。如用友软件、金蝶软件。

10. 客户资源开发。有效利用客户资源，在同一客户群体上发展更多价值。如平安保险、招商银行。

当然，现实中的企业可能是上述一或两种战略选择的组合，但一般是以其中一种为主导方式。

不同的战略特征所要求的关键成功因素是不同的。战略特征的定位是我们设计战略绩效管理体系的基础。我们选择了一种战略模式，这种模式必然有相对应的管控方式，以及管理要点。真正的战略绩效管理体系就是要关注和管理好这些要点。

二、明确战略特征所对应的核心要素

不同的战略选择，对应不同的核心竞争要素，基于上述分析，可以将企业战略所对应的核心要素归纳为八种"力"。针对不同的战略选择，企业所赖以生存和发展的，往往是其中的两种或三种"力"，而这些正是战略绩效管理体系要重点关照的要素。这些核心要素包括：

1. 创新力——依靠创新发现需求，形成市场，领导产业；
2. 运营力——依靠系统化的运营管理，形成稳定的规模和市场优势；
3. 制造力——依靠制造成本和效率占有竞争优势；
4. 资源力——能够把既有的资源优势有效转化为产业或经营业绩；
5. 销售力——依靠产品策划、市场活动、渠道管理、销售团队等优势取胜；

6. 专业力——依靠专业化服务能力和形象赢得客户;

7. 整合力——能够整合各类社会资源为我所用,实现快速扩张;

8. 人才力——善于发现和培养人才,并以人才作为竞争取胜的优势。

具体到某种战略选择,例如,"成本领先"战略,其所关注的首先是制造力,其次是销售力;"模式复制"战略,其所关注的首先是运营力,其次是资源力、整合力;"专业化服务"战略,其所关注的是专业力、人才力、创新力。

三、战略绩效管理策略的制定

针对不同的战略选择,通过分析可以发现其核心竞争要素。这些核心竞争要素是制定战略绩效管理体系的基本点和出发点。

下面举例说明如何将"战略—竞争要素—战略绩效管理"有效地结合起来。

例1:依靠运营力、资源力、整合力为核心的企业,如房地产公司。

对于上规模、跨区域发展的房地产公司,关注业务模式的形成、资源的储备以及标准化运营管理体系的建立,是业绩管理的三大核心环节。

对于房地产公司,或者说依靠运营力、整合力为核心的企业,总部和分支机构的使命是截然不同的,相应地,其业绩管理的侧重点也是不同的。

总部更多地扮演战略管理中心的角色,它的主要职能包括:资金的筹措和安排,土地资源的获取和管理,项目评价,产品和标准化体系建设,关键招标和采购,下属企业项目运作的宏观控制,人才培养,客户服务与客户关系管理,人力资源开发与管理,审计与监控,等等。因此,企业目标是多元化的,各个部门扮演专业化管理的角色,企业的策略性发展目标更多地通过总部各专业部门的调控来实现。

区域分公司或项目公司是利润中心,更多地扮演策略执行者的角色,其主要目标是完成经营任务,同时接受总部对于业务方向、发展模式、规范管理等方面的指导,确保与企业的整体战略方向保持一致。

在这样的前提下,对于分公司的评价应当更多地集中在业务目标的完成,而对于总部各中心、各部门的评价应当更多地集中在战略性任务的完成、战略性优势的形成、战略性资源的管理,等等。

整个企业的业绩管理体系的目标是:如何通过标准化管理提高效率,降低成本,复制竞争优势,如何更加有效地提高资源的利用效率。

从企业绩效管理体系的设计风格来看,适合采用宽严相济的评价体系,对于分公司,量化指标应占多数;而对于总部,应当以战略目标的分解为目的,不必过分追求数量化。从行业的特点来看,评价周期应偏中长(如季度、半年)。

例2:依靠专业力、创新力、人才力为核心的企业,如IT系统集成企业。

对于IT咨询服务企业,例如IBM、神州数码等,其盈利模式是为企业提供专业化的IT解决方案,并通过软件和硬件的集成来实现。由于这是一个专业化非常强的领域,系统集成企业能否提出针对客户的、专业化的解决方案,就成为这类企业存在的价值和理由,也是其核心竞争力的表现。

因此,系统集成企业的战略绩效管理应围绕如何强化和表现专业化能力展开。具体来说:

第一,关注业务模式,即如何把自身的专业化能力与客户的需求对接,形成有效的业务订单,满足客户需求的同时实现自身的业务发展。

第二,关注人才,对于上述类型的企业来说,主要是通过专家提供服务,因此,人才专业化是业务专业化的基础。

第三,关注知识管理,专业化服务的基础是知识、案例、经验的积累,如何实现知识的积累、共享,是专业化公司持续生存的关键。

从业务链条来看,系统集成企业主要分为市场销售、项目实施、后台支持、综合管控四大类部门,其管理具有如下特点:

(1)一般以项目为核心,销售、实施、支持、服务都以项目为单位进行;

(2)主要针对大客户服务,应高度关注客户的满意程度;

(3)强调灵活的、以项目为核心的组织和管理模式;

(4)淡化职能管理的色彩,强调业务流程在公司运营中的作用。

基于上述特点,系统集成企业的战略绩效管理体系由两个层面构成:公司层面,由研发、市场、实施、支持、管控、服务等环节构成;运作层面,以项目为核心进行管理。公司层面的业绩管理以市场、实施为核心;项目层面重点评价实施质量、成本、周期、客户满意度,等等。

整个企业的业绩管理体系的目标是:如何建立和保持持久的专业化优势,通过专业化服务客户,创造价值,存在和发展。

从企业绩效管理体系的设计风格来看,比较适合采用宽松的评价体系,以适应IT企业的人才特点。公司层面的评价可以定期化,项目评价应当以项目或项目节点为周期,评价周期宜偏长(如半年、一年)。

四、战略绩效管理策略落实四大关键

在战略绩效管理策略落实过程中,以下四个环节是关键:

（一）决策层的决心

战略绩效管理的核心是关注战略，而战略与现实之间可能是存在差距的，为了战略的实现，可能要舍弃某些收益，可能要改变既得利益结构，这些对于企业都是巨大的变革，在这个时候，决策层能否下定决心，愿意付出成本，是战略绩效管理成功的关键。

（二）绩效管理链条的构建

战略绩效管理不是一个人、一个组织的事，而是企业整体的责任，因此，能否通过科学的方法把战略目标分解到部门、层级、个人，自上而下形成链条，人人承担责任，也是战略绩效管理能够发挥系统作用的重要条件。

（三）过程胜于结果

绩效目标的确定、分解、辅导、实现、回顾、审核、沟通，融合于整个战略管理和日常工作过程中，在规范操作的前提下，对公司运作过程的指导意义远远大于结果本身。

（四）评价结果的应用

战略绩效管理的结果不仅要应用于对被评价人的激励，还要系统应用于人才梯队建设、培训与开发、员工职业发展等方面。只有这样，企业成员才能高度关注战略绩效管理的作用，并自觉地与自身的努力方向结合起来。

思考题

1. 组织实施战略性绩效管理的动因是什么？
2. 如何看待组织层面的绩效管理与员工层面的绩效管理的联系？
3. 如何理解绩效管理与人力资源管理其他职能之间的关系？
4. 在企业实施操作层面，绩效管理的战略分析工具是如何应用的？
5. 部门绩效考评与部门绩效主管考评有何区别与联系？
6. 战略绩效管理落实过程中的四个重要环节是什么？

本章案例：A 广告公司以战略目标导向的绩效管理

A 广告公司，主营业务是户外广告，业务形式是将其自有的户外媒体出租，公司于 2008 年完成了业务流程再造，构建了以客户为主体的业务流程。

该公司的战略目标有两个：一是增加有效的户外媒体；二是减少广告媒体的招商时间。实现战略目标的业务途径也有两个：一是向客户兜售已有的、广告合同即将到期的媒体;二是根据客户的需求设立新的媒体。该公司将其战略目标在企业中进行分解,建立绩效管理系统过程如下:

该广告公司的组织结构主要包括行政部、销售部,以及广告设计与制作部等三个部门。业务流程是:行政部包括财务、人事和经理办公室,为其他两个部门提供后勤服务;销售部的广告业务员负责寻找客户,在与客户达成意向后,使用行政部提供的合同与客户签协议;之后广告设计与制作部根据客户需求进行广告设计,并在规定期限内完成制作和悬挂施工。

该公司围绕自身的企业战略和业务流程,在各部门进行企业战略目标分解,通过绩效管理体系来实现对员工的引导。具体过程如下:

行政部是以支持保障功能为主。A公司对于行政部门在定量评价方面不能完成评价指标的员工,处理措施是非常严格的;而在对这个部门的定性评价方面设立绩效奖励,因为该部门是公司内通外联的门户,部门人员的工作态度直接影响到客户和公司其他员工的满意度,行政管理人员良好的态度也能够改善公司内部的工作氛围,体现公司以人为本、诚信、热情的企业文化。

销售部门是A公司实现利润,实现企业战略的核心部门。对于该部门,公司没有实行定性评价,完全使用的定量评价机制。在这个部门中,业务员为了完成公司的战略目标,主要的工作任务为:(1)发掘潜在的有效客户;(2)做好客户服务工作,包括客户拜访和售后服务;(3)与客户签约。

广告设计与制作部门比较特殊,它包括两个工作程序:设计、制作(悬挂)。负责广告的制作和悬挂的员工拿固定工资,因为这些工作的程序和所需要的时间都是相对固定的。而对于设计工作者来说,某项设计所占用的总时间具有不确定性,并且设计者是直接面对客户的,其工作的态度和质量直接影响到客户对于公司的评价。

思考提示:
1. 如何理解企业整体层面绩效管理与员工层面绩效管理的关系?
2. 如何看待A公司围绕自身战略目标和业务流程,在各部门进行绩效目标分解的过程?

练习题:员工绩效管理与企业竞争优势关系的实例分析

请列举出你认为经营最成功的国内外企业,写出前三家企业的名称(填写在表中的企业A、企业B、企业C的位置)。请思考以下问题,并陈述理由：

思考问题	理由陈述		
	企业A：	企业B：	企业C：
你为什么认为它们是成功的？它们具有怎样的核心竞争力？			
它们在人力资源管理方面是如何做的？			
它们在员工绩效管理方面是如何做的？			
通过上面分析，你认为员工绩效管理与企业获取竞争优势的关系如何？			

参考文献

1. 方振邦，《战略性绩效管理》（第二版），中国人民大学出版社，2007年。

2. 武欣，《绩效管理实务手册》，机械工业出版社，2003年。

3. 吴国存，《公司人力资源开发与管理》，南开大学出版社，1995年。

4. 余凯成、陈维政，《人力资源开发与管理》，企业管理出版社，1997年。

5. 吕晓俊，《战略性绩效评估的内容与方法初探》，《科学进步与对策》，2005(4)。

6. 牛雄鹰，《发展导向的绩效管理模式》，《中国人力资源开发》，2003(11)。

7. 罗彪、梁梁，《面向战略的全绩效管理》，《企业管理》，2003(1)。

8. John M, Human Reource Management. 7th edition. McGraw—Hill, 1998.

9. Halachmi, Arie. From performance appraisal to performance targeting, Public Personnel Management, Vol. 22, No. 2 (Summer 1993), pp. 323~344.

第三章

绩效目标与绩效计划

本章学习要点

- 了解绩效目标设定应遵循的基本原则。
- 掌握关键绩效指标（KPI）的基本原理。
- 明确绩效计划的基本内容与制定程序。
- 学会从企业战略高度认识绩效目标与计划的作用。

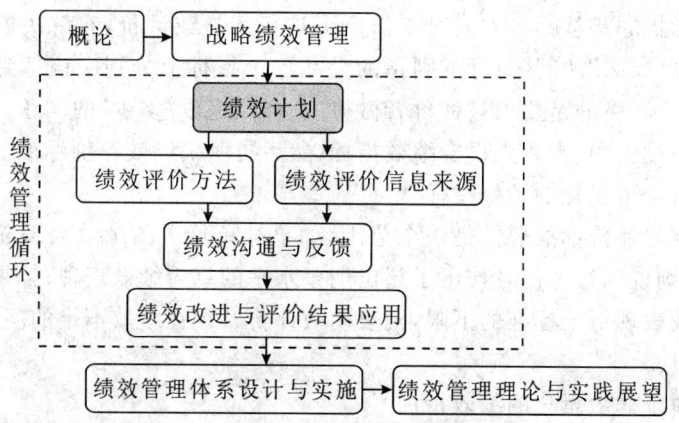

为了实现企业经营计划与管理目标,我们需要通过制度性的绩效管理体系,促使各级管理者承担起人力资源管理责任。通过管理者与员工共同参与的绩效计划、绩效实施、绩效评价以及绩效结果反馈过程,不断提高组织绩效。绩效目标和绩效计划的制定,是绩效管理体系的起点。

第一节 基本概念与基本理论

一、基本概念辨析

(一)目的、目标、标准

目的(goal):描述组织所冀求的未来,存在的目的或进行某项活动的理由。例如,一个组织在新的年度里的目的是扩大在市场的影响力,销售量提高,或者成为本行业中的领先者。

目标(objective):是指在一定时间内必须完成的结果。例如,销售人员在新的年度里所定下的销售额和回款率就是该年度的目标。

标准(standard):是指一件工作上可接受的最低表现。仍然拿销售人员的例子来说,规定销售人员在新的年度的销售额不能比上一年度低,就是一个标准。

(二)绩效指标与绩效标准

指标指的是从哪些方面对工作产出进行衡量或评价,它解决的是我们需要评价"什么"的问题;标准则指的是在各个指标上分别应该达到什么样的水平,它解决的是要求被评价者做得"怎样"、完成"多少"的问题。在绩效计划设计过程中,需要先设定绩效指标,然后再明确绩效评价标准。

1. 对于数量化的绩效指标

设定的评价标准通常是一个范围,如果被评价者的绩效表现超出标准的上限,则说明被评价者作出了超出期望水平的卓越绩效表现;如果被评价者的绩效表现低于标准的下限,则表明被评价者存在绩效不足的问题,需要进行改进。

2. 对于非数量化的绩效指标

在设定绩效标准时往往从客户的角度出发,需要回答这样的问题:"客户期望被评价者做到什么程度?"

3.基本绩效标准与卓越绩效标准

（1）基本标准，是指对某个被评价对象而言期望达到的水平。这种标准是每个被评价对象经过努力都能够达到的水平。并且，对一定的职位来说，基本标准可以有限度地描述出来。基本标准的作用主要是用于判断被评价者的绩效是否能够满足基本的要求。评价的结果主要用于决定一些非激励性的人事待遇，如基本绩效工资。

（2）卓越标准，是指对被评价对象未做要求和期望但是可以达到的绩效水平。卓越标准的水平并非每个被评价对象都能够达到，只有一小部分被评价对象可以达到。卓越标准不像基本标准那样可以有限度地描述出来，它通常是没有天花板的。由于卓越标准不是人人都能达到的，因此它主要是为了识别角色榜样。对卓越标准评价的结果可以决定一些激励性的人事待遇，例如额外的奖金、分红、职位的晋升等。

4.关键结果领域(KRA)与关键绩效指标(KPI)

KRA(key result areas)意为关键结果领域，它是为实现企业整体目标、不可或缺的、必须取得满意结果的领域，是企业关键成功要素的聚集地。

KPI(key performance indicators)意为关键绩效指标，是通过对组织内部流程的输入端、输出端的关键参数进行设置、取样、计算、分析，衡量流程绩效的一种目标式量化管理指标，是对企业运作过程中关键成功要素的提炼和归纳。

每个 KRA 都涵盖了若干个 KPI。KRA 和 KPI 是把企业的战略目标分解为可操作的工作目标的工具，是企业绩效管理的基础。

5.绩效目标与绩效计划

绩效目标是制定绩效计划的先导，而绩效计划是实现绩效目标的保证。绩效目标是表示可以用来衡量实际结果的一种期望的成就水平；而绩效计划既表示管理人员与员工达成的关于员工工作目标和标准的契约，又表示双方共同沟通，对员工的工作目标和标准达成一致意见，形成契约的过程。

二、目标激励理论

现代动机心理学对目标的研究，主要形成三种不同的目标理论体系：

（一）目标设置理论

目标设置理论(goal-setting theory)是 Locke 和 Latham 在组织心理学研究基础上发展起来的一种目标理论，主要用以解释个体在工作情境中的成就与行为。Locke 和 Latham 从动机领域来定义目标，目标就是个体努力要达到的具体的成绩标准或结果。

目标设置与绩效的模型及其理论是 Locke 于 20 世纪 60 年代末提出的,并于 90 年代进行了修正。该理论的基本论点是:目标是一个重要的激励因素。人们会将自己目前的绩效和自己的目标进行比较,如果存在差距,而且他们确信自己能达到目标,那么这种差距会激励人们更加努力工作,从而提高绩效水平。显然,对于激励主体而言,帮助激励客体恰当地设定目标是非常重要的。在设定目标时,要特别注意目标的难度和清晰度,难度适中、目标清晰的激励效果最佳。后继的一些研究更是表明,目标的激励效果还取决于激励主体的自我效能感(self-efficiency)、目标的承诺(commitment)、反馈等。总之,该模型具有很大的科学性,并为绩效目标制定提供了理论依据。

(二)动机系统理论

动机系统理论(motivational systems theory)是一个解释人类成就行为的综合模型。目标被定义为个体对所期望和不期望结果的认知。这种认知本身并不一定能激发个体的行为,它必须与情绪唤醒过程和个体能动信念等结合起来才能起到推动作用。

(三)成就目标理论

成就目标理论(achievement goal theory)的直接渊源是 Nicholls(1984)提出的能力理论。20 世纪 80 年代末 Dweck 在能力理论的基础上,结合社会认知的最新研究成果,提出了较为完善的成就目标理论。从成就情境的角度将目标定义为,个体对成就行为的目的的知觉和信念,即个体对自己在成就情境中努力追求成功的原因的认知。

这些成就目标比个体所追求的具体结果更上位,具有一定的跨情境稳定性,它们影响着动机作用的质量,并进而影响个体在成就情境中的认知、情感和行为。

三、工作单元之间的相互依存关系与个人绩效目标设计

组织中员工个人工作绩效目标的确定与其工作任务的类型密切相关。

组织结构是组织中正式确定的使工作任务得以分解、组合和协调的框架体系。工作任务的分工与协作是组织体系运行的基础。一方面,工作任务需要专门化,即将工作任务划分成若干专门的工作,每个员工或每个部门专门从事某一部分的活动而不是全部活动;另一方面,组织中的不同工作任务之间具有不同的相互依存关系,各个员工和部门之间又必须根据相应的

依存管理进行有效的协作。

詹姆斯·汤普森(James Thompson)提出相互依存(interdependence)的概念。所谓相互依存,或称为依存度,是指组织内职位或部门之间为获得完成任务所必需的资源而彼此相互依赖的程度。低依存性是指职位或部门能够相对独立地完成其工作而彼此较少相互作用、协商或交换资源;高依存性是指职位或部门不能独立地完成其工作而必须不断地相互作用或交换资源。

组织中不同职位和部门之间的相互依存的类型影响组织的整体机制和个体工作方案的选择,进而影响在各职位或部门工作的员工的绩效目标设计及绩效评价方式选择。相互依存有三种基本类型:联合依存、顺序依存、交互依存。

(一)联合的相互依存

在联合的相互依存(pooled interdependency)类型中,每个职位或单位单独对组织作出贡献,且分别被组织支持。

例如,一个部门中的职位或一个组织中的单位是自治的,相对独立于其他职位或单位,它们对组织中其他单位或整个组织的贡献是主要连接点。联合的相互依存是相互依存中最简单的类型。例如,推销业务员在进行推销时,不需要每天都与上级进行联系、听取决策,他只需要将上级要求他推销的产品卖给顾客。他和其他推销员也不是每天都要见面,他们各自在自己的推销区域里做推销工作就可以了。这是一个典型的联合的相互依存的例子。

从个人角度而言,工作努力程度的增加常常意味着雇员从顺序或交互的相互依存转向联合的相互依存,下面将对此有所介绍。而从群体角度来说,自治群体的介入会导致同样的趋势出现。

(二)顺序的相互依存

顺序的相互依存(sequential interdependency)是指存在一种顺序,即某个个体或单位必须在下一个个体或单位完成任务之前完成任务,一个个体或单位直接依赖于另一个个体或单位。例如,冰箱厂成品车间的员工在将部件组装成冰箱之前,加工车间的员工必须先完成其部件的加工任务。

(三)交互的相互依存

交互的相互依存(reciprocal interdependency)是指某个个体或单位的产出成为另一个个体或单位的投入,反之亦然。这是组织相互依存最复杂的类型,它需要相当程度的联系和协调,如果存在交叉的相互依存,那么一般也会出现顺序的和联合的相互依存,维修部门和医院外科都是如此。

个体层面(individual-level)员工绩效目标设计,需要考虑从顺序或交互的相互依存转向联合的相互依存,也就是尽量能够分别评价每一位职员的绩效。但事实上,相互依存越来越复杂,需要的绩效管理过程也日益复杂,绩效管理与组织设计、组织各职位设计的关系也密切相关。从群体角度来看,自治群体出现会带来团队绩效问题。

第二节 绩效目标

绩效目标是指可以用来衡量实际结果的一种期望的成就水平。当绩效评价手段与一系列的期望紧密联系起来的时候,目的和目标才是具有可操作性的。本节的内容是,管理者是怎样建立和界定经营目标,以及他们是怎样通过绩效评价和激励来校推、传达以及支持这些目标的。

一、绩效目标的特点

(一)绩效目标的多重意图

因为绩效目标同时被用于许多意图,所以目标的设定过程很复杂。绩效目标既可以被用来传达战略和激励,同时也可以用于计划和协调、对潜在问题进行预警,以及对管理者和经营业绩进行事后评价。

1.绩效目标对于计划和协调具有重要意义。因为它要确保足够的资源,以及在相互依赖的部门进行工作流程的协调,计划必须互相协调,不符合的地方要预先解决。

2.绩效目标能在运营开始偏离轨道时,提供给管理者作为预警信号的标准。从本质上来说,绩效目标是在工作实际进行前建立的。当工作展开时,把实际结果与绩效目标比较可以发现不足和问题。关键指示上的不足能提供给管理者尽早的警告,以调查问题并设定补救的方案。

3.绩效目标在事后对成绩评价也是一个重要的组成部分。管理者和他们的部门被评定达到目标、超出目标或是未达到目标。

把绩效目标应用于激励、计划与协调、预警以及评价等所有的用途,目标的水平必须细心地在不同目的之间进行权衡,否则容易带来问题。

(二)绩效目标的内在驱动和外在驱动

一般说来,有两种方式驱动人们为了组织的目标而工作。

第一种情形,是人们相信这些目标的正当性,从而主动付出努力去实现它们,这称为内在驱动,即驱动力源于内部,因为每个个体都信任组织所希望实现的使命,所以人们自主付出努力。

管理者可以通过一系列方式来提升内在驱动。首先,可以强调企业的正面理念和思维,雇员愿意为企业的总体目标作出贡献。管理者应该使人们为其所工作的企业感到骄傲。其次,他们可以让下属加入目标制定过程,以期下属能更好认识到目标的正当性,假如下属加入到目标制定——提供信息和其他投入要素,他们将可能更容易意识到目标的合理性,从而更努力地为之工作。最后,管理者可以阐明现行策略所隐含的因果联系,雇员将能更好地理解他们在帮助组织实现目标过程中所起的作用。

第二种情形,企业管理者通过一种正式的激励来确保员工对于实现目标的关注。经济上的激励是多数绩效评价系统中一个关键的元素。这些机制提供了"外在的驱动",即从外部进行激励。要增加外在驱动,经济上的绩效报酬应被清楚地和目标或指标达成程度联系起来。

(三)设定绩效指标对绩效进行管理

1. 对于管理者来说,设定绩效指标对员工的绩效进行管理,是他们实施管理的需要。对于自我管理的专业人士或者团队来说也是如此。因为如果没有这些绩效指标,就无法得知什么是期待的目标,无法对目前的现状进行评价。

2. 不设定绩效指标对绩效进行管理,就无从提高绩效。不设定绩效指标,就无法知道现在的绩效表现与期望是否有差距,也不知道该提高到什么程度。而且,缺乏绩效提高前后的数据或信息,也就无从知道绩效是不是有了提高。

3. 高绩效的个人或团队通常都有清晰的目标,他们清楚地知道自己将要做什么,以及将要做到什么程度。

4. 如果需要依据绩效来付薪酬,那么也需要对绩效设定清晰的量化指标,提供客观、公正的信息。

二、绩效目标的重要性

1. 减少存在于管理者和雇员之间对于期望的绩效结果的误解。
2. 明确每个雇员在完成对组织有重要意义的工作中的角色。
3. 通过提供明确的绩效目标,帮助雇员对工作进展进行自我控制。
4. 目标提供了行为的方向和责任。
5. 绩效目标是对在特定时间内,按照数量或质量的标准需要达到的结果的陈述。

6. 一个绩效目标应该用标准的"做什么、何时做、如何做"组成一个结果承诺。

7. 人们在制定工作目标或者任务目标时，考虑一下目标与计划是否拟合，是否符合 SMART 原则，只有符合该原则的计划才具有良好的可实施性，也才能保证计划得以实现。

三、设定绩效目标的衡量标准

设定了绩效目标之后，就要确定评价绩效目标达成的标准。通常要求标准的设定要符合如下的 SMART 原则：

S——具体的(Specific)，指绩效评价要切中特定的工作指标，不能笼统；

M——可衡量的(Measurable)，指绩效指标是数量化或者行为化的，验证这些绩效指标的数据或者信息是可以获得的；

A——可实现的(Attainable)，指绩效指标在付出努力的情况下可以实现，避免设立过高或过低的目标；

R——相关的(Relevant)，指我们的目标是否很重要，是否很有价值，在实现目标的过程中，可以产生很多的边际效益；

T——有时限的(Time bound)，注重完成绩效指标的特定期限。

在绩效管理领域之外，SMART 原则还被人们用来指导在实际生活中的其他问题。例如，有人利用它建立基于 SMART 原则的科技项目评标指标体系结构模型，华为集团利用 SMART 原则对员工进行"时间管理"的培训。但这并不说明 SMART 原则就没有缺陷了，SMART 原则毕竟是一个定性的准则，这就决定了在使用此原则时，应该尽量做到客观、公正，有充分的事实作为依据，也可以和其他定量化的工具一起使用，这样会取得更好的效果。

四、绩效评价指标的适用对象

(一) 按管理层级划分

不同的绩效管理对象承担的工作职责不同，产生工作绩效的方式不同，绩效评价目标的设立应该视考评对象的不同特点而有所区别，下面以管理层和普通员工为例。

管理层对公司生产经营结果负有决策责任，并具有较为综合的影响力。对管理人员，通常可以采用量化成分较多、约束力较强、独立性较高、以最终结果为导向的绩效评价方式。

普通员工的工作基本由上级安排和设定,依赖性较强,工作内容单纯,对生产经营结果只有简单的、较小程度的影响。对普通员工,通常可以采用量化成分少、需要上下级随时充分沟通、主要以工作过程为导向的绩效评价方式。

根据咨询经验和实施效果来看,通常的原则如下:
● 中基层部门主管:绩效评价目标 = 绩效目标 + 衡量指标 + 改进点
● 一般性工作人员:绩效评价目标 = 工作计划 + 衡量指标 + 改进点
● 事务性工作人员:绩效评价目标 = 应负责任 + 例外工作 + 衡量指标
● 例行性工作人员:绩效评价目标 = 工作量 + 准确性
● 应急性工作人员:绩效评价目标 = 工作量 + 高压线

重大责任督查体系:经营过程中是否发生对经营有重大影响的责任事项,责任督查部分所涉及的是我们常说的制度"高压线",只要触到"高压线",就要承担重大的事故责任,这使得整个企业对经营有重大影响的那些责任事项保持高度的警惕。

(二)按工作特征划分

对每一岗位的工作都可以从稳定性、程序性和独立性三个方面的特征来考察。稳定性是指工作内容和工作环境的稳定程度;程序性是指工作遵循某些规程的程度;独立性是指允许个人在工作完成方面进行自我决策的程度。

对某一特定岗位技能、工作经验和个人素质等特征的要求不同,程序性、稳定性高而独立性低的生产线工人,只需要按照特定的规程进行特定的工作,因此具备较低的和特别专门化的知识和技能;而高层经理岗位则需要丰富的知识和经验、创新精神和应变能力,以应对变化莫测的市场竞争和错综复杂的内部管理活动。

岗位性质的不同,工作特征的差异,就决定了绩效评价的内容和方法的差异。

对程序性、稳定性高而独立性低的流水生产线的岗位的评价,应包含较多可量化的指标,如上下班时间、操作的熟练程度、次品率等;高级经理岗位具有较低的程序性、很高的独立性和非稳定性,其评价内容应侧重于经理人员的能力和素质、股东满意度,以及公司在股票市场上的表现等方面;市场销售工作具有一定的程序性和较高的独立性,除评价销售额外,还应评价签订的合同数目、客户档案管理、项目进度管理、用户满意度等指标。

第三节 关键绩效指标(KPI)

一、关键绩效指标(KPI)的概念

要对绩效指标的概念达成共识。由于我们所设定的绩效指标会集中在对一项工作来说最关键的一系列指标上,因此,又可以称是关键绩效指标。那么,什么是关键绩效指标?

1. 关键绩效指标是用于评价和管理被评价者绩效的定量化或行为化的标准体系。也就是说,关键绩效指标是一个标准体系,它必须是定量化的,如果难以定量化,也必须是行为化的。如果定量化和行为化这两个特征都无法满足,那么就不是符合要求的关键绩效指标。如表3-1所示,该表展示了典型岗位的评价指标体系及分类,对于我们理解评价指标体系很有帮助。

2. 关键绩效指标体现对组织目标有增值作用的绩效指标。也就是说,关键绩效指标是连接个体绩效与组织目标的一个桥梁。关键绩效指标是针对对组织目标起到增值作用的工作产出而设定的指标,基于关键绩效指标对绩效进行管理,就可以保证真正对组织有贡献的行为受到鼓励。

3. 通过在关键绩效指标上达成的承诺,员工与管理人员就可以进行工作期望、工作表现和未来发展等方面的沟通。关键绩效指标是进行绩效沟通的基石,是组织中关于绩效沟通的共同辞典。有了这样一本辞典,管理人员和员工在沟通时就可以有共同的语言。

我们期望的绩效指标体系应该是什么样的呢?

无论是对于团队的绩效还是个人的绩效,我们都期望得到这样的绩效指标体系:

(1)关于团队以及团队成员的增值工作产出列表;

(2)针对每一项工作产出的绩效指标和标准;

(3)各项增值产出的相对重要性等级;

(4)追踪个体或团队实际表现的方式,以便将个体的实际表现与要求的绩效标准相对照。

本书给出了两个典型的例子向大家展示了广告公司美术设计师以及主管人员常用的关键绩效指标(如表3-2所示)。

第三章　绩效目标与绩效计划

表 3-1　典型岗位的评价指标体系及分类

岗位	评价指标体系				
	工作数量指标	工作质量指标	工作成果指标	工作代价指标	工作过程指标
企业工人	产量完成率	质量合格率	达优产值率	消耗费用率、设备修理率、安全费用率	设备保管率
企业供应人员	供应及时率	供应物料质量合格率		供应费用率	
企业销售人员	产品销售率	优质服务率	货款回收速率	销售费用率	
企业技术人员	工作当量	设计(工艺)合理率	新产品开发数、新工艺创利率、达优产值率	技术工作费用率	技术巡查率
企业质管人员	检(化)验量	检(化)验准确率	产品合格率、达优产值率	质管费用率	质量巡监率
企业负责人		企业主要经济技术指标、分管工作的主要指标		工资消耗率	
炊事人员	就餐负荷量	就餐人员满意率		伙食盈余率	伙食花样
服务人员	服务当量	顾客满意率		服务费用率	
门卫人员	出门证收缴率、来客登记率	物品丢失率			
医士	工作当量	疾病治愈率、病人满意率	人均医药费用		

表 3-2　广告公司美术设计师的关键绩效指标(1)

完成的工作结果	关键绩效指标
所提供的设计服务	1. 100%达到时间限制要求 2. 出资人的相对成本对于预算的变化在±5%范围内 3. 主管人员对以下方面感到满意： 　使用了比较现代的设计风格，而不是已经过时的风格；使用了正确的类型照片和图画的质量很高，总体质量比竞争对手好；相对提供了清晰的信息，并且使用了创造性的方法；公司的CI出现在广告中，并且字体符合公司的CI标准手册 4. 客户对如下方面感到满意： 　向公众传递的公司形象恰恰是公司高层想要传递的形象；向客户传递的信息清晰；对一些重点的概念加以强调；设计独特，优于竞争对手

表 3-2　主管人员常用的一些关键绩效指标(2)

完成的工作结果	关键绩效指标
下属员工的绩效	上级主管对以下方面感到满意： 所有员工都有书面的绩效标准； 所有员工都清楚参照标准他们做得怎么样 所有员工每年至少接受一次绩效反馈面谈 所有员工都接受了年度的书面的绩效评价 员工认为报酬体系和对自己的认可可以接受员工有具体的绩效改进计划 员工认为他们的努力得到认可 员工工资的提高比率随着绩效的不同而不同
员工的满意度	对员工的调查表明： 员工理解自己公司的发展方向、部门的工作目标和他们自己在达到这些目标中的角色 员工具体了解他们的主管对自己的期望 员工知道自己的工作做得怎么样，并且知道自己应该在哪些方面需要改进 员工认为绩效评价准确地反应了他们的绩效 员工有完成工作所必需的工具和手段，并且他们一旦没有这些工具和手段时，可以了解其中的原因 员工拥有完成工作所必需的知识和技能，或者有获得这些知识和技能的计划 员工好的绩效得到了认可和赞赏

二、设定关键绩效指标的程序

设定关键绩效指标的程序可分为以下五个步骤：

（一）确定工作产出

由于关键绩效指标体现了绩效对组织目标增值的部分，关键绩效指标是针对对组织目标起到增值作用的工作产出来设定的，因此要想设定关键绩效指标首先要确定工作产出。个体的工作目标是由组织总体的目标分解而形成的,因此在设定个人的关键绩效指标时,也要首先回顾组织整体的目标和业务单元的工作目标。

1. 确定工作产出遵循的基本原则

(1)增值产出的原则:工作产出必须与组织目标相一致,即在组织的价值链上能够产生直接或间接增值的工作产出。

(2)客户导向的原则:凡是被评价者的工作产出输出的对象,无论是组织外部的还是内部的都构成客户,定义工作产出需要从客户的需求出发。这里尤其强调的是组织内部客户的概念,这是把组织内部不同部门或个人之间工作产出的相互输入输出也当作是客户关系。例如,人力资源部为其他部门提供招聘选拔人员的服务,那么其他部门就是人力资源部的客户,人力资源部的关键绩效指标就是客户满意的指标。

(3)结果优先的原则:工作产出首先要考察某项活动的最终工作结果,实在难以界定结果时可考虑过程中的关键行为。例如,有的企业在对研发人员的绩效进行评价时,发现短期内很难考察最终的结果,于是选用了一些诸如研发过程中的技术资料、技术文档的质量等行为指标进行评价。

(4)设定权重的原则:各项工作产出应该有权重。设置权重时要根据各项工作产出在工作目标中的"重要性"而不是花费时间的多少来设定权重。

2. 客户关系示图

可以将某个岗位上员工的工作产出提供的对象当作是其客户,这样的客户通常包括内部客户和外部客户。客户关系可以通过图示的方式表现一个员工对组织内外客户的工作产出。在这个客户关系示图中,我们可以看到一个员工为哪些内外客户提供工作产出,以及对每个客户提供的工作产出分别是什么。那么在进行绩效评价时,就可以考虑内外客户对这些工作产出的满意标准,以这些标准来衡量员工的绩效。

例如,某销售部的秘书的客户关系如图 3-1 所示。

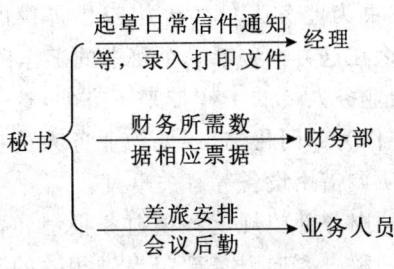

图 3-1 秘书的客户关系示图

这个销售部秘书的主要工作职责有：

● 协助销售部经理处理日常事务，包括起草文件、收发信件、接待客人等。

● 协助销售部的业务人员处理日常事务，包括会议后勤、差旅安排和其他一些日常事务。

● 汇总部门的财务票据和数据，提供给财务部门（该公司各个部门的秘书统一管理本部门的费用支出、报销等手续，成为财务部门在各个部门的重要接口）。

因此，这个部门秘书所面对的客户主要有三类：一是部门经理；二是部门内的业务人员；三是财务部门的相关人员。

秘书向部门经理提供的主要工作产出有：

● 起草日常信件、通知等。

● 录入、打印文件。

● 收发传真、信件。

● 接待来客。

在这里，经理是秘书的上司，在客户关系示图中，我们也将其作为秘书的一个客户。那么，我们衡量秘书对部门经理的工作完成得怎么样时，就可以考虑在上面这四项工作产出上经理的满意度。秘书的绩效标准也就是这几项工作产出的质量、数量、时效性等。例如，文件的录入、打印准确性如何；起草的文件是否能达到经理对质量的要求等。

秘书向部门中的业务人员提供的工作产出主要是：

● 差旅安排。

● 会议后勤。

● 其他日常服务。

秘书向业务人员提供的工作产出主要是为业务人员的业务工作提供一些辅助性的支持。秘书为业务人员的差旅安排提供的服务主要有预定机票、酒店、车辆等，那么在这方面判断一个秘书的工作做得怎么样时，主要会考虑她的服务是否给业务人员的工作带来了方便，这主要通过业务人员的满意度来体现。另外作为部门秘书，还要为业务人员提供其他一些日常服务，例如与行政部门协调借用设备等有关事宜。

另外，由于该公司财务部门规定各项财务报销和费用支出都统一由部门秘书经手，因此部门秘书要向财务部门提供相关的数据和票据。因为财务部门是秘书所面对的客户，所以在提供工作产出时就需要按照客户的要求,秘书在这个方面工作做得怎么样,需要财务部门进行判断。

客户关系示图的方法不仅适用于对个体的工作产出进行分析,也同样适用于对团队的工作产出进行分析。使用客户关系示图的方式来界定工作产出,进而对绩效指标进行评价。这种做法的好处是:首先,能够用工作产出的方式将个体或团队的绩效与组织内外其他个体和团队联系起来,增强每个个体或团队的客户服务意识;其次,能够使我们更加清晰地看到个体或团队对整个组织的贡献;最后,这种直观的方式使我们全面地了解个体或团队的工作产出,不易产生大的遗漏。

(二)建立评价指标

确定工作产出之后,再确定应从什么角度去衡量各项工作产出,从哪些方面评价各项工作产出。数量化的指标固然最好,但并不是所有的工作产出都可以数量化,这就需要寻找其他一些可以验证和观察得到的指标。

1.关键绩效指标的类型

关键绩效指标主要有四种类型:数量、质量、成本和时限。可以通过回答下列一些问题,来帮助建立绩效指标。

(1)通常在评价工作产出时,我们关心什么(数量、质量、成本、时限);

(2)我们怎样衡量这些工作产出的数量、质量、成本和时限;

(3)是否存在我们可以追踪的数量或百分比,如果存在这样的数量指标,就把它们列出来;

(4)如果没有数量化的指标评价工作产出,那么谁可以评价工作结果完成得好不好呢?能否描述一下工作成果完成得好是什么样的状态?有哪些关键的衡量因素?

表 3-3 列出的是常用的关键绩效指标的类型、典型例子,以及可以获得验证这些指标的证据来源。

表 3-3 绩效指标的类型

指标类型	举例	证据来源
数量	产量	业绩记录
	销售额	财务数据
	利润	
质量	破损率	生产记录
	独特性	上级评价
	准确性	客户评价

续表

指标类型	举例	证据来源
成本	单位产品的成本	财务数据
	投资回报率	
时限	及时性	上级评价
	到市场时间	客户评价
	供货周期	

2. 确定关键绩效指标的原则

在确定关键绩效指标时也必须遵循 SMART 原则。表 3-4 体现了在确定绩效指标时运用这些重要原则的正确和错误做法。

表 3-4　设定关键绩效指标的原则

原则	正确做法	错误做法
具体的 Specific	切中目标	抽象的
	适度细化	未经细化
	随情境变化	复制其他情境中的指标
可度量的 Measurable	数量化的	主观判断
	行为化的	非行为化描述
	数据或信息具有可行性	数据或信息无从获得
可实现的 Attainable	在付出努力的情况下可以实现	过高或过低的目标
	在适度的时限内实现	期间过长
相关的 Relevant	可证明的	假设的
	可观察的	不可观察或证明的
有时限的 Time bound	使用时间单位	不考虑时效性
	关注效率	模糊的时间概念

在设定关键绩效指标时，我们需要依据上面提到的这些原则来做。例如，在产品设计方面，通常有"产品的创新性"这样的指标，这个指标属于抽象的没有经过细化的，如果经过细化可能至少包括这样的指标——在性能上提供竞争对手没有的三种以上的功能，至少设计出三种在外观上不同的款式。有些工作产出没有办法给出数量化的指标，那么就需要给出一些行为化的指标，也就是说关键绩效指标或者是数量化的，或者是行为化的。例如，为会议提供服务这样的活动就难以给出数量化的指标，我们可以用一些行为化的指标进行界定，如在会议开始之前准备好会议所需的一切设施，在会议过程中无需为寻找或修理必要的设施而使得会议中断等。在时限性的指标上，应该尽量避免使用"尽快"、"较快"等模糊的时间概念，应该给出清

晰的时间限制。

（三）设定评价标准

在设置绩效指标时，评价标准的设定往往与评价指标的建立一起完成。绩效指标确定之后，绩效评价标准的设定就会比较容易了。对于数量化的绩效指标，设定的评价标准通常是一个范围，如果被评价者的绩效表现超出标准的上限，则说明被评价者作出了超出期望水平的卓越绩效表现；如果被评价者的绩效表现低于标准的下限，则表明被评价者存在绩效不足的问题，需要进行改进。对于非数量化的绩效指标，在设定绩效标准时往往从客户的角度出发，需要回答这样的问题："客户期望被评价者做到什么程度？"表3-5中列举了一些绩效标准的实例。

表 3-5 绩效标准实例

工作产出	指标类型	具体指标	绩效标准
销售利润	数量	年销售额 税前利润百分比	年销售额在 20～25 万元 税前利润率在 18%～22%
新产品设计	质量	上级评价： 创新性 体现公司形象 客户的评价： 性价比 相对竞争对手产品的偏好程度 独特性 耐用性	上级评价： 至少有三种产品与竞争对手不同 使用高质量的材料，恰当的颜色和样式代表和提升公司形象 客户的评价： 产品的价值超过了他的价值 在不告知品牌的情况下对顾客进行测试，发现选择本公司产品要比选竞争对手产品的概率要高 客户反映与他们见过的同类产品不同 产品使用的时间足够长
	数量	提出新观点的数量	提出 30～40 个新观点
零售店销售额	数量	销售额比去年同期有所增长	销售额比去年同期增长 5%～8%
竞争对手总结	质量	上级评价： 全面性 数据的价值	上级评价： 覆盖了所有已知竞争对手的所有产品 提供的数据包括对产品的详细描述，如产品的成本、广告费用、回头客的比率等
	时限	预定的时间表	能在指定的期限之前提供关于竞争对手的总结数据
销售费用	成本	实际费用与预算的变化	实际费用与预算相差在 5%以内

在设定关键绩效指标时,通常需要考虑基本标准与卓越标准这两类标准。前者用于判断被评价者的绩效是否能够满足基本的要求,后者主要是为了识别角色榜样。一些职位的基本标准和卓越标准,如表3-6所示。

表3-6 基本绩效标准与卓越绩效标准

举例职位	基本标准	卓越标准
司机	按时、准确、安全的将乘客载至目的地 遵守交通规则 随时保持车辆良好的性能与卫生状况 不装载与目的地无关的乘客和货物	在几种可选择的行车路线中选择最有效率的路线 在紧急情况下能采取有效措施 在旅途中播放乘客喜欢的音乐或在车内放置乘客喜欢的报刊以消除旅途的寂寞 高乘客选择率
打字员	速度不低于100字/分钟,版式、字体等符合要求,无文字及标点符号的错误	提供美观、节省纸张的版面设置 主动纠正原文中的错别字
销售代表	正确介绍产品或服务 达成承诺的销售目标 回款及时 不收取礼品及礼金	对每位客户的偏好和个性等做详细记录和分析 为市场部门提供有效地客户需求信息 维持长期稳定的客户群

从表3-6中可以看到,即便是一个非常普通的职位,例如司机、打字员,也会有卓越表现的,通过设定卓越标准,可以让任职者树立更高的努力目标,这些卓越标准本身就代表着组织所鼓励的行为,组织对作出这些行为的人,会给予相应的奖励。

(四)对绩效表现的追踪

确定绩效标准之后,更进一步的问题是要知道每个被评价对象在各个绩效指标上的实际表现,是否达到绩效标准?是否有超越绩效标准的表现?

因此,需要通过各种手段对绩效表现进行跟踪。有些数量化的指标,例如销售额、生产的数量等,可以直接从相关的记录中获得。而有些来自客户评价的数据则无法全部获得,只能通过取样的方式获得部分数据。

在确定如何跟踪绩效指标的系统时,需要弄清楚以下问题:

● 我们需要收集哪些数据?
● 需要收集多少数据?(包括收集数据的样本大小)
● 在什么时候收据数据?
● 由谁来收集数据?
● 谁是这些数据的接收者?

表 3-7 中记录了被评价者的实际表现,可以将其与绩效标准进行对照。

表 3-7 绩效表现追踪表

工作产出	绩效标准	实际表现
销售利润	年销售额在 20~25 万元 税前利润率在 18%~22%	年销售额 21 万元 税前利润百分比 20.2%
新产品设计	上级评价: 至少有三种产品与竞争对手不同使用高质量的材料,恰当的颜色和样式代表和提升公司形象 客户的评价: 产品的价格超过了他的价值 在不告知品牌的情况下对顾客进行测试,发现选择本公司产品要比选竞争对手产品的概率要高 客户反映与他们见过的同类产品不同 产品使用的时间足够 提出 30~40 个新观点	上极评价: 有 5 种产品与竞争对手的产品不同 除一种产品之外,其他产品的材料、颜色和样式均能代表和提升公司的形象 客户的评价: 80% 的客户认为产品的价格超过了他的价值 在不告知品牌的情况下对顾客进行测试,发现 90% 的顾客会选择本公司产品而不选择竞争对手公司的产品 40% 客户反映与他们见过的同类产品不同 80% 客户认为对产品的耐用性表示满意 提出 56 个新观点
零售点销售额	销售额比去年同期增长 5%~8%	销售额比去年同期增长 7.5%
竞争对手总结	上级评价: 覆盖了所有已知竞争对手的所有产品 提供的数据包括对产品的详细描述,如产品的成本、广告费用、回头客的比率等 能在指定的期限之前提供关于竞争对手的总结数据	上级评价: 覆盖了所有已知竞争对手的 90% 的产品 提供的数据包括对产品的详细描述,如产品的成本、广告费用、回头客的比率等 能在指定的期限前 3 天提供关于竞争对手的总结数据
销售费用	实际费用与预算相差在 5% 以内	实际费用超出预算 1%

(五)审核关键绩效指标

在确定了工作产出,并设定了关键绩效指标和标准之后,还需要进一步对这些关键绩效指标(KPI)进行审核。对关键绩效指标进行审核的目的主要是为了确认这些关键绩效指标是否能够全面、客观地反映被评价对象的工作绩效,以及是否适合于评价操作。

1. 审核关键绩效指标的要点

(1)工作产出是否为最终产品? 由于通过关键绩效指标进行评价主要

是对工作结果的评价,因此在设定关键绩效指标的时候,也主要关注的是与工作目标相关的最终结果。在有最终结果可以界定和衡量的情况下,可以不去追究过程中较多的细节。

(2) 关键绩效指标是否是可以证明和观察的?在设定了关键绩效指标之后,就要依据这些关键绩效指标对被评价者的工作表现进行跟踪和评价,所以这些关键绩效指标必须是可以观察和证明的。

(3) 多个评价者对同一个绩效指标进行评价,结果能否取得一致?如果设定的关键绩效指标真正是 SMART 的绩效指标,那么它就应该具有清晰明确的行为性评价标准,在这样的基准上,不同的评价者对同一个绩效指标进行评价时就有了一致的评价标准,能够取得一致的评价结果。

(4) 这些指标的总和是否可以解释被评价者 80% 以上的工作目标?关键绩效指标是否能够全面覆盖被评价者工作目标的主要方面,也就是我们所抽取的关键行为的代表性问题,也是非常值得关注的一个问题。因此,在审核关键绩效指标的时候,需要重新审视一下被评价者主要的工作目标,看看所选的关键绩效指标是否可以解释被评价者主要的工作目标。

(5) 是否从客户的角度来界定关键绩效指标?在界定关键绩效指标的时候,充分体现出组织内外客户的意识,因此很多关键绩效指标都是从客户的角度出发来考虑的,把客户满意的标准当作被评价者工作的目标。所以,我们需要审视一下,在设定的关键绩效指标中是否能够体现出服务客户的意识。

(6) 跟踪和监控这些关键绩效指标是否可以操作?不仅要设定关键绩效指标,还需要考虑如何依据这些关键绩效指标对被评价者的工作行为进行衡量和评价,因此必须有一系列可以实施的跟踪和监控关键绩效指标的操作性方法。如果无法得到与关键绩效指标有关的被评价者的行为表现,那么关键绩效指标也就失去了意义。

(7) 是否留下超越标准的空间?需要我们注意的是,关键绩效指标规定的是要求被评价者达到工作目标的基本标准,也就是说是一种工作合格的标准。因此绩效标准应该设置在大多数被评价者通过努力可以达到的范围之内,对于超越这个范围的绩效表现,我们就可以将其认定为卓越的绩效表现。

2. 设定绩效指标时常见问题及解决方法

在审核关键绩效指标时,常常会发现在设定绩效指标时出现的问题,表 3-8 列出了常见问题及其解决方法。

表 3-8 设定绩效指标常见问题及解决方法

常见问题	问题举例	解决或纠正方法
错误的增值产出	对于一个为客户提供特定服务的被评价者,没有任何工作产出表明客户满意的结果是什么	增加漏掉的增值产出,去掉与工作目标不符合的工作产出
将工作活动与工作结果混淆	参加的会议与某人的谈话	识别出这些活动的结果对组织的增值贡献,并把这些贡献作为增值产出
工作的产出项目过多	列出了 15~20 项的工作产出	合并同类项,把一些工作产出归到一个更高层的类别
绩效指标无法被证明和评价	评价工作的质量与其他个体或团体发生关系的行动	决定谁可以对该项工作结果进行判断 识别出评价者作出判断的关键因素列举出评价者通过观察到哪些行为来 说明绩效达到期望的标准
评价指标不够全面	对某项工作产出可以从质量、数量和时限几个方面进行衡量,而在关键绩效指标中仅仅给出了数量标准如"发展客户的数量"	设定针对各个方面的全面的绩效指标
对绩效指标的跟踪和监控耗时过多	在电话铃声响第三次之前接听电话 正确回答客户问题的比率	采取抽查的方法跟踪被评价者的行为 如果跟踪"正确率"比较困难,那么可以跟踪"错误率"
绩效标准缺乏超越的空间	绩效标准中使用"零错误率"、100%,"从不"、"总是"、"所有"等	如果 100% 正确的绩效标准确实必须达到,那么就将其保留;如果不是必须达到,就修改绩效标准以留下超越标准的空间

第四节 绩效计划

一、绩效计划的含义

有人可能会认为,绩效评价是绩效管理过程中最重要的环节。因而在现实中往往过多地将注意力集中在对绩效的评价上,希望设计出公正、合理的评价方式,由此获得客观有效的评价结果。而实际上,绩效管理是一个包含绩效计划、绩效实施、绩效评价、绩效反馈、绩效改进等环节构成的完整系统。各个环节环环相扣,共同保证绩效管理目标的实现,绩效计划正是其中的第一个重要关节。

关于绩效计划中的"计划"(planing),既可以理解成一个名词,也可以理解成一个动词。前者强调一种结果,把绩效计划看作是一个关于工作目标和标准的契约;而按后者强调一种行为,把绩效计划看作是经理人员和员工共同沟通,对员工的工作目标和标准达成一致意见,形成契约的过程。

(一)绩效计划是关于工作目标和标准的契约

要想很好地实现绩效评价,就必须知道依据什么对绩效进行评价?如果在对绩效进行评价之前没有能够就"什么是好的绩效、什么是差的绩效"达成一致的标准,那么在绩效评价的过程中就容易产生争议和矛盾。

在绩效期开始的时候,管理人员和员工必须对员工工作的目标和标准达成一致的契约。在员工的绩效契约中,至少应该包括以下几方面的内容:

● 员工在本次绩效期间内所要达到的工作目标是什么?
● 达成目标的结果是怎样的?
● 这些结果可以从哪些方面去衡量,评判的标准是什么?
● 从何处获得关于员工工作结果的信息?
● 员工的各项工作目标的权重如何?

下面表3-9就是一个具体的绩效契约的例子。

它是某公司大客户部经理的绩效契约。制定了绩效契约之后,大客户部经理就需要按照契约中规定的工作目标和标准履行自己的职责。

表3-9 宏正公司绩效目标计划表

受约人:王红军　　　　　　　　　职位:大客户部经理
直接主管:市场部总经理　　　　　绩效期间:2008年8月1日至2009年1月31日

工作目标	主要产出	完成期限	衡量标准	评价来源	所占比重
完善《大客户管理规范》	修订后的《大客户管理规范》	2008年8月底	大客户管理的责任明确 大客户管理的流程清晰 大客户的需要在管理规范中得到体现	主管评价	20%
调整部门内的组织结构	新的团队组织结构	2008年9月15日	能够以小组的形式面对大客户 团队成员的优势能够进行互补和发挥	主管评价 下属评价	10%
完成对大客户的销售目标	大客户的数量 销售额 客户保持率	2009年1月底	大客户数量达到30个 销售额达到2.5亿元 客户保持率不低于80%	销售记录	50%

续表

工作目标	主要产出	完成期限	衡量标准	评价来源	所占比重
建立大客户数据库	大客户数据库	2008年12月底	大客户信息能够全面、准确、及时地反映在数据库中；该数据库具有与整个公司管理信息系统的接口，保证数据安全，使用便捷，具有深入的统计分析功能模块	主管评价	20%

受约人签字：＿＿＿＿　　　主管签字：＿＿＿＿
时间：＿＿＿＿
注：本绩效计划若在实施过程中发生更变，应填写绩效计划变更表，最终的绩效评价以变更后的绩效计划为准。
资料来源：武欣，《绩效管理务实手册》，机械工业出版社，2003年（有改动）。

（二）绩效计划是一个双向沟通的过程

绩效计划不仅意味着落在纸面上的契约，如何达成这个契约的过程非常重要。建立绩效契约的过程是一个双向沟通的过程。所谓双向沟通，也就意味着在这个过程中管理者和被管理者双方都负有责任。建立绩效契约不仅仅是管理者向被管理者提出工作要求，也不仅仅是被管理者自发地设定工作目标。

在这个双向沟通的过程中，管理人员主要向被管理者解释和说明的是：
● 组织整体的目标是什么？
● 为了完成这样的整体目标我们所处的业务单元的目标是什么？
● 为了达到这样的目标，对被管理者的期望是什么？
● 对被管理者的工作应制定什么样的标准？完成工作的期限应如何制定？

被管理者应该向管理者表达的是：
● 自己对工作目标和如何完成工作的认识。
● 自己所存在的对工作的疑惑和不理解之处。
● 自己对工作的计划和打算。
● 在完成工作中可能遇到的问题和需申请的资源。

下面这段谈话的过程就是前面提到的宏正公司的市场部总经理林强与大客户部经理王红军进行关于制定绩效计划的沟通的过程。

【小情境：制定绩效计划过程中的沟通】

林强（以下简称林）：前几天，在总经理办公会上制定了今年下半年的业绩目标。因此接下来这几天我会分别与你们这几位部门经理进行一次交流，落实我们市场部下半年的工作目标。今年上半年成立你的这个大客户部主要是为了能有一批人专门为大客户服务，因为大客户是我们公司重要的资源，这从销售额上也可以体现出来。目前的大客户有十几个……

王红军（以下简称王）：13个。

林：但这13个大客户的销售额却占了整个公司销售额的20%，而且今后的比例还会更高。这半年来，你们部门很辛苦，工作的成就不小。

王：我觉得目前的工作还是有很多问题。比如说，现在对大客户进行管理的工作规范还不是很明确，有些工作到底是由我们部门做还是由企划部门做还不够明确，于是就出现了有的大客户有事情不知道到底该找谁的问题。

林：这些情况我也有所了解。所以，下一步就想以你为主完善《大客户管理规范》，有了规范，大家就有了共同的游戏规则，你看，对这方面你有什么想法？

王：我认为现在的《大客户管理规范》对责任的划分不够明确，流程上也有混乱的地方，比如说现在的付款问题，手续复杂，客户觉得很麻烦。我们完全有必要从客户的角度出发简化程序。

林：那好，我想你对这方面有很多想法。你看多长时间能把新的《大客户管理规范》作出来？

王：如果从现在就着手做，我想8月下旬差不多。

林：好。8月20日的时候把初稿交给我，到8月底最后定稿，你看有问题吗？

王：目前没有问题。另外，我觉得如果按照下半年的销售目标，我这里的人手比较紧缺，最好能尽快招聘一些人员。

林：这个问题我想是这样的，该招人的时候我们肯定去招，但你有没有考虑这现有人员的能力是否得到了充分发挥？每个人都不可能完美无缺，但组成团队就不一样了，在一个团队中大家可以更好地取长补短，每个人的优势充分发挥出来，你说呢？

王：这也正是我所考虑的，对大客户的销售我们是否可以采用销售小组的形式，因为毕竟一个人势单力薄，以团队的形式能够更好地保持住大客户。

林：那你不妨把大客户部的内部结构重组一下，形成若干个项目小组，把人员按照各自的优势和特点组合起来。接下去再考虑补充人员的问题。而且随着工作重点向大客户这边的转移,其他部门也会有一些员工转到你这个部门中。

王:那好吧,我现在就着手进行部门重组,争取在9月初的时候能够按照项目小组的方式运作。

林:另外,企划部正在牵头建立公司的客户数据库,我想大客户这部分主要还得靠你们。

王:我们也觉得客户愈来愈多,必须有相应的管理手段跟上,我们一定配合做好这项工作。

林:关于建立数据库,我有几点想法,一是一定要注意数据库与公司管理信息系统的接口,接口不好,数据重复录入,非常浪费人力物力;二是会注意数据的安全性,这些数据都是公司的核心机密;三是要设计一些进行深入统计分析的功能模块,以适应业务分析要求。你还有什么想法吗?

王:我认为,这套数据库应该是一套使用便捷的系统,可以成为业务人员工作中一个得力的工具。因为业务人员普遍不喜欢比较复杂的操作系统,而且他们的业务也比较忙,在数据管理方面应该考虑他们的需要。

林:你说得对,就按照我们的想法去做吧,企划部会拿出整体方案,具体的协调工作由你们双方来做。

王:好,我们会全力配合。

林:那么,按照今天我们讨论的结果,你自己先做个计划,本周交到我这里来,好吗?

王:好,我这就开始准备。

资料来源:武欣,《绩效管理务实手册》,机械工业出版社,2003年。

从上面这个沟通的过程中,可以充分体会到制定绩效计划是一个双向沟通的过程,管理者和被管理者在这个过程中不断在交换意见,最终对问题达成共识。

(三)参与和承诺是制定绩效计划的前提

在绩效计划中充分体现的一个原则就是员工参与,另外一个原则就是绩效的实施者要作出正式承诺。为什么一定要员工参与,而且一定要作出正式承诺呢?

社会心理学家进行了大量的关于人对某件事情的态度形成与改变的研究,其中有一个重要的发现,就是当人们亲身参与了某项决策的制定过程时,他们一般会倾向于坚持立场,并且在外部力量作用下也不会轻易改变立场。大量的研究发现,人们坚持某种态度的程度和改变态度的可能性主要取决于两种因素:一是他在形成这种态度时卷入的程度,即是否参与态度形成的过程;二是他是否为此进行了公开表态,即作出正式承诺。资料框3-1是一个有趣的实验。

> **资料框3-1: 一个关于承诺的实验**
>
> 社会心理学家多伊奇和杰勒德做了一个非常著名的实验。他们要求被试对某件事情作出自己的判断。这些被试分别面对四种不同的情况:第一种情况,被试只需作出自己的判断,不用通过任何方式将自己的判断表达出来,称之为"无承诺组";第二种情况,要求被试把自己的意见写在一块儿童玩具写字板上,这种写字板上面是一层透明纸,揭下来之后写在上面的字就会消失,这组称之为"弱私下承诺组";第三种情况,要求被试把自己的意见写在一张纸上,并告知这张纸要被收上去,但他们不必签名,这组称之为"强私下承诺组";第四种情况,要求被试将自己的意见写在一张纸上,并签上名字,而且告知他们这张纸要被收上去,这组称之为"公开承诺组"。然后请代表群体压力的许多假被试发表一致的意见,再由这些真正的被试发表意见。结果表明,被试屈从于群体压力改变自己最初想法的情况如下:
>
> | 被试组 | 改变最初意见的百分比 |
> | --- | --- |
> | 无承诺组 | 24.7% |
> | 弱私下承诺组 | 16.3% |
> | 强私下承诺组 | 5.7% |
> | 公开承诺组 | 5.7% |
>
> 从上面的结果中可以看出,没有将自己的意见表明出来,即没有作出承诺的一组受到群体压力的影响而改变自己最初意见的百分比最高;在写字板上写下自己意见的一组虽然知道不会留下任何痕迹,但还是由于作出了一定的承诺而使受群体压力改变自己最初意见的百分比减小;而作出了公开承诺或比较强的私下承诺的两组,非常倾向于坚持自己最初的意见。

在绩效计划阶段,让员工参与计划的制定,并且签订非常正规的绩效契约,也是让员工感到自己对绩效计划中的内容是做了很强的公开承诺的,这样他们就会更加倾向于坚持这些承诺,履行自己的绩效计划。如果员工没有参与到绩效计划的制定过程中,仅仅主管人员强加给他们的计划,或者他们的计划只是口头确定的,没有进行公开签字,那么就很难保证他们坚持这些承诺的计划。

二、绩效计划阶段的目标

绩效计划阶段,经理人员和员工要达到的目标是什么?如何判断绩效计划是否成功呢?

作为成功的绩效计划,在绩效计划过程结束时,经理人员和员工就应该能以同样的答案回答下列的问题：
- 员工在本绩效期内的工作职责是什么？
- 员工在本绩效期内所要完成的工作目标是什么？
- 如何判断员工的工作目标完成得怎么样？
- 员工应该在什么时候完成这些工作目标？
- 各项工作职责以及工作目标的权重如何？
- 员工的工作绩效好坏对整个组织或特定的团队有什么影响？
- 员工在完成工作时可以拥有哪些权利？可以得到哪些资源？
- 员工在达到目标的过程中可能遇到哪些困难和障碍？
- 经理人员会为员工提供哪些支持和帮助？
- 员工在绩效期内会得到哪些培训？
- 在员工完成工作的过程中，如何去获得有关他们的工作情况的信息？
- 在绩效期间内，经理人员将如何与员工进行沟通？

绩效计划的主要目的就是让组织不同层次的人员对组织的目标达成一致的见解。绩效计划可以帮助组织、业务单元和个人朝着一个共同的目标努力，因此，管理人员和员工是否能对绩效计划达成共识是问题的关键。如果所有的管理人员与员工的意见都能达成共识，组织整体的目标与全体员工的努力方向就会取得一致，这样才能在全体员工的一致努力下，共同达成组织的目标。

三、绩效计划的程序

绩效计划的程序主要分为三个阶段：准备阶段、沟通阶段，以及对绩效计划的审定和确认阶段。

（一）准备阶段

1. 准备必要的信息

绩效计划通常是通过经理人员与员工双向沟通的绩效计划会议来得到的，那么为了使绩效计划会议取得预期的效果，事先必须准备好相应的信息。必要的一些信息主要有：
- 组织的战略发展目标和计划。
- 年度的公司经营计划。
- 业务单元的经营或工作计划。
- 员工所处的团队的目标和计划。
- 员工个人的职责描述。

● 员工上一个绩效期间的绩效评价结果。

这些信息主要可以分为三类：

(1) 关于组织的信息。为了使员工的绩效计划能够与组织的目标结合在一起，在进行绩效计划会议之前，经理人员和员工都需要重新回顾组织的目标，保证在绩效计划会议之前双方都已经熟悉组织的目标。不仅高层经理人员需要熟悉整个组织的信息，其实对于员工来说，了解关于组织发展战略和经营计划的信息也非常必要，对组织的信息了解得越多，就越能在自己的工作目标中保持正确的方向。

(2) 关于团队的信息。每个团队的目标都是根据组织的整体目标逐渐分解而来的。不但经营性的指标可以分解到生产、销售等业务部门，而且对于业务支持性部门，其工作目标也与整个组织的经营目标紧密相联。

例如，公司本年度的整体经营目标是：将市场占有率扩展到60%；在产品的特性上实现不断创新；提高产品质量，降低产品成本。那么，人力资源部作为一个业务支持性部门，在上述的整体经营目标之下，就可以相应地将自己部门的工作目标设定为：建立激励机制，鼓励开发新客户、创新、提高质量和降低成本的行为；在人员招聘方面，注重在开拓性、创新精神和关注质量方面的核心胜任特质；提供开发客户、提高创造性、质量管理和成本管理方面的培训。

(3) 关于个人的信息。关于被评价对象个人的信息中主要有两方面的信息：一是工作描述的信息，二是上一个绩效期间的评价结果。在员工的工作描述中，通常规定了员工的主要工作职责，从工作职责为出发点设定工作目标可以保证个人的工作目标与职位的要求联系起来。应该注意的是，工作描述需要及时修订，在设定绩效目标之前，对工作描述进行回顾，重新思考职位存在的目的，根据变化了的环境调整工作描述也十分必要。员工在每个绩效期间的工作目标通常是连续的或有关联的，因此，在制定本次绩效期间的工作目标之前，有必要回顾上一个绩效期间的工作目标和评价结果。而且，在上一个绩效期间内存在的问题和有待于进一步改进的方面，也需要在本次的绩效计划中得到体现。

2. 准备绩效计划沟通的方式

决定采取何种方式进行绩效计划的沟通也是非常重要的问题。一般来说，采取什么样的方式对绩效计划的内容达成共同的理解，也需要考虑不同的环境因素。例如企业文化和氛围是什么样的，员工的特点，以及所要达成的工作目标的特点。如果希望借绩效计划的机会向员工做一次动员，那么不妨召开员工大会。如果一项工作目标与一个小组的人员都有关系，那么可以开一个小组会，在小组会上讨论关于工作目标的问题，这样有助于在完成目标时小组成员之间的协调配合，而且在小组成员合作中可能出现的问题也会及早的发现并得到及时的解决。

即便是采取主管人员与员工单独交谈的方式，也需要进一步考虑交谈的程序和所采用的表达方式。有的经理人员喜欢先向员工介绍公司未来的发展前景和计划，然后再讨论员工个人的工作目标；有的经理人员则喜欢请员工谈一谈对个人未来发展的想法；有的经理人员则开门见山，直接与员工谈工作。这么多种方式并非哪一种就一定比其他种好，而是要根据具体的情况来选用不同的方式。

为了真正实现绩效管理的目的，即达成组织的目标并使员工个人的绩效和能力得到提高，就必须在最初的绩效计划沟通时使员工了解绩效管理的目的，了解绩效管理对自己有什么样的好处，营造一种合作的氛围。否则，员工特别容易将绩效管理的重点集中在对绩效的评价方面，容易产生担忧和敌对的情绪。

如果一个企业第一次使用绩效管理方法，那么初次绩效计划沟通时有必要让员工了解：

- 绩效管理的主要目的是什么？
- 绩效管理对员工自己、对公司分别有什么样的好处？
- 我们采取的宗旨和方法是什么样的？
- 绩效管理的流程是怎样的？

而且员工需要知道在绩效计划会议中的一些信息：

- 绩效计划会议上要完成的工作是什么？
- 经理人员会向员工提供什么？
- 员工自己要提供什么信息？
- 在绩效计划会议上要作出的决策和达成的结果是什么？
- 需要员工作出什么样的准备？

要知道，员工对绩效管理可能会有过不愉快的经历，而且对绩效管理的理解可能会与期望的有所不同，或者对绩效管理有着特殊的期望。因此，在绩效计划沟通会议上要想方设法让员工和管理人员对绩效管理的目标和操作程序达成一种共识，这样才有助于后面的各个环节的操作。

（二）沟通阶段

沟通阶段是整个绩效计划阶段的核心。在这个阶段，经理人员与员工经过充分交流,对员工在本次绩效期间内的工作目标和计划达成共识。

1. 准备好沟通的环境和气氛

首先,经理人员和员工都应该确定一个专门的时间用于绩效计划的沟通,在这个时间段,双方都应该放下手头的工作专心致志地来做这件事情。

其次,在沟通的时候最好不要有其他人的打扰。很多情况下,沟通是在经理人员的办公室中进行,那么就应该格外注意,在这段时间内应尽量避免第三者进入,而且也应避免打断谈话去接电话。因为意外的打扰可能会使双方的思路中断,影响沟通的效果。

另外,沟通的气氛要尽可能宽松,不要给人太大的压力。

2. 沟通的原则

在沟通之前,员工和经理人员都应该对以下几点达成共识:

(1)经理和员工在沟通中是一种相对平等的关系,他们是共同为了业务单元的成功而做计划。

(2)我们有理由承认员工是真正最了解自己所从事的工作的人,员工本人是自己的工作领域的专家,因此在制定工作的衡量标准时应该更多地发挥员工的主动性,更多地听取员工的意见。

(3)经理人员主要影响员工的领域是在如何使员工个人工作目标与整个业务单元乃至整个组织的目标结合在一起,以及员工如何在组织内部与其他人员或其他业务单元中的人进行协调配合。

(4)经理人员应该与员工一起做决定,而不是代替员工做决定,员工自己做决定的成分越多,绩效管理就越容易成功。

3. 沟通的过程

(1)回顾有关的信息。在进行绩效计划沟通时,首先往往需要回顾一下已经准备好的各种信息,包括组织的经营计划信息,员工的工作描述和上一个绩效期间的评价结果等。

(2)确定关键绩效指标。在组织的经营目标基础上,每个员工需要设定自己的工作目标。员工要针对自己的工作目标确定关键绩效指标。包括确定关键的工作产出,然后针对这些工作产出确定评价的指标和标准,并决定通过何种方式来跟踪和监控这些指标上的实际表现。

(3)讨论主管人员提供的帮助。另外在绩效计划过程中,主管人员还需要了解员工完成计划中可能遇到的困难和障碍,主管人员应对员工遇到的困难提供可能的帮助。

(4)结束沟通。在将要结束绩效计划沟通会谈时,双方还要约定下一次沟通时间。

（三）对绩效计划的审定和确认阶段

经过周密的准备，并且与员工进行沟通之后，初步形成绩效计划。但仍然需要审定一下绩效计划的工作是否成功地完成了。当绩效计划结束时，应该看到如下结果：

1. 员工的工作目标与公司的总体目标紧密相联，并且员工清楚地知道自己的工作目标与组织的整体目标之间的关系。

2. 员工的工作职责和描述已经按照现有的组织环境进行了修改，可以反映本绩效期内主要的工作内容。

3. 经理人员和员工对员工的主要工作任务、各项工作任务的重要程度、完成任务的标准、员工在完成任务过程中享有的权限都已经达成了共识。

4. 经理人员和员工都十分清楚在完成工作目标的过程中可能遇到的困难和障碍，并且明确经理人员所能提供的支持和帮助。

5. 形成了一个经过双方协商讨论的文档，该文档中包括员工的工作目标、实现工作目标的主要工作结果、衡量工作结果的指标和标准、各项工作所占的权重，并且经理人员和员工双方要在该文档上签字。

思考题

1. 绩效目标设定遵循的基本原则有哪几个？
2. 简述三种不同的目标理论体系。
3. 简述绩效目标的重要性。
4. 简述设定绩效目标的标准。
5. 什么是关键绩效指标（KPI）以及设定绩效目标的程序有哪些？
6. 什么是绩效计划以及绩效计划程序的三个阶段是什么？

本章案例：不断完善的人力资源部员工绩效评价指标

A公司是一家从事通讯设备研发与制造的企业，创立十多年来发展迅速。随着业务的发展，公司的管理水平也不断提升。孙华强是A公司人力资源部的一名负责招聘工作的员工，进入A公司已经两年多了。

刚到A公司时，作为人力资源部负责招聘工作的孙华强并没有体验过一次真正的绩效评价。当时的A公司对于孙华强这样的人，只关注其有没有及时填补公司的岗位空缺,至于"招聘成功率"、"新聘员工离职率"等评价指标基本上不会出现在孙华强的工作指标范围之内,定性的评价指标让孙华强对评价结果几乎漠不关心。而在过去一年里,工作指标越来越细化了,任务书里开始有一些对工作任务的清晰描述。今年3月份,孙华强拿到的主要评价指标有三项:一是满足公司某研发部门新产品研发人手不足的需求;二是完成人力资源管理基础工作;三是完成对某销售部门新进员工的入职培训。

可以看出,这三个指标是从不同角度为孙华强设置的。

第一个指标是从公司目标的角度自上而下地分解,支撑公司战略。为了协助公司新业务的发展,人力资源部必须提供人员数量、质量支持,对HR评价的是招聘率的对应,人员是否按时到位?新聘员工素质是否符合业务需求?新聘员工会否在短时间内离职?这些成为评价孙华强的关键指标。

第二个指标基于岗位职责,职能部门岗位工作的一大特点是与战略结合不是非常紧密,但每个岗位还是有其突出贡献表现方式的,这些表现方式就可作为一个关键指标来评价。孙华强清楚,作为人力资源部的招聘人员,他的日常工作是保证部门的正常运行。这里面会细分出很多量化的指标,包括公司人力资源信息的定时上报、人力资源管理成本削减多少等。

第三个指标基于流程或客户,职能部门是保证生产销售部门服务质量的,与这些业务部门组成完整的流程,如果某部门提供的服务质量没有跟上,可能就会造成业务部门的滞后。例如,他如果没能及时完成对新进员工的入职培训,肯定会影响销售部门在4月份的市场销售业绩。

不光工作指标越来越细化,孙华强的工作内容也越来越被强调用数字说明工作的完成情况。孙华强开始接到写计划书的工作安排。月初先把该月计划要做的工作列出来,月底看完成情况。不仅如此,许多以前没有见过的细化指标也出现在他的工作计划书里。在他的工作计划书中,"招聘成功率"及"新聘员工的离职率"代替了原来的"是否招到人"和"招到几个人"等评价条目。

此外,许多之前难以评价的定性指标也逐渐量化,比如实施公司HR信息的管理或上报提交。这是人力资源部的一个常规工作,每个月都做,有时候可能信息根本就无须改动,也要报上去,原来评价的只是"你报还是没有报"这样一个纯定性的指标。而现在,评价孙华强的这个指标也实现了数字化,分解为"员工人力资源信息与实际情况的吻合程度"、"员工信息有变动的时候是否及时更新(如每周更新)"、"是否按时上报"等评价指标,把这些指标套进 A、B、C、D、E 五级评分标准中进行评价,如此,对员工的工作要求就一目了然,HR 信息定时上报的情况得到了彻底改变。

思考提示:

1. 你如何看待 A 公司人力资源部员工绩效评价指标的量化趋势?定量指标取代定性指标是绩效评价体系完善的基本标志吗?

2. 有人说"绩效评价难,职能部门的绩效评价更难",你是否同意,你认为企业的职能部分的绩效评价与业务部门相比有何特点?

3. 你认为在确定某个岗位的关键业务指标,以及尽量的量化这些业务指标的时候,遇到的最大困难可能是什么?

练习题

1. 根据你所熟悉的某一组织,试为某一具体的岗位设置关键绩效指标(KPI)。

2. 请判断下列哪些是完整的绩效目标,哪些是工作标准,哪些既非绩效目标也非工作标准?

(1) 在销售费用增加不超过 6% 前提下,年底前将西部地区的销售量增加 200 万元;

(2) 记录班组注册的错误不得超过总注册率的 1%;

(3) 接通电话要迅速,必要时要记录电话信息;

(4) 来电应马上应答,铃响不能超过三声。回电时要遵守公司手册中的电话礼仪;

(5) 在 3 月 15 日前把设备保养费用减少 10%,一次性修理费用不超过 5000 元;

(6) 在不增加费用的前提下,在 4 月 15 日前使 A 产品的销量增加 8%;

(7) 尽量争取在本月减少因故障事故而消耗的工时;

(8) 在 5 月 1 日前,以不超过 30 工时的时间,清除现存电脑程序中的编码错误。

参考文献

1. 武欣,《绩效管理实务手册》,机械工业出版社,2003 年。

2. 方振邦,《绩效管理》,中国人民大学出版社,2003 年。

3. 刘蓉,《把握绩效评价在小企业中的"度"》,《人力资源开发与管理》,2003(4)。

4. 饶征、孙波,《以 KPI 为核心的绩效管理》,中国人民大学出版社,2003 年。

5. 龙成凤、李淑清,《关键绩效评价指标的设计》,《管理视角》,2006(20)。

6. 阎其乐等,《直升机飞行员工作绩效评定量表的构建》,《第四军医大学学报》,2005,26(11)。

7. 郝家友等,《绩效定量考核指标的选择方法》;《人类工效学》,1999,5(2)。

8. Robert L. M., JohnH J. Person/Human Reource Management, 5th edition, West publishing Company, 1990.

第四章

绩效评价方法

本章学习要点

- 了解绩效评价主要工具的基本原理。
- 能够比较与选择不同评价工具的应用特征。
- 了解绩效评价误差的主要形式及规避要点。
- 学会有关绩效评价方法实施的操作技巧。

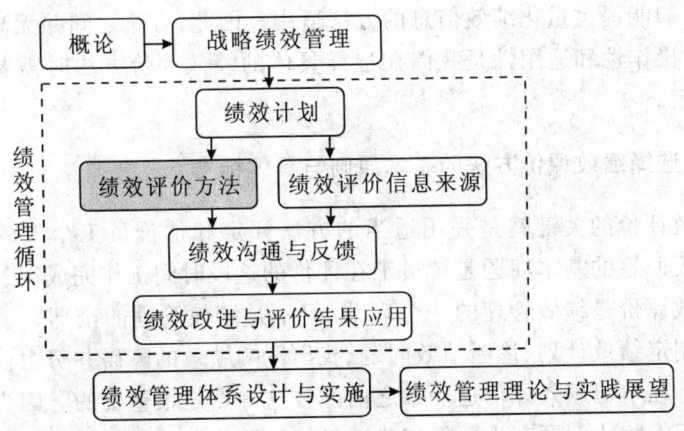

企业各项管理工作制度化与规范化的重要标志之一，就是考评方法的设计和运用更加精确和深入。绩效评价方法是绩效评价实施的工具，有效选择和运用绩效评价方法，是绩效管理循环中的重要内容。本章首先介绍绩效考评方法选择的原则，然后分别介绍绩效评价的一般方法，并说明绩效评价方法运用中的常见偏差及规避措施。

第一节 绩效评价方法的选择

作为一名管理者，应该知道，员工绩效好的时候为什么好，来源于哪些指标，绩效差的时候为什么差，如何加以改进。这对于公司、管理者及员工的成功都是极其关键的。在讨论衡量个人绩效水平高低的具体操作方法之前，必须理解两点：

第一，员工是在特定的背景下工作的，他们的工作行为会产生特定的结果。如果把一位员工放到不同的环境中去（例如，在另一位主管的管理下工作，或者使用更好或者更差的设备），其工作行为可能会有较大的差别，产生不同的工作结果，从而生成不同的绩效结果。

第二，使用哪一种或者哪几种具体操作方法进行绩效评价，这些方法在不同的组织环境、组织结构和组织文化下会产生不同的作用。例如，在处于强调精确和效率的组织文化下，若不能提供清晰的量化绩效数据的操作方法，就不如能提供量化绩效信息的方法适用。因此，方法之间并无高下优劣之分，可操作性和适用性是我们在选择具体的绩效评价方法时需要考虑的关键因素。

一、选择绩效评价方法的基本原则与具体标准

绩效评价的关键就是采用适当的方法评定和估价员工个人的工作绩效。它要回答的基本问题是："员工在评价的这段时间工作完成得怎么样？"

绩效评价是绩效管理的一个环节，但不是绩效管理的全部。绩效管理还包括制定绩效计划、诊断绩效问题、找出影响绩效的障碍并努力使员工获得发展。在学习绩效评价这一章之前区分这一点是很重要的。因为绩效评价本身不能防止问题产生。但正确选择绩效评价方法是保证绩效管理效果的重要方面。

(一) 有助于实现组织目标的绩效评价方法的基本原则

绩效管理的目标定位是提高组织和每位员工的绩效。绩效评价方法的运用，是企业通过组织正式渠道获得员工绩效信息的主要途径。有效的绩效评价方法应当能充当以下角色，帮助绩效管理体系完成组织目标：

1. 协调工作的工具，以便将组织、内部单位和员工个人的目标统一起来。
2. 不断发现问题的方法，以保证组织的成功。
3. 记录绩效问题途径，从而保证公司遵守法律和规定，阻止轻率的法律纠纷的发生，必要时这些记录可以作为证据。
4. 工作晋升、员工发展和培训方面决策所需要的信息。
5. 提供足够的信息，以便经理和主管们能阻止问题的发生，帮助员工完成工作，协调工作和能够有见解地向他们的上司进行汇报。
6. 一种能让经理同员工一起找出问题、分析原因行动以解决这些问题的方法。
7. 给经理一种协调员工工作的工具。
8. 定期地、持续地向员工们反馈信息的途径。
9. 明确告诉员工们对他们工作的期望、他们自己能决策什么和不能决策什么以及他们每个人的工作对整体的影响。
10. 制定员工发展和培训计划的手段。

(二) 绩效评价方法选择的三个具体标准

综合以上基本准则，我们将绩效评价方法的实用性选择标准概括为以下三个方面：

1. 费用最小化

开发成本低，使用越简单越好，文字工作较少，减少繁杂程序。如果一种绩效评价方法在运用中，经理和员工都认为它过于繁杂和浪费时间，那么它就不可能取得良好的评价效果。

2. 减少评定失误

要具备作为评价工具起码的信度和效度的要求，在运用中减少来自考评者偏好、心理定势或其他主观因素与无关因素的影响。在市场经济发达国家，绩效评价工具开发时还需要考虑的一个重要效标就是，一旦企业因为绩效评价后果的运用引起劳资纠纷事件，企业必须能够向法院阐述其所运用的绩效评价工具在运用中具有客观性和区分性。

3. 提供反馈与指导建议

绩效评价的最终目的在于对员工进行引导与开发，以提高他们的生产率,因此,一个好的绩效评价方法应该能够适用于对员工进行绩效沟通、绩效辅导与绩效改进。如果设计得当,一种绩效评价工具不但可以用作绩效问题的诊断工具,还可以成为推行目标管理的基础,从而直接影响到员工工作的动机和积极性。

二、影响绩效评价方法使用效果的组织内部因素

各种员工绩效评价方法各有优缺点,应该根据实际情况进行选择。绩效评价的方法在整个绩效管理系统中只是一个基本条件,而在绩效评价过程中,评价者与被评价者之间的沟通和信任、绩效评价的目的、频率、评价的信息来源以及评价者培训等各种因素对于绩效评价的效果都很重要。而且,还有一些组织内部的因素影响着绩效评价方法的使用效果。

（一）组织领导人是否重视绩效评价方法的使用

许多企业的绩效评价之所以存在很多漏洞,很重要的原因是没有引起企业高层领导者的支持和重视,于是人力资源部门在对员工进行绩效评价时,很少仔细评审方法的信度和效度,也不是很负责任地执行,或者走走过场,而高管层也只做一些周期性的评审,导致绩效评价方法难以发挥其应有的作用。

（二）在绩效评价方法执行过程中,组织是否加强对绩效考评者的监督

方法是由人来执行的,它的有效与否在一定程度上取决于绩效考评者的主观态度是否重视和认真。由于在绩效评价中很容易出现道德风险,也就是评价者（委托人）为了自身效用最大化,借助评价与被评价者（员工）套感情或拉关系,给予职员超过其成绩的评分,或者将本部门最突出的绩效显示出来,而将经营失误或财务亏损隐瞒起来。所以,在绩效评价中必须对管理人员作为评价者进行监督,以降低绩效评价方法失效的风险。

（三）是否有足够的组织沟通,来让员工和管理层理解某一绩效评价方法

缺乏足够的组织沟通也是影响绩效评价方法有效性的重要因素。沟通是有效的绩效评价中必不可少的环节。一般认为,愿景、宗旨和策略作为绩效管理框架的重要性应得到高度重视,但是,沟通也具有同样重要性,至少应该在组织的经营计划、生产效率和产品服务、绩效管理中建立沟通机制。沟通中有自上而下的沟通,主要是管理者把最终决策传达给雇员。自下而上的沟通主要是通过问卷调查的方式,下属人员把信息传给管理者。但从广义上说,沟通不仅仅是信息传递,而是参与,培养使命,这就需要双向沟

通。因为下属不仅要了解哪些是对自己有影响的结果,还有机会发表自己的见解。如果选择绩效评价方法后,没有对该方法所用的评价指标、具体内容和评价依据等向员工作充分说明,而且不给员工参与的机会,很可能导致员工对不理想的评价结果产生不满。所以必须建立双向的沟通机制,主管和员工共同制定绩效指标,对完成情况进行评价,分析并提出改进的方法,真正把绩效评价方法的作用落到实处。

(四)是否有支撑绩效评价方法实施的优秀的企业文化

大量研究表明,优秀的企业文化可以对员工的行为准则、信仰和价值观进行调整,使他们在特定条件下采取正确行动,促进组织绩效的改进。因为绩效评价,一方面来自绩效评价者对企业管理价值的理解,另一方面来自被评价者对完成本职工作的价值的理解,双方通过绩效评价来形成交流他们各自对价值观的认识和理解。如果公司中始终洋溢着坦诚交流、相互合作的组织氛围,对于绩效评价方法的推行及其效果实现则大有帮助。

绩效评价中不存在着某一种完美无缺的评价方法。每种方法都有它的优缺点,有时一些更新颖复杂的方法并不比那些简单的方法效果好。关键问题是要认识到所使用方法的局限性,并尽可能避开它们的缺点。本章下一节将介绍三类常用的绩效评价方法的原理、优缺点,以及适用范围。

第二节 绩效评价的一般方法

组织实施绩效评价方法的真正目的就是为了提高生产率和效率,并帮助每个员工成功。本节介绍绩效评价方法的主要分类及其具体特点。

一、绩效评价方法的主要分类

1. 相对评价体系和绝对评价体系

一般而言,对个人绩效的评价有相对评价体系(comparative system)和绝对评价体系(absolute system)之分。相对评价体系是通过将员工进行相互比较而评价员工绩效水平的,而绝对评价体系则是将员工与事先确定的绩效标准加以比较,以衡量员工的绩效水平。

无论采用相对评价法还是绝对评价法,都还要根据具体情况选用有效的可操作的方法,如图尺度法、行为锚定法、行为观察法、目标管理法和产量衡量法等。表4-1就列出了属于相对评价体系和绝对评价体系的各种具体操作方法。

表 4-1 相对评价体系和绝对评价体系所涉及的各种具体操作方法

属于相对评价体系的具体操作方法	属于绝对评价体系的具体操作方法
简单排序法	图尺度法
交替排序法	关键事件法
配对比较法	行为锚定量表法
强制分布法	行为观察法

绩效评价的相对评价法和绝对评价法的区别如下：

（1）相对绩效比绝对绩效往往更容易观察。在有些情况下，评价成本大小往往是人们选择绩效评价方法时的重要因素，尤其是在对管理人员进行评价时，相对评价法比绝对评价法能大幅降低评价成本。

（2）相对评价可以较好地消除员工不可控因素的影响。有些情况下，员工的绩效状况受很多其他自身难以控制因素的影响，如果不能排除这些因素，就会减弱评价的激励作用。以相对绩效为基础进行评价，如一位员工所处的环境很差，而其他员工所处的环境也相近，则不管员工的绝对绩效如何，他们都可以按照相对顺序的好坏得到不同的报酬。这种情况下企业将员工不可控的共同要素，从单个员工的绩效结果中清除出去，这样就改善了评价的激励性。

（3）相对标准的评价容易导致员工之间的紧张关系，而绝对标准的评价则容易导致员工作为一个整体与管理阶层之间的紧张关系。如果企业中每个人都被迫参加相对比较，相互合作的意识会受到损害。相反地，在采用绝对评价方法时，只要每个人的评价都超过了一个绝对的标准，都能得到奖励，奖励的方式有增加薪金、职位晋升，这对于员工之间的合作来说影响较小。然而，员工们作为一个群体会发现，如能将绝对的评价标准适当放松，对大家都有利可图，20世纪二三十年代所进行的霍桑实验已验证了这一现象。

2. 员工特征导向、员工行为导向、员工工作结果导向的评价方法

根据绩效基本效标划分，可以将员工绩效评价方法分为员工特征导向的评价方法、员工行为导向的评价方法、员工工作结果导向的评价方法。

（1）员工特征导向的评价方法

员工特征导向的评价方法，衡量的是员工个人特性，如决策能力、对公司的忠诚、人际沟通技巧和工作的主动性等方面。该方法简便易行，但所衡

量的员工特性与其工作行为和工作结果之间缺乏确定的联系,不同的评价者对同一个员工的评价结果可能相差很大,同时评价结果无法为员工提供有益的反馈信息。

严格来讲,基于员工特征的评价,不属于绩效评价的范畴。因为个性特征是一个人在长期的生活与工作中已经形成的相对稳定的东西,它属于内稳变量。因此,除非员工的行为特征与工作绩效之间存在着确定的联系,否则应该谨慎选择这种方法。

(2) 员工行为导向的评价方法

行为导向型主观考评方法指的是依据一定的标准或设计好的维度,对被考评者的工作行为进行主观评价的方法。

员工行为导向的评价方法能够为员工提供有助于改进工作绩效的反馈信息,在工作完成的方式对于组织目标的实现非常重要的情况下,这种以员工行为为基础的绩效评价方法就显得特别有效。

但其缺点是无法涵盖员工达成理想工作绩效的全部行为,也无法与组织的战略目标联系在一起,主观性较强,其信度和绩效往往取决于评价者本人。从反馈目的看缺乏具体的依据,该种方法的评价结果不为大多数员工和管理者所接受。

行为导向型主观考评方法主要包括以下具体操作方法:简单排序法、交替排序法、配对比较法和强制分布法。

(3) 员工工作结果导向的评价方法

结果导向的评价方法是以员工的工作结果为基础的评价方法。该方法为员工设定一个最低的工作绩效标准,然后将员工的工作结果与这一明确的标准相比较。

当员工的工作任务的具体完成方法不重要,而且存在着多种完成任务的方法时,这种结果导向的评价方法就非常适用,工作标准越明确,绩效评价就越准确。其缺点是在员工最终的工作结果受到其自身不可控因素影响较大时,运用该评价方法缺乏有效性,该方法可能强化员工为了达到结果目标而扭曲工作行为,妨碍员工之间的相互协作,同时为员工提供业绩反馈方面的作用不大。

工作结果评价法的优点表现在两方面:一是用客观、量化的指标评价绩效水平,减少主观性,易于为主管和员工接受;二是把工作结果与组织战略和目标联系起来。其不足表现在:绩效标准虽具有客观性,但可能受员工无法控制的因素的影响而阻碍结果的实现,或者不能涵盖影响工作绩效的所有重要因素;员工只重视被评价的因素而忽视未被评价但非常重要的因素;不能提供改进绩效的具体指导。

结果导向型评价方法主要包括目标管理法等具体操作方法。在为具体的工作设计绩效评价方法时,需要谨慎地在这些类别中进行选择。这三类方法的某种结合,即所谓多质评价(multitraits)可以胜任对绝大多数工作进行评价。

多质评价指的是绩效的对象不仅包括工作成果,而且包括工作行为、能力乃至个人特质等。这是因为,并非所有员工的业绩在短期内都表现为具体的特质成果,所以对某些员工的评价只能根据行为或个人能力、特质来进行。另外,由于受系统因素的影响,最终的工作成果并不一定能够真实地反映员工的能力和努力程度,而在大多数情况下,剔除系统影响因素又非易事,因此转而评价导致工作成果的工作行为或个人能力,是更为有效的权宜之举。因而,多源评价有着理论上的必要性。具体评价指标与评价类型,如图4-1所示。

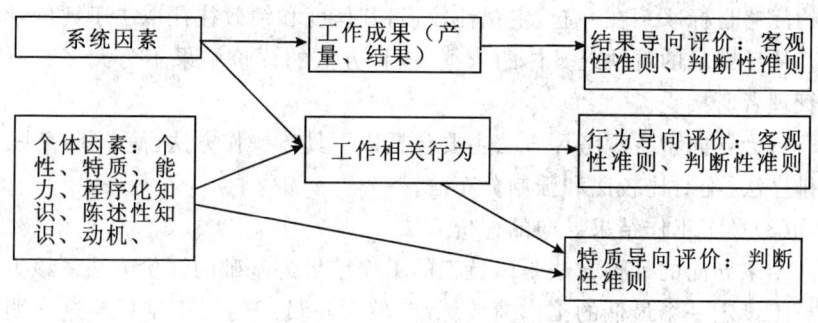

图4-1 评价指标与评价类型

二、各类绩效评价方法的主要内容及特点

综合以上分类,分别介绍各方法如下:

(一)员工绩效的相对比较体系的主要内容

相对评价法是在对员工进行相互比较的基础上对员工进行排序,提供一个员工工作的相对优劣的评价结果。排序的主要方法包括简单排序法、交替排序法、配对比较法和强制分布法,其中最常用的是强制分布法。

1. 简单排序法

简单排序法(ranking method)指的是把组织中的员工或某一部门的员工按照绩效优劣排列名次,从最好的一名直排到最后一名。例如,根据销售利润指标,根据衡量部门的销售人员的业绩,任何员工的的销售额总和后利润最大,他的排序就最靠前,就是第一名,其次第二名、第三名,谁的利润最小排在最后一名。简单排序法的重点是在于在部门里选取一个衡量因素。

简单排序法的优点是针对业绩来说,组织成员的业绩优劣一目了然,在判断是否加薪、晋升、培训时可以作出一个较为公正的判断。缺点则是衡量指标过于简单,每一次排序只能找一项最基本指标作为衡量标准,在部分情况下可能刺激员工的短期行为而影响组织长期的整体的绩效表现,造成组织经营不稳定性的增加。简单排序法的另一个缺点则是在很大程度上,它的指标选取会受到考评人对员工的主观看法的影响。所以,有时会存在一些误区。

2. 交替排序法

交替排序法(Alternative ranking method)是根据某一种或多种绩效特征要素,将两个及两个以上员工,按照最优、最差、次优、次差进行排序,排出从绩效最好的人一直到绩效最差的人。因为挑出绩效最好和绩效最差的人比较容易,所以交替排序法简便易行,花费时间和成本少,是一种运用最为普遍的绩效评价方法之一。

具体操作步骤如下:

(1)将所有需要被评价的员工名单列出来,将不是很熟悉因而无法对其进行评价的人的名单划去;

(2)在表格上标注出,在被评价的某一项绩效特征上,哪一个员工应当排在最前面,哪一个应该在最后面;

(3)再在剩下员工中挑选出最好的和最差的;

(4)以此类推,直到所有需要被评价员工都被排列到表格中为止。

交替排序法的优点是费用低,有利于减少评定的失误,较好避免宽大化和居中趋势。而缺点则是:

(1)该方法的前提是基于一般因素,缺乏细节。而如果指标没有重点,就体现不出企业对关键绩效的关注和对员工行为的引导。所以企业在追求指标体系的全面和完整时,如果没有抓住关键绩效指标来将员工的行为引向组织的目标方向,将增加管理的难度,降低员工的满意度。

(2)该方法不能很好地协调短期绩效与长期绩效之间的关系,过分突出业绩而忽视企业中长期的经营安全。

(3)该方法可能使企业绩效管理与战略实施相脱节,员工出现与企业战略目标相背离的行为。在执行该方法的过程中,可能会使企业的目标设立和分解过程存在问题,部门在确定工作目标时,可能会对企业整体战略目标考虑不足,因为各部门、各职位的绩效目标不是从企业的战略逐层分解得到的,而是根据各自工作内容提出的,从而导致"战略稀释"现象发生。

(4)因为组织、团队、个人之间的绩效存在差异,该方法以评价个人绩效为主,无法实现组织绩效、团队绩效和个人绩效的联动。

(5)该方法难以进行员工工作绩效的预测,增加了绩效管理中的不确定性。

3.配对比较法

配对比较法(paired comparison method)是将每个被评价人在每一项特性指标方面,与其他被评价人一一进行比较。配对比较法适合于员工人数较少的部门。将所有员工根据某一类评价要素进行比较,然后用"+"(好)和"−"(差)标明谁好一些,谁差一些。最后,将每一位员工得到的"好"的次数相加起来,就可以得到排序结果。如表 4-2 所示。

表 4-2 配对比较法举例

对比人 姓名	A	B	C	D	E	"+"的个数
A		−	−	+	+	2
B	+		+	+	+	4
C	+			+		3
D						0
E	−	−		+		1

从上表可以看出,如某部门里一共有五个员工,在选定一项衡量指标后,衡量在这项指标上员工之间的优劣,员工 A 跟 B 相比打一个分数。A 比 B 强,A 就是+号,B 就是−号。排完以后,A 再跟 C 比,在这项指标上谁好,谁稍微差,比完了以后,A 再跟 D 比。然后,A 再跟 E 比,A 比完了四个人,看这里面 A 比谁更好一些,比谁更差一些,A 一共有多少个+号。然后,B 再跟 C、D、E 比。当然参考的都是同一种衡量标准,如销售业绩,开发新客户的人数。

配对比较法的优点就是员工之间的业绩差异一目了然,便于管理者作出员工加薪、晋升等人事决策。其缺点是主观性较大,很大程度上取决于部门经理对员工的看法;只比较其中的某项绩效指标,内容比较单一。因此,该方法对考评人的要求很高,要求在考评人有能力做公正客观的评价的情况下使用。

(4)强制分布法

强制分布法(forced distribution method)就是要求评价者按照一种类似于正态分布的比例将员工划分到不同的绩效等级中。在实际操作中,强制分布法可与交替排序法结合使用,即在大范围内用强制分布法,而在每一个绩效等级,采用交替排序法。例如,某部门一共有员工100人,分成"最好"、"高于标准"、"平均标准"、"低于平均标准"和"差"5个等级,并确定各等级的比例,之后将被评价员工按评价结果分等列表,如表4-3所示。这种方法主要用以评价在操作层工作的员工,当员工较多时,用这种方法能把员工的工作绩效区分开,而不至于得出大致相同的得分。

表4-3 一般组织使用强制分布法后的员工绩效分布图

等级	比率
优秀	10%
良好	20%
中	40%
中下	20%
差	10%

正常的组织运用此方法进行评价,结果通常会呈正态的曲线分布。例如,优秀员工总数超不过10%。同时可能会有一部分员工,由于种种原因,不能达到事先设定的绩效标准,这部分绩效评价为较差的员工约有10%左右,另有40%-50%的员工表现达标。这就是一个正常的曲线分布。如图4-2所示。

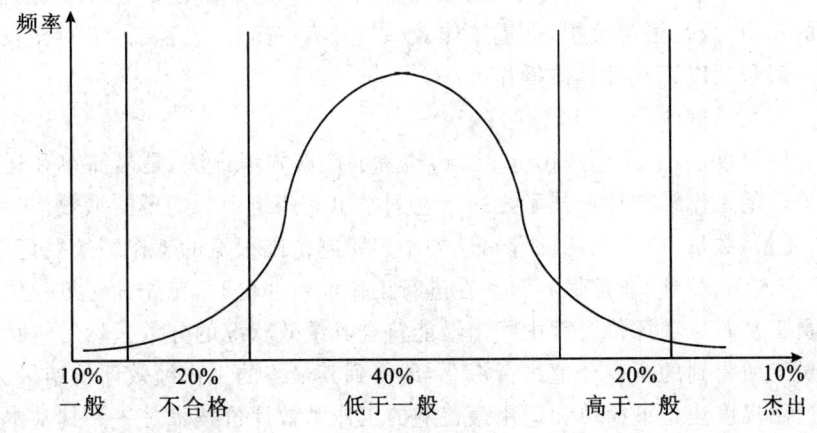

图4-2 强制分布法

综上所述,几种员工绩效评价比较法具有以下优点和缺点:

相对比较法的主要优点为:简便快捷,易为使用者接受,特别适用于区分员工绩效差异,从而为提薪或晋级提供依据。因此,它经常被用于差别性奖励时的绩效评价中。主要缺点为:与企业战略目标联系不紧密,可靠性和可信性依赖于评价者的主观判断;反馈缺乏具体性,不利于判断员工之间的具体差异,对员工的发展没有帮助;在很多场合下,员工不愿意接受评价结果,因为这种结果建立在群体间相互比较的基础上,而不是个人绩效的绝对标准上。如表4-4所示。

表4-4 员工相对比较法系统的优缺点

优点	缺点
·成本低 ·好学 ·评定所花费的时间及精力少 ·避免了宽厚性误差(不能给每个员工均评优秀) ·容易作出雇佣决策(如提薪和晋升)	·判定绩效的评分标准模糊 ·主观性过大 ·未说明员工需要做什么 ·不能公平地对不同部门员工做比较

(二)员工绩效的绝对比较体系的主要内容

在绝对比较体系中,员工的上级主管是在不将员工与其他员工进行直接比较的情况下,对员工的绩效作出评价的。这一体系的特点在于,它有一个客观的评价标准,能较客观地对评价对象的价值水平作出评价;评价对象可以根据评价结果,清楚地知道自己与评价标准的差距,从而明确努力目标;又由于只要达到评价标准,就被评价为同一水平,在客观上对缓解员工间的竞争,减轻思想负担,促进工作效率提升有一定积极意义。绝对比较体系一般包括以下几种具体操作方法:

1. 图尺度法

图尺度法(graphic rating scale)也称为图解式考评法,是最简单和运用最普遍的工作绩效评价技术之一。它列举出一些组织所期望的绩效构成要素(质量,数量,或个人特征等),还列举出跨越范围很宽的工作绩效登记(从"不令人满意"到"非常优异")。在进行工作绩效评价时,首先针对每一位下属员工从每一项评价要素中找出最能符合其绩效状况的分数。然后将每一位员工所得到的所有分值进行汇总,即得到其最终的工作绩效评价结果。

图尺度法是最简单和运用最普遍的工作绩效评价技术之一。其基本程序是:首先,设定绩效因素,绩效因素是指与绩效相关的个人特性,如知识、沟通技能、管理技能、工作质量、团队合作、创造性、解决问题的能力等等；其次，设计评价尺度，通常采用5点尺度，即优秀、良好、一般、尚可、差，分别用5、4、3、2、1或者赋予一定分数，如90～100（优秀）、80～89（良好）、70～79（一般）、60～69（尚可）、60以下（差），以表示各种绩效水平；最后，对每项绩效因素根据评价尺度打分或画勾并给出简短评语，每项因素得分之和即为评价结果。

表4-5即是某公司在调查部门主管员工满意度时用的评级表的一部分。

表4-5 某公司部门主管员工满意度调查表

被评价人：　　　　　评价时间：

评价项目	很好(10分)	较好(7分)	好(5分)	可接受(4分)	较差(2分)	得分
个人修养						
自律性						
团队协作						
公正性						

表4-6是某公司对于软件工程师设计的绩效评价表。

表4-6 某公司软件工程师绩效评价表

时间：＿＿＿年＿＿＿月＿＿＿日

被考评人：　　　　　　　　　考评人：

1. 重要任务/满分：100分　　及格分：60分

(1)工作量(50%)：	A( )	B( )	C( )	D( )	E( )
(2)技术难度(10%)：	A( )	B( )	C( )	D( )	E( )
(3)新技术使用(10%)：	A( )	B( )	C( )	D( )	E( )
(4)管理责任(10%)：	A( )	B( )	C( )	D( )	E( )
(5)技术责任(10%)：	A( )	B( )	C( )	D( )	E( )
(6)其他临时工作(10%)：	A( )	B( )	C( )	D( )	E( )

分数

2. 岗位工作/满分：50分　　及格分：30分

(1)编码水平	A( )	B( )	C( )	D( )	E( )
(2)文档编写水平	A( )	B( )	C( )	D( )	E( )
(3)建议及接受建议	A( )	B( )	C( )	D( )	E( )
(4)工作总结及开发计划	A( )	B( )	C( )	D( )	E( )
(5)备份源程序	A( )	B( )	C( )	D( )	E( )
(6)技术保密	A( )	B( )	C( )	D( )	E( )

分数

被考评人：		考评人：	
3.工作态度/满分:50分	及格分:30分		
互评分数：			
考评人评语：			
合计总分：		考评人签字：	

图尺度评价法的优缺点如表 4-7 所示。

表 4-7 图尺度评价法的优缺点

优　　点	缺　　点
・实用 ・成本低 ・人力资源管理部门能很快开发 ・实用于组织中的全部或大部分工作	判定绩效的准确性不够 不能有效地指导行为，未说明员工需要做什么才能得到好的评价 不利于负面反馈

2.关键事件法

关键事件法(critical incident method,CIM)是指由评价人向被评价人询问一些问题以了解其对于解决关键事件所需的能力和素质，还可以让员工对工作的重要性进行评价的一种收集工作信息的方法。

该方法是由美国学者弗拉赖根(Flanagan)和伯恩斯(Barns)共同创立的。它是由上级主管者记录员工平时工作中的关键事件：一种是做得特别好的，一种是做得不好的。在预定的时间，通常是半年或一年之后，利用积累的记录，由主管者与被测评者讨论相关事件，为测评提供依据。

一般包含三个重点：

一是观察；

二是书面记录员工所做的事；

三是有关工作成败的关键性的事实。

在用关键事件法进行绩效评价时，常遇到的问题是：员工有时并不十分清楚本工作的职责、所需能力等。此时，评价者可以采用关键事件法。具体的方法是，评价者可以向员工询问一些问题，比如"请问在过去的一年中，您在工作中所遇到比较重要的事件是怎样的？您认为解决这些事件的最为正确的行为是什么？最不恰当的行为是什么？您认为要解决这些事件应该具备哪些素质？"等等。对于解决关键事件所需的能力、素质，还可以让员工给工作进行重要性的评定。比如,让员工给这些素质按重要性排队;按五点量表打分;或给定一个总分(比如 20 分),让员工将其分摊到各个能力、素质中去。

及时向员工反馈,这是采用关键事件法的精华所在。如果反馈不及时,极容易造成员工的离职。所以,给予员工的反馈速度越快越好。这是关键事件法直接导致的一个好的结果,而不及时反馈导致的直接结果是员工离职。

关键事件法的优点是可以立即反馈给员工做得好与不好的地方,而且可以把关键事件与企业战略需要联系起来,对与企业战略相关的、组织所期望的行为进行重点考察。该方法要求评价者能够长期观察员工的工作行为,需要管理者花费许多时间和精力,同时,关键事件法不便于在员工间比较。

该方法的要点可以总结如下:第一,有理有据。时间、地点、人物全都需记录。第二,成本低。第三,及时反馈,提高员工的绩效。但是,如果不及时反馈,员工会觉得既得不到尊重,又得不到认可而造成离职意愿的产生。

关键事件法的缺点是不能单独作为评价的工具,必须跟前面介绍的几个方法搭配使用,效果才会更好,如表 4-8 所示。

表 4-8 关键事件法的优缺点

优 点	缺 点
• 有理有据 • 若及时反馈,可提高员工绩效 • 成本很低	• 有积累小过失之嫌 • 不可单独作为评价工具

此外,如果企业刚起步,在成长阶段,没有自己评价系统的时候,可以用关键事件法记录员工行为,以便给薪酬管理、离职管理提供有利的依据。

3. 行为锚定量表法

行为锚定量表法(Behaviorally Anchored Rating Scale,BARS)也称为定位法、行为决定性等级量表法或行为定位等级法,是由美国学者 P.C. 史密斯(P.C. Smith)和肯德尔(L. Kendall)于 20 世纪 60 年代提出。

(1)行为锚定量表法的含义

行为锚定量表法是一种将同一工作可能发生的各种典型行为进行评分度量,建立一个锚定评分表,以此为依据,对员工工作中的实际行为进行测评分级的考评办法。所谓行为锚定,就是要针对每类职位的特点编制出一套典型的行为描述说明词,并设计出与之相配套的评分标准和说明,每一级评分标准与行为描述说明词相对应,即"锚定"。典型的行为锚定式量表包括 6 或 8 个维度（个人特征），每一个维度被一个 6 分、7 分或 9 分的量表加以锚定。例如，考评销售代表处理客户关系的等级评定。行为定位等级评价是这样测定的，如表 4-9 所示：

表 4-9 行为锚定量表法实例

BARS 实例：销售代表处理客户关系	
行为	打分(1—6)
经常替客户打电话，给他做额外的查询	6 分
经常耐心帮助客户解决很复杂的问题	5 分
当遇到情绪激动的客户会保持冷静	4 分
如果没有查到客户相关的信息则会告诉客户，并说"对不起"	3 分
忙于工作的时候，经常忽略等待中的客户，时间达数分钟	2 分
一遇到事儿，就说这件事儿跟自己没什么关系	1 分

如上表所示，把销售代表处理客户关系，从最好到最不好列一个顺序，就是将他的行为排列成一个顺序，即为行为定位等级。如销售代表的行为符合第一级，就打六分。反之，如经常让客户等，并且说这事儿跟自己没什么关系则是一分。这样评出来的分数相加，就是这个销售代表处理客户关系的一个总的分数。

行为锚定量表法实质上是把关键事件法与评级量表法结合起来，兼具两者之长。行为锚定量表法是关键事件法的进一步拓展和应用。它将关键事件和等级评价有效地结合在一起，通过一张行为等级评价表可以发现，在同一个绩效维度中存在一系列的行为，每种行为分别表示这一维度中的一种特定的绩效水平，将绩效水平按等级量化，可以使评价的结果更有效，更公平。

（2）行为锚定量表法的实施步骤

行为定位等级评价法的实施，可以分为如下五个步骤：

①获取关键事件。例如，把组织中所有的本部门相关成员聚集起来，请主管经理和第三方的一个顾问坐在一起，用头脑风暴的方法，大家来谈本部门员工如何提升产品质量，员工岗位职责都是什么等等。

②建立绩效评价等级。挑选几项具有代表性的工作岗位职责，并定下打分等级。

③关键事件重新分配。由员工推举的几十件在提升个人绩效时要做的事情，然后由人力资源专家，或者请专业顾问，把这几十件事重新划分出好与不好，把它分类、分档。

④关键要素评定。

⑤ 建立工作绩效考评体系。

(3) 优缺点

行为锚定量表法的优点是：与图表评价尺度法相比，该方法不是单纯使用数字或描述尺度，而是用工作行为的具体例子来反映每种特性的不同绩效水平，这就使评价结果更有说服力。其主要缺点是：开发费时、费力；容易误导评价者的信息取向，如表4-10所示。

表4-10 行为锚定量表法的优缺点

优 点	缺 点
• 有效指导员工行为 • 有利于员工的反馈 • 等级的标准很具体、很明确 • 各种工作要素比较独立，不互相依赖 • 具有较好的连贯性和可靠性	• 花大量精力和时间 • 成本大 • 被评价者行为可能处于量表的两端

4. 行为观察法

行为观察法(Behavioral observation scales，BOS)也称行为观察评价法、行为观察量表法、行为观察量表评价法。美国的人力资源专家莱瑟姆(Latham)和韦克斯利(Wexley)在行为锚定等级评价法和传统业绩评定表法的基础上，对其不断发展和演变，于1981年提出了行为观察量表法。行为观察量表法适用于对基层员工工作技能和工作表现的考察。行为观察量表法包含特定工作的成功绩效所需求的一系列合乎希望的行为。运用行为观察量表，不是要先确定员工工作的表现处于哪一个水平，而是确定员工某一个行为出现的频率，然后通过给某种行为出现的频率赋值，从而计算出得分。该方法是行为锚定量表法的变体，它要求评价项目中包含特定工作的成功绩效所要求的一系列合乎希望的行为。行为观察法一般用5点尺度对一种特定行为的发生次数进行衡量，其中，5－总是，4－通常，3－有时，2－偶尔，1－很少或没有，如表4-11所示。

行为观察法的一个主要缺点是，在评价中要使用大量信息，可能超出评价者所能够记忆和处理的范围。因为要评价许多工作行为，评价者要记住在评价期内每个行为发生的频次，这对一个员工而言已经是很大的负担，何况一个评价者面对的可能有10个或更多的员工。

行为观察法的主要优点是，可以区分绩效水平高低，具有客观性，反馈信息具体，能指出培训需要、易于使用等。因此，在实际中，经理和员工往往更倾向于使用观察法，如表4-12所示。

表 4-11　行为观察法的应用

评价指标：克服变革阻力
1. 向下属陈述变革的详细内容
　　从不　　1　　2　　3　　4　　5　　总是
2. 解释变革的必要性
　　从不　　1　　2　　3　　4　　5　　总是
3. 讨论变革对员工的影响
　　从不　　1　　2　　3　　4　　5　　总是
4. 倾听员工的想法
　　从不　　1　　2　　3　　4　　5　　总是
5. 请求员工协助，使变革成功
　　从不　　1　　2　　3　　4　　5　　总是
6. 如有必要，确定再次会谈日期，对员工的考虑予以答复
　　从不　　1　　2　　3　　4　　5　　总是
　　总计：

低于正常水平	正常	好	优秀	突出
6—10	11—15	16—20	21—25	26—30

表 4-12　行为观察法的优缺点

优　点	缺　点
·有效指导员工行为 ·有利于监控员工行为 ·有利于反馈	·花大量精力和时间开发 ·每一种工作需要一种单独的工具 ·除非一项工作有许多任职者，否则成本很大且不实际

（三）目标管理法

工作结果导向的评价法的焦点集中在一项工作或者工作小组的工作成果上，这些结果应具有客观性和可衡量性。该方法强调在评价过程中应排除主观判断，而工作结果可以充分反映个人对组织业绩的贡献。工作结果导向的评价法的一种最具代表性的应用就是目标管理法（Management by objectives，MBO）。

1. 目标管理法的含义

目标管理，又叫成果管理，指的是将企业目标通过层层分解下达到部门以及个人，强化了企业的监控与可执行性，并结合员工个人目标和组织目标，改进绩效评价，形成有效的激励。它实际上是对于组织与员工之间建立的绩效合约的实现程度的评价[见资料框 4-1]。

目标管理要求：

（1）确立目标的程序必须准确、严格，以达成目标管理项目的成功推行和完成；

（2）与预算计划、绩效评价、工资、人力资源计划和发展系统结合起来；

(3) 要弄清绩效与报酬的关系,找出这种关系之间的动力因素;

(4) 要把明确的管理方式和程序与频繁的反馈相联系;

(5) 绩效评价的效果大小取决于上层管理者在这方面所花费的努力程度,以及他对下层管理者在人际关系和沟通上的技巧水平;

(6) 下一步的目标管理计划准备工作是在目前目标管理实施的末期之前完成,年度的绩效考评作为最后参数输入预算之中。

资料框 4-1　目标管理的起源

● 1954 年　彼得·德鲁克《管理的实践》

　　提出"每一项工作都必须为达到总目标而展开";

● 1960 年　道格拉斯·麦格雷戈《在企业中的人的因素》

　　提出"综合与自我调整"——自上而下制定管理目标;

● 1961 年　乔治·奥迪奥恩《管理目标的制定》

　　提出"管理组织的上下层人员一起辨别他们的共同目标,根据每个管理人员对自己的成果的预想来规定每一个人的职责范围,并用这些价值标准来指导推进这个单位的工作,来评价它的每一个成员的贡献。"

目标管理法是根据一系列事先同员工协商制定好的目标和标准来度量员工绩效的方法。这种方法要求在年初绩效计划过程中,由经理和员工共同就员工的绩效的目标和标准达成一致。在绩效评价过程中(通常在年底),经理和员工对每个目标和标准进行检查,以确定员工是否达到了目标。如果目标和标准定得很清楚,而且被双方很好地理解,那么绩效评级过程将相当顺利。

2. 目标管理法的步骤

目标管理通常包括以下步骤:

(1) 目标确定。

(2) 执行计划。

(3) 检查(流程的重点)。

(4) 自我调节。

(5) 评价。

3. 目标管理法的优缺点

目标管理法的主要优点是:

(1) 有利于监控和引导员工行为,促进员工绩效的提高;

(2) 绩效反馈及时、客观,员工能够了解组织对他们的期望,并能有效引导员工为实现组织的重要目标而作出最大努力；

（3）目标具体、有挑战性，员工能得到实现目标的有效反馈，并在完成目标后得到奖励；

（4）员工参与目标制定，感到对工作有控制权；同时，有利于促进上下级沟通；

（5）对员工的绩效评价具有较强客观性，可以减少评价中的偏见；

（6）具有较强的可操作性，实施成本低。

目标管理法的主要缺点是：

（1）必须明确对实现目标的具体行为要求，否则不能提供有效指导；

（2）容易导致短期行为而损害长期利益；

（3）在实现目标过程中可能出现员工无法控制的因素，以及员工目标之间难以比较等，如表4-13所示。

表4-13 目标管理的优缺点

优　　点	缺　　点
·有利于工作行为与组织整体目标一致 ·实用且费用低 ·为控制提供明确的标准 ·有利于沟通 ·有利于更好地开发人力资源 ·减少工作中的冲突和紊乱 ·提供更好的目标评价准则 ·更准确地判别什么是需要解决的问题 ·促进人才的发展和提高 ·使工作任务和人员安排一致	·经常不被使用者接纳 ·绩效标准因员工不同而不同 ·短期行为 ·不可控制因素 ·运气

三、绩效评价方法运用的注意事项

1. 员工绩效评价应注意合理与合法性

诚如彼得·德鲁克所说，"员工的性格与雇主没有关系，雇佣是一种具体的契约，它规定的是要达到的具体绩效而不是别的东西，雇主任何多余的努力都是在篡夺员工的权利，了解员工的隐私既不合理也不合法，那是在滥用权力。员工不欠雇主'忠诚'、'爱'、'态度'——他欠的是绩效而不是其他东西……管理和管理者应该考虑如何调整自身行为以使员工工作更富效率"。因此，对员工进行绩效评价，简单地仅仅使用某一种评价方法是不切实际的。还必须全面考虑方法使用上的合理与合法性。主要包括以下方面：

(1) 确保你真正清楚"优秀"绩效的员工是什么（通过职位分析建立绩效标准，如及时完成项目）。

(2) 将这些绩效衡量标准融入到某种绩效评价工具（行为锚定量表法、图尺度法）。

(3) 使用明确界定的工作绩效维度（如数量、质量等），而不是使用没有明确界定的、笼统的工作绩效衡量标准（如"总体绩效水平"等）。

(4) 以书面形式与雇员以及他们的评价者就这些绩效标准进行沟通。

(5) 在运用图形等级量表法时，要避免使用一些抽象的员工特质（如忠诚度、诚实性等），除非你能够用一些可观察的行为来对这些要素加以界定。

(6) 上级的主观评价（如评语评价）只能是整个评价过程中的一个组成部分而不能是全部。

(7) 训练主管人员如何正确使用这些绩效评价工具。

(8) 使评价者和需要被他们评价的雇员能够进行大量的日常接触。

(9) 针对每一个绩效维度进行独立的评价，然后根据权重分配系统将得分汇总，获得对员工的总体评价，而不是仅仅根据某些笼统的绩效标准进行排序。

(10) 尽量使用一位以上的评价者，让他们各自独立完成所有此类绩效评价。

(11) 不要让任何一名评价者在人事决策上拥有绝对权力。提倡多人评价体系。

(12) 建立雇员申诉渠道。

(13) 对作出任何人事决策时所依据的所有信息和原因都做好记录。

(14) 在适当的时候对工作绩效较差的雇员提供正确的指导以帮助他们改善工作绩效。

2. 基于计算机网络环境下的绩效评价新特点

(1) 基于计算机和网络的绩效评价，是指运用绩效评价软件系统让管理人员对下属在全年中的表现加以记录，并且使他们可以以电子化的方式对下属的一系列绩效特征的等级作出评价，而后生成一份书面电子文档，来对每一个部分的评价提供支持。例如电子化绩效监控系统是计算机化绩效评价的一个最终结果。主管人员可以通过电子手段来监控雇员每天处理的计算机化数据的数量，进而对其工作绩效进行监控。

(2) 一些评价者目前开始使用计算机辅助他们进行评价面谈的准备工作。由于计算机能指导人们准备评价面谈，这就在实际操作以前给管理者提供了学习机会,减少了他们的紧张心情。这一项目对于毫无经验的管理者来说格外有价值,因为它能帮助他们在非常短的时间内掌握一定的技巧。

(3) 绩效改进和提高方面的运用。尽管有关绩效改进和提高的软件技术目前尚处于起步阶段,但其前景是令人乐观的。人力资源管理者现在已经发现计算机技术的客观公正性恰恰非常适合应用于那种容易被人为的偏见、主观性和故意所干扰的过程之中。绩效诊断最近引起大家的关注.因为其诊断过程建立在一些最新的技术基础之上。需要引起我们注意的是:计算机技术在提高绩效评价的准确性、提供绩效评价所需的资料,以及绩效改进方面发挥很大的作用,但同时也有可能在员工中间制造矛盾。

第三节 绩效评价方法的常见偏差及其规避措施

情境分析:员工应对绩效考评的技巧

某 A 是一家房地产公司技术部的职员,六年前大学毕业后直接进入该企业。在同事和上司眼中,A 能力平平,态度一般,绩效也属于正常的范畴,甚至有时还要耍点小聪明,工作得过且过。但令人费解的是,除了在参加工作当年 A 的评价结果为"一般"外,以后至今的五个年度评价中,A 的评价结果都是"优秀"。下面是 A 私下对好友透露的"应对评价的诀窍"。

问:你的考评诀窍是什么?

答:我们公司采用的是年度评价,一年考一次,时间那么久,上司工作又那么忙,谁会记得上半年的工作情况。因此,我上半年闲着,有些事能拖就拖,拖到下半年,尤其是最后三个月,我会经常加班加点,主动帮助上司和同事分忧。试想一想,年底我的考评结果怎么能差呢?

问:这样就能得"优秀"了?

答:有的时候确实不足以评为"优秀",为了万无一失,我在一年中找机会干上一两件漂亮的事情,事情不在多么有价值,关键要有声势,能够让上司牢牢记住,那么评为"优秀"就没问题了。

问:你的上司就这么容易被糊弄?

答:我们技术部的主管都不愿为管理而荒废了技术。我的上司是个工作狂、技术迷,对管理不太感兴趣。再加上我对上司的脾气非常了解,他这个老好人,不愿意轻易得罪人,上半年我混混一般是没有太大问题的。

问:混？平时上司不给你们定工作任务？
答:也在定,但非常笼统,几乎不算什么标准。(拿出评价表)
问:你们公司的奖金、工资调整一般放在什么时候？
答:都在年底,12月份。
请分析:该企业绩效评价产生误差的原因？
资料来源:张建国、徐伟《绩效体系设计:战略导向设计方法》,北京工业大学出版社,2003,第121—123页。

由于测量技术手段上的困难与评价者个人的心理偏向,在绩效评价方法的很容易产生误差。了解绩效评价中可能出现的各种误差,对我们开展绩效评价工作很有帮助。本节主要介绍绩效评价中几种常见的误差。

一、绩效评价方法的常见偏差

(一)晕轮效应

晕轮效应(halo effect)又称月晕偏差、霍尔效应,是指考评者根据被考评者某些特定方面的优异表现,就断定他别的方面一定就好,即一好百好,以偏概全,而不作具体分析。这种偏差是指评价者对被评价者的某项特质做评价时,常受到被评价者整体印象的影响。

晕轮效应意味着你对下属的某一绩效要素的评价较高,会导致你对此人所有的其他绩效要素的评价也较高。当评价对象是那些对主管人员表现特别友好(或特别不友好)的员工时,这种问题是最容易发生的。

与晕轮效应相反的是魔角效应,指的是根据被考评者某些特定方面的不良表现,便全盘否定。这两种情况都带来考绩误差。如图4-1所示。

图4-1 晕轮效应(左)与魔角效应(右)的示意图

避免这种误差的方式是认真执行对评价人的指导与培养工作,在绩效评价中设定各种不同的着眼点,从不同角度进行分析评定。

(二)逻辑误差

逻辑误差(logic error),是指评价者在对某些有逻辑关系的评价要素进行评价时,使用简单的推理造成的误差。逻辑误差的产生是由于评价人对逻辑上似乎相关的特性有可能给出相似的评价,与晕轮效应相似,这种偏见增加了特性之间的相互联系,只不过原因不同。

逻辑误差会产生不良影响。评价者有时可能因对员工的一些个人特征,如种族、宗教、性别、年龄、性格、气质等存在某种偏见,而影响其评价结果的客观性。个人偏见对于绩效评价的负面影响很大,由于偏见是一种长期形成的、很固执的观念,这些人很难控制和改变它,把这种偏见带到绩效评价工作中,可能会影响到组织氛围的和谐。

逻辑误差与晕轮效应是有所区别的。晕轮效应是由于一个人的气质的明显相关性引起的,而逻辑误差是各种特性(不考虑个人)逻辑上的明显相关引起的;晕轮效应只在同一个人的各个特点之间;逻辑误差与被评价者的个人因素无关,缘于评价者对评价要素间逻辑关系的看法。

(三)宽大化倾向

宽大化倾向(leniency tendency),也称感情误差,指的是评价者与被评价者之间存在一种感情关系,评价者可能随着他对被评价者的感情好坏程度而会自觉或不自觉地对被评价者的工作实绩评价偏高或偏低。

在宽大化倾向的影响下,在绩效评价中当评价者的评价集中在正面的评价,而不是分散在各种绩效等级上所发生的情况。结果评价者对评价对象所作的评价往往高于其实际成绩。

宽大化倾向产生的主要原因包括:

1. 评价者为保护下属,避免留下不良绩效的书面纪录;
2. 评价者希望自己部下的成绩优于其他部门;
3. 评价者对自己的评价工作缺乏自信心,避免引起评价争议;
4. 评价要素的标准不明确。

为了避免宽大化倾向造成对被评价者工作实绩评价中的误差,评价者一定要克服在工作实绩评价中的个人情感因素,要努力站在客观的立场上,力求公正,抛弃利己思想,对照标准进行客观评价。

(四)严格化倾向

严格化倾向(strictness tendency)指的是,评价者对被评价者的绩效结果的不足之处扩大化,从而降低被评价者的绩效评价得分。如果评价者是一位完美主义者,或者他试图通过评价达到某一目的,他可能会放大被考评人的缺点,从而对被考评人给出一个较低的评价结果,造成了严格化倾向。

产生严格化倾向的主要原因是:

1. 评价者对各种评价因素缺乏了解;
2. 为了惩罚某个顽固的或难以对付的员工;
3. 为了鼓励某个有问题的员工主动辞职;
4. 为一次有计划的解雇制造一个有说服力的记录;
5. 为了缩减凭业绩提薪的员工的数量;
6. 为了遵守组织的规定。

解决该误差,首先要向考评人讲明考评的原则和方法,另外可以增加员工自评,与考评人考评进行比较。如果差异过大,应该对该项考评进行认真分析,看是否出现了严格化倾向错误。

故意抬高或降低绩效评价的常见原因如表 4-14 所示。

表 4-14 故意抬高或降低绩效评价的常见原因

抬高评价
认为精确地评价对下属的动机和业绩有不利影响
期望提高与员工凭业绩提薪的百分比
希望避免产生消极的、永久的并可能在将来会影响员工的不利业绩记录
希望保护受到个人问题影响,但业绩优秀的人
希望奖励业绩仍相对较好,但已付出极大努力的员工
避免与某些难以管理的员工进行对抗
降低评价
担心员工对其业绩过好而感到惊慌
为了惩罚一个难以对付的员工
为了让一个有问题的员工辞职
为计划要解雇的人制造有说服力的证据
为缩减想凭业绩而提薪的下属数量
为遵守组织不提倡经理给出高评价的规定

资料来源:Clinton Longenecker and Dean Ludwig, *ethical dilemmas in Performance Appraisal Revisited*, Journal of Business Ethics 9 (Dec, 1990):963. Reprinted by permission of Kluwer Academic Publishers.

资料框 4-2： 经济不景气背景下的绩效管理

　　企业经济效益相对降低,部门职能和岗位设置必然重新设置,人员淘汰在所难免。国内人力资源的过剩,给企业岗位的更新换代、优胜劣汰提供了条件。建立完善的绩效管理体系也迫在眉睫。在法律法规允许的范围内,把平时业绩不佳、工作态度有问题的员工,合法合理地"请他离开",将成为人力资源管理工作的一个重要课题。在优胜劣汰的过程中,企业只有足够的、符合《劳动法》规定的事实证据来支持解除或辞退员工的决定;准确、客观的评价成绩,也为部门负责人提供了"择优录取"的依据。

　　由于经济的不景气,员工的主动离职意愿将会有所降低,珍惜工作机会的意识应有所提高。在对绩效不理想的员工进行绩效反馈面谈时,部门负责人对员工本人提出绩效改善的要求或期望,会得到员工更积极的反映。在这样的客观环境及主观心态的共同作用下,绩效评价的效果会更加突出。

(五)居中趋势

居中趋势(central tendency),也称中心化倾向,是将员工评价结果集中于某一区域而出现的错误。这主要是由于考评人害怕承担责任或对被考评人不熟悉所造成的。在考评前,对考评人员进行必要的绩效考评培训,消除考评人的后顾之忧,同时避免让对于被考评人不熟悉的考评人进行考评,可以有效地防止居中趋势的发生。居中趋势是评价者不愿或无法确实区分被评价者之间的实质差异,而采取集中于中等评价的现象。

居中趋势可能是由评价标准或方法引起,也可能是由评价者为避免发生争议和批评引起的。主要原因可能包括：

1. 对评价对象不甚了解,难以作出准确的评价;
2. 评价者对评价工作缺乏信心(从众心理);
3. 评价要素的说明不完整、评价方法不明确;
4. 有些企业要求评价者对过高或过低的评价写出书面鉴定,以免引起争议。

这种居中趋势无法分出员工的优劣,很难达到"赏罚分明"的效果。这种过于集中的评价结果会使工作绩效评价变得扭曲,它对于企业作出晋升、工资方面的决定或进行员工咨询等工作所能起到的积极作用很小。

避免这种偏差的方式是采用强制分布法,而不是图表评价尺度法,同时加强对主管人员的培训。也就是说,评价者对一组评价对象最初的评价都集中在评价尺度的中心附近,导致评价成绩拉不开距离。

(六)近期行为误差

近期行为误差(recency effect),也称近因效应,是指评价人在对被评价人某一较长时期的工作实绩进行评价时,只看其近期的表现和成绩,因而造成评价误差。

这种仅选择一两个简短时段来测定,忽略评价对象的一贯表现的评价员工的方式,常会使员工造成一种错觉:只需作出勤劳状,即使没有成绩也可加薪提职;或者在一年中的前半年工作马马虎虎,等到最后几个月才开始表现较好,以图造成评价人对他绩效评价中的近因误差效应。

避免这种偏差的方式是针对被评价人的全期表现做全方位评价,分月度/季度评价和年终综合评价两种方式,并采用事实记录法,日常工作中必须与员工密切接触、勤于观察并做好记录。

二、绩效评价方法常见偏差的规避措施

企业在进行绩效评价时,应尽量注意克服以上的各种误差,以客观、公正的态度,科学开展绩效评价活动,使绩效评价达到预期的目的。

1. 分清故意误差与无意误差

在提出绩效评价方法常见偏差的规避措施之前,首先应该将上述的偏差区分为故意误差与无意误差。

在绩效评价时,评价者可能会故意或无意地制造一些误差。故意误差指的是评价者认为提供歪曲的信息,要比提供准确的评价信息更能使得自己获益,而产生的评价误差。例如,一位主管之所以不愿意给员工较低的评价,可能是为了避免与员工发生冲突,或为了让员工在与其他部门或团队的员工进行比较时,不会处于绩效落后的位置。故意误差包括了宽大误差(给员工的分数比他们应得的实际分数要高)、严格化倾向(给员工的分数比他们实际应得的分数低),以及居中趋势误差(围绕评价尺度的中间位置来给分)。

要想使故意误差最小化,解决动机问题是关键。换言之,企业的领导者必须向具体的绩效评价者证明,提供准确的绩效评价信息的收益要超过故意提供歪曲的绩效评价信息的收益。例如,绩效沟通的内容之一就是为了解决这一问题,重点向评价者说明提供准确的绩效评价结果,会得到什么益处。

无意误差是由于观察、编码、存储以及提取信息本身是一项复杂的认知任务所引起的。无意误差包含以下几种形式:(1)相似性误差;(2)对比误差;(3)晕轮误差;(4)近因误差;(5)刻板印象误差;(6)负面误差(魔角效应)等等,组织可以通过实施对评价者的培训来使无意误差最小化。

2. 常见偏差的规避措施

由于考评人对考评指标的有意或无意的理解的差异而造成的误差,通常可以有以下一些误差出现,表 4-15 对各种绩效评价方法运用的可能误差进行了比较。

表 4-15 主要绩效评价方法的特点比较

绩效评价方法	费用最小化	可能出现的误差	提供反馈建议
图表评价尺度法	建立和实施的费用较低	一般	确认问题发生领域,但行为信息不足
交替排序法	费用低	较好避免宽大化和居中趋势,但易出现晕轮效应	基于一般因素,缺乏细节
强制分布法	费用低	很好避免宽大化和居中趋势,但易出现晕轮效应	基于一般因素,缺乏细节
关键事件法	费用较高	基于职业行为,很好地减少失误	效果较好
行为锚定量法	费用高	基于职业行为,很好地减少失误	很好确认导致问题的行为

依据上表中提及的绩效评价方法所可能出现的误差,表 4-16 总结了上述各种常见误差的规避措施。

表 4-16 避免绩效评价常见误差的措施

主要误差	规避措施
晕轮效应	关键是评价者本人能够意识到这一点;认真执行对评价人的指导、培养工作,在绩效评价中设定各种不同的着眼点,从不同角度进行分析评定。
近因效应	针对被评价人的全期表现做全方位评价,分月度/季度评价和年终综合评价两种方式,并采用事实记录法,日常工作中必须与员工密切接触、勤于观察并做好记录。
居中趋势	避免这种偏差的方式是采用强制分布法,而不是图表评价尺度法,同时加强对主管人员的培训。
逻辑误差	加强对评价人的指导和培养工作。
感情效应	建立员工投诉制度;加强绩效管理中的双向沟通。
偏松或偏紧的倾向	采用强制分布法,以客观绩效标准为依据,多层级评价为监督。

思考题

1. 绩效评价方法的分类体系有哪些？各自的分类标志是什么？
2. 请你分析一下行为锚定量表法（BARS）与行为观察法（BOS）的相同与不同之处。
3. 绩效评价方法中常见偏差的产生原因分别是什么？
4. 故意误差和无意误差有何本质区别？区分两者的意义是什么？

本章案例

C是某企业生产部门的主管，今天他终于费尽心思地完成了对下属人员的绩效考评，并准备把考评表格交给人力资源部。

绩效考评表格标明了工作的数量和质量以及合作态度等情况，表中的每一个特征，都分为五等：优秀、良好、一般、及格和不及格。所有的职工都完成了本职工作。除了A和B，大部分还顺利完成了C交给的额外工作。考虑到A和B是新员工，他们两人的额外工作量又偏多，C给所有员工的工作量都打了"优秀"。D曾经对C作出的一个决定表示过不同意见，在"合作态度"一栏，D被记为"一般"，因为意见分歧只是工作方式方面的问题，所以C没有在表格的评价栏上记录。另外，E家庭比较困难，C就有意识地提高了对他的评价，他想通过这种方式让E多拿绩效工资，把帮助落到实处。此外，F的工作质量不好，也就是达到及格，但为了避免难堪，C把他的评价提到"一般"。这样，员工的评价分布于"优秀"、"良好"、"一般"，就没有"及格"和"不及格"了。C觉得这样做，可以使员工不至于因发现绩效考评低而产生不满；同时，上级考评时，自己的下级工作做得好，对自己的绩效考评，成绩也差不了。

思考提示：

（1）你觉得本案例所描述的绩效评价方法在指标设立、考评主体、评价结果、沟通环节和对考评人的监督等方面具体存在哪些问题？

（2）对于案例中描述的这样一个团队，你认为使用哪一种绩效评价方法较为合适？

参考文献

1. 李志敏、杜纲,《指标难以定量绩效评价问题的排序方法研究》,《西南交通大学学报》(社会科学版),2006(6)。
2. 李宝元,《人力资源管理案例教程》,人民邮电出版社,2002年。
3. 理查德·威廉姆斯,《组织绩效管理》,清华大学出版社,2002年。
4. 谢康,《企业激励机制与绩效评估设计》,中山大学出版社,2001年。
5. 周浩、龙立荣,《绩效考核中宽大效应的成因及控制方法》,《心理科学进展》,2005,13(6)。
6. 李作战,《绩效考评中信息失真的思考》,《HR论坛》,2005(7)。
7. 王悟、张堃,《绩效评估精确性及其影响因素分析》,《中国发展》,2005(1)。
8. 石金涛、金凤斐,《绩效考评中的混合标准量表法》,《中国人力资源开发》,2002(12)。
9. 马成功、王二平、林平,《基于行为的绩效评定方法的研究进展》,《心理学进展》,2002,10(4)。
10. Aharon Tziner, Richard Kopelman, Christine Joanis, Investigation of Raters' and Ratees' Reactions to Three Methods of Performance Appraisal: BOS, BARS, and GRS, Canadian Journal of Adininistrative Sciences, 1997, 14, pp. 396—404.
11. Brain L. Davis, Michael K. Mount, Effectiveness of Performance Appraisal Trainning Using Computer Assisted Instruction And Behavior Modeling, Personnel Psychology, 1984. 37, pp. 439—453.
12. Herbert H. Meyer, A solution to the performance appraisal feedback enigma, Academy of Management Executive, 1991 Vol. 5 No. 1, pp. 68—77.
13. Peter W. Dorfman, Walter G. Stephan John Loveland, Performance 10. Appraisial Behaviors: Supervisor perceptions and subordinate reactions. Personnel Psychology, 1986. 39, pp. 579—599.
14. Yehuda Baruchelf, Performance appraisal vs direct—manager appraisal: A case of congruence, Journal of Managerial Psychology, Vol. 11 No. 6, 1996, pp. 50—65.

高等院校人力资源管理专业系列教材

第五章

绩效评价的信息来源

本章学习要点

- 了解绩效评价信息来源的主要渠道。
- 能够比较不同渠道信息来源的应用条件。
- 了解多源(360度)绩效评价的实施条件。
- 了解评价者选择与培训的原则与实施。

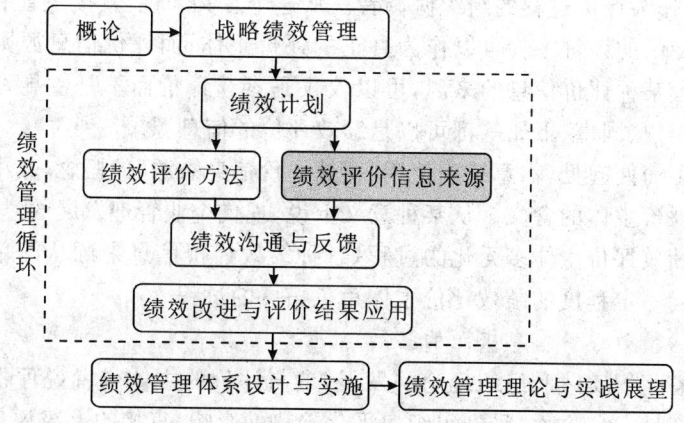

上一章我们考察了绩效评价的具体方法及常见误差,而这些方法得以有效操作的基本前提是具有稳定可靠的绩效评价信息来源。本章我们将对绩效评价信息来源的选择原则、各种绩效评价信息来源的比较,以及多源绩效评价体系及实施条件进行介绍。

第一节 绩效评价信息来源的含义与选择原则

在分别介绍绩效评价信息各种来源之前,我们首先需要明确绩效评价信息来源的含义及其拓展的历程,以及在选择不同的绩效评价信息来源时应遵循的基本原则。

一、绩效评价信息来源的含义与拓展

(一)绩效评价信息来源的含义

所谓绩效评价信息来源,是向组织绩效评价工作提供自己、他人和组织绩效信息的主体的总称。

严格来说,绩效评价主体与绩效评价信息源的含义是不同的。

绩效评价的信息可能来自于组织内外的不同人员,这些人员所处的位置不同,对于绩效评价所担负的责任不同,对组织目标的理解、观察绩效的角度、对于绩效信息的拥有量也不同。评价主体不仅要作为评价信息的搜集者,还作为评价过程的组织协调者。从这个意义来说,直接主管和人力资源部门专门的评价主管可以作为真正的评价主体;而评价信息源则是提供被评价者某种评价信息的来源,可以仅仅是参与评价而不是主导评价的过程。如客户、同事、下属等都可以是绩效评价的信息源。

为了简便起见,本章统一使用"绩效评价信息来源"的概念,其中也包含了绩效评价主体的含义。从某种意义上说,现代企业管理发展的过程,往往体现为绩效评价主体多元化的过程,各种绩效评价信息来源从简单的信息提供者向一定程度的绩效评价主体角色拓展的过程。

(二)绩效评价信息来源的拓展

随着组织实践和组织理论的发展,参与评价的主体或者说评价信息源也不断拓展。一方面,受到组织扁平化趋势的影响,直接的上级评价变得不一定非常详细,而来自客户、同事,以及外部专家的评价变得更加重要;另一

方面,互联网技术的发展也为多源的、实时的、动态的绩效评价方式提供了有力的技术支持。

为提高绩效评价的效度和客观公正性,许多企业正在积极探讨引进新的评价源,从不同的角度对员工进行评价,以克服传统的单纯上级评价的弊端。但绩效评价效度的提高,最关键在于评价目的、评价内容、评价对象与评价源的匹配,不同评价源具有不同的评价机理和适用环境,以及各自的优缺点。

在工业经济时代,大规模的重复生产方式,为员工的直接上级观察和评价员工的工作成果提供了便利,因此以员工的直接上级为评价源(评价主体)的评价模式,一直主导着整个工业经济时代。但在新的经济条件下,定制生产方式正在逐渐替代大规模、大批量重复生产方式,充分授权、自主管理以及以团队为单位的工作组织形式在企业中运用日益普遍。员工上级拥有评价员工的完整信息已越来越不可能,因此寻求拥有关于工作成果、行为、能力和特质相对充分信息的新评价源,或组合使用这些评价源,是企业有效评价的必然之举。通常这些评价源除了传统的上级外,还有员工自身、顾客、同事、下属、外部专家等。

(三)不同的评价信息来源的侧重点

不同的评价主体或评价源,所依赖的工作绩效衡量指标或所依赖的信息是不一样的。不同的评价主体具有不同的立场和不同的评价侧重点。

1. 直接上级作为评价主体时,一般更关注员工的工作结果指标。工作结果是员工完成一个事先预定的工作目标的程度。例如,工作结果可以用工作产出,如产量、销售额、废品率等,或与个人有关如出勤等资料作为评价工作绩效的指针,也可以用个人目标的达成情况作为指标。

2. 员工自身作为评价主体时,因为评价结果与自身薪酬、晋升相关,所以员工会在自我评价时关注工作结果之外的因素。工作结果并非完全由员工控制,许多情境因素(如市场景气、其他组织中成员的合作程度等)会影响员工工作结果。

3. 顾客作为评价主体时,他们关心的不是员工工作结果,而是对与组织员工沟通、合作的过程是否满意。进而,顾客会用员工的个人人格特征、知识、技术、能力、态度乃至外表等来衡量一个员工的工作表现。这种评价的理论基础是基于一种间接测量工作绩效的方法,该观点认为人格特征、工作能力会导致有效行为,产生好的表现,虽然其关系有时难以证明,但是仍然被广泛使用。这一类的指标包括"好的态度"、"有自信"、"可依赖的"、"合作的"、"富有经验的"等等。

4. 下属或同事作为评价主体时,由于下属往往与被评价人在同一个工作场所中共事,下属的信息收集来源就较少直接与被评价人的工作产出有关,而较多的以工作过程、活动、行为来衡量被评价人的绩效,主要测量被评价人在工作中所从事的活动或行为。这是基于这样的概念:工作表现是由有效的行为组成及产出的。有效的工作行为表现是衡量工作绩效的重要指针,而要辨别什么是有效的工作行为,则首先利用工作分析或关键事件法辨认出工作行为构面,再从构面中发展出行为样本,加以定位和量化,常用的方法有行为锚定量表法等等。

5. 当外部专家作为评价主体时,他们作为组织外成员,与组织内的被评价者没有直接的利害冲突,因此适合于全面收集信息对被评价人做较为客观的评价。他们一般会综合收集评价信息作为参照,综合评价的信息项目主要分四种类型:第一种是生产性资料,例如产出的数量或品质等;第二种是人力资源方面的资料,例如员工的缺勤及离职状况等;第三种绩效衡量项目是指训练的有效性,这种衡量方式是利用测验或模拟情境的方式,来测定接受训练之后的员工是否有绩效改变;第四种是判断性指标,这是利用主管或同事对某员工的绩效表现进行判断。

二、选择绩效评价信息来源的三个前提

到底哪一种作为评价主体是最好的,还取决于特定的工作本身。最好的绩效评价者是那些在某种特定工作的评价中处于最佳位置的人。以下是选择绩效评价信息来源应该考虑的三个基本标准:

(一)了解工作

评价者了解被评价者所从事工作的性质、目标及职责特点,以识别完成工作所必需的关键行为。例如,美国普渡大学(Purdue University)职业研究中心开发的"职位分析调查问卷(PAQ)"就主要用于定量分析,以便获取更为具体、详细、量化的工作信息。采用问卷法进行工作分析时,首先是通过定性分析,找到有效搜集各种工作信息的分析要素、指标;其次,是用语言恰当描述这些要素、指标;再次,给每一要素指标语句赋予适当的评定等级数字,便可形成一份初步的工作分析调查问卷;最后,是使用这一初步问卷进行规范的抽样试调查,并进行信度、效度检验,就可得到一份较为科学的正式工作分析调查问卷。使用这一工作分析问卷,就可以达到较为科学的工作分析信息。

（二）经常观察

评价者能够对被评价者进行经常观察，以确保其绩效评价建立在被评价者有代表性的行为之上。例如，评价者通过观察员工的每个合乎组织要求的行为的频率来评价绩效，用结构化的评定量表在指定区间给出评价者的评分。

（三）价值判断

评价者有能力识别所观察到的行为是否有效，以便对评价者在组织内的价值作出正确评价。这种判断通常是以组织整体利益而非某一局部利益为依据的。

表 5-1 总结了大多数情况下采用上述五种不同绩效评价主体对员工进行绩效评价的频率。

表 5-1　判断各评价信息来源的充分程度表

	绩效评价信息来源的充分程度（A 非常 B 一般 C 较差）						
	上司	最高上司	同事	自己	下属	客户	评价专家
了解工作	A	B	A	A	C	C	A
经常观察	B	C	A　B	A	B	B	B　C
价值判断	A	A	B	B	B　C	C	C

由上表可看到，上司、最高上司、同事、自己、下属、客户和评价专家等评价主体在了解工作、经常观察和价值判断三个维度上的信息来源，有着不同的充分程度，管理者要利用各个主体的信息掌握程度选择评价主体。

第二节　绩效评价的主要信息来源比较

在许多企业，主要由上司或专门的评价主管来对员工直接进行评价。这种"单头评价"的可靠性正受到越来越多的质疑。管理实践中，来自企业以及政府部门的很多管理者和下属对绩效评价充满了恐惧、焦虑和挫折等情绪。一方面，作为评价人的管理者抱怨绩效评价是一个难以使评价双方满意的任务；另一方面，作为被评价人的下属也对评价结果不能反映自己的真实业绩而感到失望。因此，提高绩效评价结果的准确性被提上研究日程。本节着重说明各种绩效评价信息来源的特点及其优缺点。

一、直接上级评价

无论绩效的主体如何扩展,员工的直接上级都是绩效评价的首要主体。

(一)直接主管的绩效评价角色

1. 直接主管是员工绩效合作伙伴

在信息收集之前,直接主管应让员工了解绩效目标和自己所能提供的支持。

2. 直接主管是员工的绩效辅导员

近年来,随着国有企业改革逐步走向深入,中国经济政策强调在微观领域的资源合理配置,强调及时地进行企业战略变革,使企业保持一定的柔性。柔性企业具有灵活性与创新精神,对企业内外部环境具有非常强的适应能力和应变能力。此时员工的绩效目标,也不得不作出调整,所有这些都需要直接主管发挥自己的作用和影响力,帮助员工排除障碍。

3. 直接主管是绩效记录收集员

绩效记录是组织制度和组织结构的重要组成部分,是绩效评价的基础,是绩效反馈的前提,其具体操作方法在前面的第四章已有详述。绩效记录的思想理论渊源,可以从理论界对组织在长期运营实践形成的一些好的做法的研究中寻求解释。例如,基于资源观(RBV)的视角认为,当组织制度变得逐渐具有惯性时,企业中将逐渐形成一定的风俗、习惯与技术诀窍,这些惯例具有价值性、难以模仿性与因果关系模糊性,将成为企业持久竞争优势的源泉。绩效记录作为重要的组织制度之一,它的质量好坏影响到组织的竞争力,所以直接主管应该在甄别信息来源时不道听途说,以免引起绩效反馈时的争议;应该有目地收集信息,以避免浪费资源。

4. 直接主管是员工绩效数据的公证员

即公平、客观、公正地评价员工的绩效表现,要有意识地预防绩效评价误差(晕轮效应、严格化倾向、从众心理等)的产生。

5. 直接主管是员工绩效问题的诊断专家

通过对绩效信息的获取,直接主管要对员工的工作业绩进行评价,将评价结果作为确定员工薪酬、奖惩、晋升的依据。

(二)直接主管作为绩效评价主体的优势

直接主管是员工的顶头上司,由直接主管人员对员工的工作绩效进行评价是大多数工作绩效评价制度的核心所在。其优势体现在:

1. 直接主管通常处于最佳的位置来观察员工的工作业绩。他们往往对于员工每天或多年来的工作表现有系统的观察与判断,对评价内容通常也最为熟悉。

2. 直接主管对特定的单位负有管理责任。直接主管对于下属的晋升、提薪、奖励等拥有一定的权力,便于把评价结果作为奖励或惩罚的依据,使绩效评价工作具有很大的激励功能。当评价下属的任务被移交给其他人时,直接主管人员的威信可能受到削弱。

3. 由于主管人员能够从下属的高绩效中获得某种收益,同时也会因下属的低劣绩效而遭受某种损失,因此,他具有充分的动力去对下属的绩效作出精确的评价。

4. 下属的培训和发展在每一管理者的工作中也是一个重要环节,并且评价方案和员工发展通常是紧密相连的。因为直接主管既能从组织目标的角度来评价个体的绩效,也能在个体与个体的相互比较的基础上来分析每个个体所具有的稳定的、综合的、独特的个性特征。

总之,主管人员在观察和评价下属员工的工作绩效方面,应当说占据着最为有利的位置。

(三)直接主管作为绩效评价主体的可能缺陷

在某些特殊情况下,让主管作为评价主体也会产生一些问题。例如,在某些工作中,主管本人并没有足够的机会来监督下属履行其工作职责。在销售工作中,主管大部分时间都没有充分的机会来监督销售人员的工作。在通常情况下,这会要求管理人员必须偶尔抽出一天时间去陪同销售人员处理打进来的订货电话,在这种情况下,员工很可能会努力把他最好的行为表现出来,而这样的话,员工在这一天的表现就很可能无法代表他们在管理人员不在的时候的行为表现。

此外,如果直接主管的个人素质不高,可能会由于偏见、人际矛盾或个人喜好,使绩效评价结果产生较大的误差。

直接主管人员作为评价主体时,他们还可能会反对"额外负担",因为他们感到缺乏足够的奖惩权力,也缺乏评价的训练和技能,更不愿当"法官"角色,尤其面对绩效不佳者时,情况更为棘手。

(四)直接主管作为评价主体的深层含义

1. 直接主管评价与员工满意度直接相关

因为绩效信息来源于不同角度的利益相关者,其内容各不相同,而直接主管评价作为最传统的绩效评价方式,其反馈可能最为准确,最能体现程序公平,因而结果也更容易被员工接受。直接主管最了解员工,如果员工得到直接主管支持,他们对评价的接受程度和对直接主管的满意度会增加。另外,如果直接主管维护员工的自我形象,员工对评价的公平感会增加。因而,选择直接主管评价,照顾员工的公平感知,是组织决策者在选择评价主体时应该考虑的。

在组织满意度方面,直接主管所熟悉的结构良好的评价模型,会弥补员工与评价者之间不好的人际关系所带来的影响。反之,如果员工与直接主管之间关系良好,则可以弥补那些结构不良的评价模型的不足[见资料框5-1]。

资料框5-1　摘自真实的员工绩效评价中的不恰当评语

1. 在我上一次完成绩效报告后,我觉得这名员工的绩效水平已经跌至最低谷了,谁知道他的绩效水平还能不能进一步下降。
2. 这个人太笨了,我觉得他最好是连孩子都别养。
3. 这个家伙从来就没怎么样过,更重要的是,他根本就"不会怎么样"。
4. 在受到持续监督的情况下,这位员工的工作干得还行,所以最好是死死盯住他,让他像落入陷阱的老鼠那样无计可施,只能好好干活。
5. 他太无知了,水平还不如停车场中的小泥坑深。
6. 他总是为自己制定很低的工作标准,然而就是这样的标准他也总是达不到。
7. 这个员工简直就是一个白痴。
8. 这位员工最好还是赶紧离开算了,越早越好。
9. 他这个人大概是与浆糊打交道的时间太久了(脑子都糊涂了)。
10. 他能和路标吵架。
11. 他有个特长,就是会让不认识他的人马上开始讨厌他。
12. 只要他离开办公室,我们马上就会有很多笑料。
13. 如果你看到两个人在谈话,而其中的一个人看起来很烦躁,那么另外一个人一定是他。
14. 应该趁着他还在用大脑做事,赶紧把他的脑袋捐出去做科学实验。
15. 在这个人身上总是会发生这样的事情,就像火车道口的栏杆也放下了,警示灯也在闪烁,但你就是看不见火车过来。
16. 如果他再笨一点,那就必须一个星期在他头上浇两次水了。
17. 如果你为他的想法付一美分,那么他还得找零还给你。
18. 如果你紧挨着他站,你就能听到大海的声音。
19. 他简直就是一个没有突触来连接的神经元。
20. 有人如饥似渴地从知识的源泉中汲取水分,只有他用它来漱口。
21. 他看一个60分钟的节目需要用两个钟头的时间。
22. 轮子还在转着,可是上面的仓鼠却是死的。

资料来源:赫尔曼·阿吉斯著,刘昕等译:绩效管理,中国人民大学出版社,2008,第209页。

2.直接主管熟悉员工的工作内容

相对其他方式,直接主管评价作为部门内部的评价,以工作结果作为评价基石,是与员工最为利益攸关的评价主体。

直接主管熟悉员工的工作内容,他的评价直指工作结果。直接主管根据对工作分析的熟悉而得出的评价指标一般较为详细。具体的评价指标与空泛的评价指标相比,前者能加倍地提高被评价者的绩效。这种具体评价指标对绩效的积极效果在心理学研究中得到了证实。企业是否选择基于结果为主的评价方法,一个很大的影响因素,就是工作结果是否容易量化,也就是说是否能够形成具体的评价指标,如果能形成量化的指标,交给直接主管进行具体操作则无损公平,因此,对外维护部门和员工的切身利益,对内严格的、标准化的又富有人情味的绩效评价,是部门经理的管理工作重要内容之一,也是提高员工的凝聚力,培养团队骨干的关键环节。

二、高层领导者评价

(一)高层领导者的绩效评价角色

如果被评价者的工作与高层领导者有一定联系,如果高层领导者有机会通过其他途径的信息反馈对被评价者有所了解,或者根据管理权限,高级领导者有责任对直接主管提供的评价结果进行检查与补充时,他们自然就不同程度地参与了员工评价。

高层管理者对员工的了解与评价的准确性,直接影响绩效评价工作的质量。特别当员工与主管的人际关系紧张,而评价结果又和员工的提级提薪、培训、调配等与个人生活和发展前途相联系时,高层领导者参与评价既对评价结果的公正性具有特殊意义,又对提高员工的安全感、缓解员工的紧张心理具有重要意义。

(二)高层领导者作为绩效评价主体的优势和可能存在的不足

高层领导者参与评价的最可取之处在于其判断绩效与组织目标的一致性方面的优势和公正性。但主要劣势是对于被评价者的信息不足。

弥补信息不足的组织途径主要有两个:一是建立当员工对于绩效评价结果不满意时能够越级申诉的制度;二是建立将某些重要绩效评价结果交由高层设立的专门评价委员会来审查的制度。

(三)高层领导者作为评价主体的深层含义

高层领导者直接对员工进行绩效评价,往往会受制于绩效信息来源的可靠性和信息的充分性的制约,在这种情况下,高层领导者有可能会通过对员工的个别行为或一般印象进行绩效评价。近些年来，一些对绩效评价系统中的评价者、被评价者和管理者的调查研究发现，相比评价人所承认的无意疏忽和认知错误，评价者对业绩评价的故意扭曲与绩效评价结果的不准确性有着更多的关系。理论上，不管企业的规模大小，是私营企业或国有企业，是属于制造业或服务业，管理者在评价员工的业绩时，都应该做到客观、准确、没有私心和偏见。然而，实际上，高层管理者在评价过程中根据自己的判断，考虑一些与下属实际业绩无关的因素，故意歪曲下属业绩评价的结果，几乎一直是绩效评价过程中的一部分。因此，仅热衷于绩效评价中评价人的认知错误，而不关心评价人的政治性考虑，这对于绩效评价不准确性的研究而言是片面的。

三、同事评价

（一）同事的绩效评价角色

同事评价是指由与评价客体在同一部门共事或虽不在同一部门，但却有工作交往联系的同一层级的人员所提供的评价。

由于同事间的接触和沟通往往多于上下属之间的接触和沟通，无论以交往的频率为标准，还是以交往的深度为标准，同事之间在相互作用、相互约束的基础上所获得的认知信息量是非常丰富的。对于工作业绩、工作风格、工作热情、潜在能力等方面的评价，同事的意见具有很大的优势，可以为评价主体提供更多、更具体的评价信息。特别是在一些实行目标管理的工作群体中，工作目标明确、反馈信息充足，个人目标的实现程度以及个人对实现群体目标的贡献是众所周知的，因而使同事评价的准确度经常会超过上级领导者评价。

表 5-2 是某公司的销售部门中各销售人员相互评价表格。

表 5-2　某公司销售部门员工相互评价表

项目	计分者与分数							平均分数
1.工作情绪是否安定？								
2.是否喜欢推销工作？								
3.服装、仪容是否整齐？								
4.工作耐力是否充足？								
5.谈话是否得体？								
6.自我启发和学习能力是否较强？								

续表

项目 \ 计分者与分数								平均分数
7. 是否遵守与客户的约定时间?								
8. 对工作是否热心?								
9. 目标意识高不高?								
9. 是否努力达成目标?								
10. 是否欠缺计划性?								
11. 行动日数、行动时间是否恰当?								
12. 行为举止是否合宜?								
13. 是否有丰富的商品知识?								
14. 是否具备与客户洽谈的技巧?								
15. 与客户的关系是否良好?								
16. 团队默契是否良好?								

(二) 同事作为绩效评价主体的优势

与员工倾向于将自己最好的一面呈现给其直接上级相比,同事人员更有可能看到被评价员工较真实的一面,同事人员不但易于看到员工与他们之间的关系,还易于看到他与下属及上级之间的关系,也即同事评价会形成员工工作绩效的相对综合的看法。同时,既然是同事评价,评价者肯定不会只是一个,与只有直接上级评价相比,多个评价者的运用显然会在一定程度上抵消观察上的误差。当运用匿名同事评价时,评价者无所顾忌,也可能做到坦率地评价。而直接上级往往不希望与被评价者发生争执或冲突,他们的评价往往失之过宽。

(三) 同事作为绩效评价主体的可能缺陷

在现实的评价工作中,利用同事来进行绩效评价时,他们与被评价者之间的朋友关系可能会造成评价的偏差。在以下情形下必须慎重应用同事评价:

1. 如果对员工实行的奖励具有竞争性,而绩效评价结果又作为实施奖励的依据,使同事之间存在着直接利害关系,可能会影响同事评价的有效性。

2. 如果群体内部不团结,或存在着小集团现象,同事评价的意见可能失实。

3. 如果同事之间缺乏必要的工作联系或基本的交往,同事评价的意见的可靠性会降低。

同事评价的一个重要前提是,员工必须是工作中紧密联系的同事或是内部顾客,他们互相了解彼此的工作内容、性质及标准。而现实中的结果往往不尽人意。同事评价很可能成为组织中员工彼此竞争的牺牲品,在绩效评价中成绩较差的员工会将怨恨发泄到其他同事身上。

(四)同事作为绩效评价主体的应用方式

在绩效评价中,同事间相互评价的方法主要有提名式、排序式和评价式三种。提名式是请每个同事在自己的观察与判断基础上,提出本群体中最杰出的几位同事或最差的几位同事;排序式是请每个同事在自己的观察与判断基础上,把本群体同事的工作绩效按最好到最差的次序进行排列;评价法是请每个同事在自己的观察与判断基础上,运用评价量表对指定的同事进行评价。国内外的大量研究证明,由于同事之间朝夕相处,评定者之间的一致性信度比较高。由于越来越多的企业开始使用自我管理小组的管理形式,因此,同事或团体成员评价变得越来越重要了。

(五)同事作为评价主体的深层含义

1.团队自我管理的发展使得同事评价越来越重要,但要防止不良的倾向

在团队自我管理中,同事间相互评价是绩效评价的主要环节。同事间较多的以工作过程、活动、行为来衡量被评价人的绩效,因此,要防止团队同事间相互拔高评价,形成部门本位、小团体的状况,造成同事间评价系统误差大的情况。

2.同事作为评价主体,应为绩效区分提供必要的信息

区分出员工有效或是低效的工作行为及结果,也就区分出不同员工的不同绩效水平。如果绩效评价出的结果是相似的,那么,同事作为绩效评价主体也就失去了存在的意义。

四、下属评价

(一)下属的绩效评价角色和积极意义

下属评价,是指由评价客体的直接下属及间接下属所提供的评价。主要适用于主管以上的管理人员或者其他的具有直接指导对象的某些工作人员。因为下属直接接受上级的指导与帮助,他们对于上司的工作热情、信息沟通能力、公平性、协调性、指导水平、业务水平等方面的特征相当了解,评价结果的准确度很高。

越来越多的企业让下属人员以匿名的方式参与到企业对他们的主管人员的工作绩效评价之中。这一评价过程可以使企业的高层管理者对企业的管理风格进行诊断,认识到企业中所存在的潜在的人事问题,对改变上级管理人员的工作作风具有积极的意义。

（二）下属作为评价主体的优势

下属评价在实践中仍然被广泛应用，是因为下属评价有其可取之处：

1.下属所处的位置能使其从与大多数管理者不同的优势角度对管理的绩效进行观察。

2.与同事评价一样，下属评价也有助于减少单一评价的偏见和误差。

3.下属评价意味着员工对于绩效评价系统的主动参与，有利于增强员工的满意度，这本身就是员工本位绩效管理系统所追求的。尤其当下属评价用于管理者发展用途时，更易于获得管理者的支持。下属评价的一个潜在的问题是，下属或许会担心自己因作出诚实但不受人欢迎的评价而受到管理者的怨恨。因此，为提高下属评价的准确性，匿名是至关重要的。如果组织单元中，作为下属的人数较少，则不适合采用下属评价，因为，此时匿名也难以起到保护下属的作用。

（三）下属作为评价主体的可能缺陷

下属作为评价主体，可能存在着以下缺陷：

1.下属缺乏进行有效评价的信息和技能；

2.下属缺乏进行评价的经验；

3.下属没有经过进行准确评价的培训；

4.下属会抬高评价结果以避免管理者报复；

5.管理者会把过多的精力用于取悦下属；

6.管理者的权威会受到动摇；

7.管理者会尽量避免在下属评价的组织中工作，从而导致雇用和留用管理者的困难；

8.下属会对要求严格的管理者作出苛刻的评价。

此外，下属的评价信息也容易受上下属关系的影响以及下属自身评价能力和道德水准的限制。同时，这种方法赋予了下属成员某种以超过他们上级管理者的权力，因此这会使管理者陷入困境。这可能会导致管理者更为重视员工的满意度而不是工作的效率。由于上级掌握着下属某些奖励、晋升等方面的权力，或者由于某些下属本身的素质水平不高等原因，下属评价提供的信息有时是会失实的，因而应当注意把它与其他评价方法结合起来使用。

（四）运用下属评价方式时应注意的问题

运用下属评价方式时，应当注意做好以下工作：

1.要通过足够的宣传教育，使各级管理者意识到下属评价是了解下属对自己的期望与要求，总结经验，促进自己更健康发展的一种有效途径，而不应当把它视为是给自己增加压力、威胁的情境；

2. 要通过有效的教育和培训，使下属把评价作为参与管理的机会，并认真学习评价方法，正确使用评价方式的愿望与行动；

3. 为了使下属消除顾虑，如实反映自己的真实想法，人力资源部门必须采取一些有效的途径，如评定量表中不要求评价者签名，对下属提供的意见保密等[见情境案例 5-1]。

情境案例 5-1：员工给老板打分，而公司把分数向所有人公开

印度第五大信息技术外包企业——HCL 科技公司的首席执行官韦尼特·纳亚尔如今需要自我提高并改善他的管理效率了。2006 年，根据公司 81 人组成的经理人团队的评分，他在项目进展监管能力方面仅得到 3.6 分，而满分为 5 分。这是他近来获得的最低分数之一，这件事在公司里已是尽人皆知。包括纳亚尔在内的 HCL 公司 20 名高管都需接受员工评分，分数会在公司内部网络上公布，所有员工皆可查阅。

HCL 公司过去两年中采取了多项不同寻常的管理措施，以期塑造一个更加民主的工作环境，给高管打分则是其中之一。HCL 公司的这种做法一开始没少让公司高管们焦虑不安。HCL 公司美国基础服务部主管 R. 斯里克里斯赫纳回忆自己第一次看榜时的情景说："那是对我这样一名重量级工头的全景评价图。最初真让我坐立不安。"不少企业的首席执行官整天念叨着建立"服务性管理层"，自称其最重要的工作就是支持员工。HCL 公司的纳亚尔则更愿意把这一口号付诸实际行动。他说："现如今，员工巴结老板还是大势所趋。但我愿意尽量尝试让经理去讨好员工。"

虽然员工是纳亚尔新管理措施的受益者，但在改革之初还是有不少员工对纳亚尔的革新有所质疑。27 岁的阿尼莎·汉纳说："人们不相信这些措施能真的给公司带来改变。"汉纳说，她的部门当初只有 1/10 的人去听了纳亚尔有关新政策的演说。也有管理人员担心，如果他们被下属打了低分怎么办？纳亚尔则反复强调，意见反馈和评分不会影响员工的奖金和晋升。如今，HCL 公司的员工已学会相信这一体系，足够多的员工已不会因为这种公开反馈意见和评分结果的制度而感到不适。公司也在 2007 年进一步改进了这种体系，使员工不仅能看到顶头上司的分数，而且能查看高层最终的评分结果。纳亚尔认为："这种管理理念最终会被人们接受为一种生活方式，因为人才将变得越来越珍贵。"

(Jena McGregor, Manjeet Kripalani,《商业周刊(中文版)》，2008 年第 2 期)

（五）下属作为评价主体的深层含义

已有较多的过往研究表明，绩效评价中下属被允许表达意见的机会越多，他们对评价就会越满意。让下属有机会在上司面前发发牢骚、表达意见，一般能够使员工心情舒畅，工作满意度提高。当然下属在表达对上级绩效表现的意见时,作为上级如何对问题作出反应也是一个很有技巧的工作。

在制定绩效目标、解决绩效存在问题时,下属的高度参与可以使得下属对目标或问题的意义、原因、过程有更深刻的了解,因而在解决问题或向目标前进时,能够以能动的、创造性的工作,避免被动的、保守的工作方式。

五、自我评价

（一）自我作为绩效评价主体的角色

在进行工作绩效评价的时候,要求员工对自己的工作绩效作出评价的方式。其理论依据是员工具有自我知觉能力,绩效评价的重要目的是员工开发。其作用是使个体在总结前一阶段的工作基础上,通过寻求自我评价与他人评价的差距,发现自己的优势与弱点,科学地设计下一阶段的目标与行动纲领。

例如,表5-3显示的是某企业为员工提供的自我鉴定表。

表5-3　员工自我鉴定表

申报日期：　年　月　日

姓　名		职　称		部　门	
入本企业日期	年　月　日	职　位		学　历	
出　生年月日	年　月　日	职位薪酬工资		现任主要工作	现行工作时间

	项　目	理由及建议	主管意见	总经理意见
目前工作	(1)你认为目前担任的工作对你是否适合? 　　（□适合 □不太适合 □不适合） (2)工作的'量'是否恰当? 　　（□太多 □适中 □很少） (3)在你执行工作时,你曾感到什么困难?			
工作希望	(1)你认为你比较适合哪些方面的工作? (2)你不适合哪些方面的工作? (3)其中最适合你的工作是什么? (4)你对现在工作(如岗位调动)有什么希望?			
薪资及职位	(1)你认为你的工作报酬是否合理? 　　（□合理 □不合理） (2)职位是否合理?（□合理 □不合理） (3)职称是否合理?（□合理 □不合理） (4)理由何在? (5)你的希望?			

续表

申报日期： 年 月 日

姓　名		职　称		部　门	
入本企业日期	年 月 日	职　位		学　历	
出　生年月日	年 月 日	职位薪酬工资		现任主要工作		现行工作时间	

	项　目	理由及建议	主管意见	总经理意见
教育训练	(1)本年度你曾否参加公司内部举办的培训?(□参加 □未参加) (2)曾参加什么培训项目? (3)你最希望接受什么项目的培训? (4)你对本企业培训的意见如何?			
工作分配	(1)你认为你的部门当中工作分配是否合理?(□合理 □不合理) (2)有什么地方需要改进?(请具体说明)			
工作目标	(1)你的工作目标是什么? (2)这个目标你已做到什么程度?			
工作构想	在你担任的工作中,你有什么更好的构想?(请具体说明)			
其他	(1)请代为安排和　　　面谈。 (2)本人希望或建议。			

说明:本表呈部门主管与总经理审阅后,转人力资源部存档。

(二)自我作为绩效评价主体的优势

如果员工理解了他们所期望取得的目标,以及将来评价他们所采用的标准,则他们在很大程度上处于评价自己绩效的最佳位置。许多人都了解自己在工作中哪些做得好、哪些是需要改进的。如果给他们机会,他们就会把自我评价看作是个人自我认知、自我总结、自我反思、自我规划的有效手段,客观地评价自己的工作业绩中的不足,并采取必要的措施进行改进。另外,由于员工的发展是自我的发展,所以自我评价的员工会变得更加积极和主动。

(三)自我作为评价主体可能存在的缺陷

大多数的研究表明,员工们都具有高估自己的能力与成绩、低估他人的能力与成绩的倾向,他们对自己工作绩效所做的评价一般总是比他们的主管人员或同事对他们所评价要高。国外一项研究显示,当员工被要求对自己的工作绩效进行判断时,所有各种类型员工中有40%的人将他们自己放到绩效最好的10%("最好者之一")之中;剩下的人要么是将自己放入前

25%("大大超出一般水平")之列.要么是将自己放入前50%("超出一般水平")之列。通常情况下,只有不到2%的人将自己列入低绩效等级范围之内,而那些总是将自己列入高绩效等级的员工,在很多时候则往往低于一般绩效水平。

(四)运用自我评价方式时应注意的问题

在应用时应该注意:在实际操作中,不宜将自我评价直接用于管理性目的,最好用在绩效反馈阶段的前期,以帮助员工思考一下他们自己的绩效,从而将绩效面谈集中在上级和下属之间存在分歧的地方。管理者在应用中还要注意做好细节:一是要求员工掌握正确的自我评价方法,应指导他们学会把自我评价结果与他人评价结果进行合理的比较,学会从差异中寻求自己的不足;二是指导员工按照相对标准进行自我评价(如以平均水平为基准,划分低于平均水平、高于平均水平等不同的相对标准),而不要用优、良、中、差等比较有刺激性的等级名称进行划类;三是及时为员工提供工作绩效反馈的信息,而对他人评价结果通常只为员工提供平均成绩,对具体评价者的评价结果予以保密。

(五)员工自我作为评价主体的深层含义

1.现实需要和理论依据

让员工自己作为评价主体,是随着组织的扁平化趋势,直接主管人数减少而采取的一种因应现实的评价手段,也是为了使评价主体增加,增强评价信度的手段,它常与其他评价方式结合使用。其理论依据是:员工自我对绩效考评的高度参与,会让他们对考评程序感到满意。还有研究证明,仅仅让员工参与决策过程并不一定能提高他们的公平感。要让那些将受到否定或负面考评的员工知道,在最后考评结果作出前,考评者会接受或考虑他们的意见,也就是说,考虑员工自我评价的结果,会提升员工的公平感知。这就是员工自我作为评价主体存在的必要性所在。

2.员工自我作为评价主体是增强员工参与的方式之一

让所有员工都高度参与自我绩效考评是增强员工参与的方式之一,比如通过内部宣传工具,如网络、手册等手段,使员工清楚地了解考评的方法、步骤,以及进度,也可以使员工有一种"局内人"、而非"局外人"的感受。要严格地执行考评标准,但形式上应具有人性化。管理者还要注意评价结果对组织氛围的影响,中国人很看重"面子",对一些绩效结果不令人满意的,但并非个人主观意愿上的"落后分子",应注意给予保护和支持,并给予改正和进步的时间和空间。

3. 自我评价充分利用和增强了员工的自我效能感

自我效能是个体对自身能否完成某一活动所具有的能力判断和信念，并非一个人所拥有的技术能力。自我效能的作用主要是自我效能会影响个体的选择行为、努力程度、持续程度、情绪反应。自我效能影响工作绩效及相关工作行为、工作态度、职业紧张度。

依据自我效能理论在绩效评价的反馈领域中的应用，有研究发现自我效能感同样会对绩效反馈产生影响，自己的效能感知不一样会在自我调整过程中体现出一些差异，高自我功效感的管理者在反馈寻求行为中感知到的寻求成本会比较低，也更多地寻求自己工作中的负面反馈信息，因此他们的反馈寻求行为也比较积极，寻求的内容也对自己的工作具有诊断性。同样在他人对自己的工作提出批评性的负面反馈后，所采取的反应策略也更多是绩效定位策略，较少采用自我定位策略，而自我功效低的管理者的寻求反馈行为和反应策略相对而言正好相反。

因此，运用员工自我评价，有助于提升其在下一阶段工作中的自我效能感，更加积极主动地寻求自身绩效的提高。

六、顾客评价

(一) 顾客作为绩效评价主体的角色

那些与客户具有密切接触的服务性岗位的员工，他们的工作态度与工作质量直接与客户的利益发生联系，使客户对他们的服务性、可靠性、技术水平等方面的评价具有重要意义。因此，许多企业（尤其是服务行业的企业）开始更多地强调让顾客来参与对员工进行绩效评价。

(二) 顾客作为绩效评价主体的优势

顾客评价的优势是，它将会把顾客纳入企业的员工绩效评价体系中来，是由于服务性岗位所具有的独特性——即产品的生产和消费常常是在某一时点上发生的，所以无论上级、同事还是下属都没有机会去直接观察员工的工作行为。而顾客却作为唯一能够在工作现场观察员工绩效的人，成为具有最佳位置的评价者。顾客评价的引入，有助于了解外勤人员的工作状况，加强与客户的联系，另外从本质上，该方式符合顾客需求导向的组织行为方式，有利于增强员工头脑中对于工作意义的深刻理解。

(三) 顾客作为评价主体可能存在的缺陷

由于一般的客户过多强调的是自己的利益，对被评价单位的总目标与被评价者的职责条件缺乏全面了解，使评价结果有一定的局限性，最好与其他途径获得的评价信息综合使用。另外,顾客评价意见有时具有较高的成本。许多公司只是在每年中的一段较短时间内进行客户评价意见调查工作[见举例5-1]。

> **举例5-1:**
> 　　美国的马里奥特公司实行了在其下属饭店中的每一个房间都放上一张客户满意卡的做法,同时,它们还以随机抽样的方式向曾经在任何一个马里奥特公司的饭店中住过的顾客邮寄一张调查表。而惠而浦公司的消费者服务部也采取了在它们的工厂技术服务人员到客户家中提供服务后,通过信件或电话的方式去调查顾客满意度的做法。这些调查使得公司可以对单个技术人员在客户家中提供服务时的表现进行评价。

在客户为导向的组织中,顾客往往也会扮演绩效评价者的角色,例如各国有商业银行的柜员绩效评价;各国有商业银行客户服务中心服务代表的绩效评价等。其目的在于取得更为客观的评价结果,得到更高效的员工,使顾客更满意。但其最大的缺陷在于顾客无法区分具体员工绩效的影响因素:是源自银行组织系统性的还是来自该员工个人的,顾客是否有进行实事求是评价的能力和意愿也值得商榷[见资料框5-2]。

> **资料框5-2:　顾客对服务质量评价的标准**
> 　　可感知特征:服务的物理特征。如服务人员和设备外貌
> 　　可靠性:绩效和可信度的持久性,公司是否信守诺言
> 　　反应度:服务的及时性,指员工愿意并随时提供服务
> 　　能力:具备提供服务所需要的知识和技能
> 　　礼貌:尊重、周到和人际接触的友好态度
> 　　信誉:值得信赖、诚实,要求员工时刻想着顾客
> 　　安全:远离危险、风险和疑虑
> 　　方便:可以方便地获得所需服务
> 　　沟通:用顾客的语言同其进行交流
> 　　为顾客着想:千方百计地理解顾客的需求

七、专业人员评价

(一)专业人员作为绩效评价主体的角色

专业人员评价是指请组织之外的专门技术人员承担评价任务,如人事咨询公司技术人员、人事心理学专家等。这种评价虽然费用较高,但由于专业人员经过严格训练,已经熟练掌握多种评价技巧,且对被评价者没有先入

为主的局限,有助于提高绩效评价工作的质量。

还有一种情况是,企业内专业人员为主,同时吸收外部专家参与成立工作绩效评价小组来对员工的工作绩效进行评价。这些小组通常由员工的直接主管和2~3位其他方面的主管人员共同组成。运用多个评价者来进行工作绩效评价所得出的综合结果通常会比单个人评价所得出的结论更可信、更公正和更有效。表 5-4 即说明了这一现象的具体表现。

表 5-4 不同评价者评价员工行为活动的频率

		绩效评价主体				
		上级	同事	下属	被评价者本人	顾客
与任务有关的	行为	偶尔	经常	很少	总是	经常
	结果	经常	经常	偶尔	经常	经常
与人际有关的	行为	偶尔	经常	经常	总是	经常
	结果	偶尔	经常	经常	经常	经常

(二)专业人员作为绩效评价主体的深层含义

专业人员担任评价者角色,可以为管理者提供专业帮助,减少他们在绩效评价上花费的时间,提高了组织绩效评价的标准化水平;但同时也使管理者找到了逃避员工绩效管理责任的借口,又因人力资源人员对于具体员工及其工作内容的不了解,评价的信度和效度也可能会大打折扣。

第三节 多源绩效评价体系及实施条件

上节阐述了管理者获得员工绩效信息的多种来源。从多种渠道获取绩效评价信息的做法会使绩效评价过程更为准确有效。现实的绩效评价活动可以是以上评价方式的不同组合。最近在企业中广为流行的 360 度反馈评价法,就是让多位不同的评价者(上司、同事、顾客、下属、自我等)来对员工的绩效进行评价。它提供了一种将在其他主观评价技术中容易出现的偏差减少到最小的有效手段。

一、绩效信息收集存在的难点和对策

理解多源绩效评价体系的出现,先需要了解绩效信息收集存在的难点[见资料框5-3]。

> **资料框 5-3：**
> 经过绩效管理系统试运行，A公司人力资源部着手收集上两个月各部门的绩效评价数据。人力资源部经理突然发现，产品部还有好几个数据未提供。她马上找到产品部经理，向她征询 KPI 数据收集的情况。产品部经理向她反馈，数据不能及时提交责任在营运部。人力资源部经理又找到营运部经理。营运部经理一脸无奈地说："不是我不想交，而是财务部没有给我数据，我交不了！"人力资源部经理又被推到了财务部，财务部经理一看到人力资源部经理，立马向她诉苦说："我部门的数据收集工作量实在太大了！我还有好多数据收集不到，怎么办？他们不提供原始数据给我，我就拿不出最终数据来。"人力资源部经理走了一圈回来，发现问题根本没解决，反而更加糊涂了。她叫来绩效管理专员，询问她这一期绩效评价的过程情况，绩效管理专员一脸茫然。评价结果出不来，工资无法核算并按时发放，下期目标没有制定依据，一大堆的事情让人力资源部经理一筹莫展，她在心里打起了退堂鼓，甚至开始怀疑绩效管理系统是否还能继续运作下去。

上文资料框所提到的情况，在很多公司都或多或少地出现，尤其是初次运行绩效管理系统的公司。问题的症结到底在哪里？通常可以从组织和流程这两个层面来进行分析。

（一）组织层面的分析

从组织的层面来看：在组织的设计上，组织在绩效管理系统引进之前进行了组织结构的调整。新的组织结构职能划分清晰，部门的输入与输出明确，经过一段时间的磨合之后，部门间的其他配合工作也比较顺畅。良好的组织结构为绩效管理系统的运行搭建了适宜的架构。但是，由于职能划分的原因，部门间的界面往往容易成为盲区，得不到有效的管理。人力资源部牵头组织绩效数据收集工作，需要牵涉到的各个部门，要求部门之间进行紧密地配合。因此，有必要对部门间的信息收集责任作出清楚的界定。如果各部门的责权不明确，部门间的界面管理缺失，会导致数据收集的组织协调工作缺乏系统性。

（二）流程层面的分析

从流程的层面来看：绩效管理系统的运行离不开流程的支持。可以从几个角度来进行分析绩效信息收集的流程是否流畅，以明晰绩效信息是否能到达评价者手中。

1. 明确提供数据的部门的责权，部门之间需要对这些数据指标的定义、提供数据的时间等方面达成共识。

2. 设立数据收集的子流程，即信息收集的具体步骤，要做到有指定的相应人员负责。

3. 对流程各步骤间的界面进行管理。例如,当信息提供涉及到两个或以上的负责人,那么,这些人之间的工作应由另一人来协调,并将这个信息收集的工作纳入评价指标。

4. 有专人对信息评价全部的流程负责。

如果以上四个方面的细化工作没做到位,那么,提供绩效信息这个流程的执行就只能是空谈。

二、多源绩效评价方法的特征及其适用性

多质多源(multitrait-multirater)的绩效评价设计是让不同的评价人对员工不同特质(绩效表现)的考察。多特质—多评价人的设计不仅对员工绩效进行总结和管理,同时也满足了组织和个人发展的需要。因为它将提供多方面、多渠道的信息反馈,体现了战略性绩效评价的实质。

(一)多源绩效评价的特征

多源绩效评价的设计具有两个显著特征:首先,提高了评价特质解释方差的比例;其次,降低了评价人差异解释方差的比例。可以通过4种途径实现这两个特征:

1. 考察更全面的特质和行为,特别对员工的任务绩效,基于工作分析基础之上的评价维度有助于评价者精确地区分和判断行为,提高评价信度。

2. 更多采用360度反馈的评价过程。研究发现在上级和同伴评价间存在较高的一致性,而自评结果与上述两者相关度较低。

3. 给予评价人更多观察机会,观察机会的增加将提供更多相关资料,减少评价人依赖笼统或模棱两可信息的几率,也提高了评价信度。

4. 整合多个评价人在同一特质上的评分结果或一个评价人在多个评价维度上的结果。

(二)多源绩效评价在不同企业的适用性

多源评价优势在于直接管理者的评价任务减少了,评价更加立体化,多个评价主体相互制衡,评价的综合信度得到了提高。此外,多源绩效评价的优势要发挥,还取决于多源评价的具体形式同特定企业所处的环境、企业内部的控制特征以及工作任务的性质相匹配。根据企业面临的环境变动程度,可分为动荡的环境和稳定的环境;通常企业实施管理控制的手段主要有官僚式的层级控制(如财务预算)、市场控制(如内部市场、利润中心等)、氏族控制(如文化、信仰等);从任务结构的角度看,有独立型工作任务(个体单

独完成)和依赖型任务(靠团队合作完成)。企业在应用时要考虑企业特定的应用环境,选用恰当的多源评价形式。根据这些因素,可以给出多源评价形式的可能集合,如表5-5所示。

表5-5 多源评价形式与应用环境匹配表

组织特征 多源评价形式	组织环境		组织控制系统类型			任务结构	
	动荡	稳定	官僚控制	市场控制	氏族控制	独立型	依赖型
管理者为中心		√	√			√	
雇员为中心	√			√	√		√
顾客为中心	√			√		√	√

资料来源:许庆瑞、王勇、陈劲:绩效评价源与多源评价,科研管理,2002(3)。

三、基于互联网的多源绩效评价创新

利用互联网进行360度反馈是一种新型的、有效的反馈模式,许多服务提供商已开发出基于互联网平台的360度反馈系统。这种系统只需公司管理层(如人力资源专业人员)对网络环境进行维护,与服务提供商通过电话、或是在线的协调即可顺利进行。

(一)基于互联网的多源绩效评价的流程

1. 服务提供商利用电子邮件向员工发送评价时间与评价指导的信息。员工收到这些信息后,通过服务器登陆服务提供商提供的网站,键入个人身份与密码,建立对自己进行评分的评分人员的名单。员工必选的评分人员在他们的评分人员列表库中已经存在,其余的评分人员名单在系统的数据库中已建立,员工只需对他们进行选择即可。通常,员工的上级或协调人员会浏览员工对评分人员的选择情况,以确保员工所选择的评分小组的公正性。

2. 员工向评分人员发送电子邮件,请求他们上网完成对自己的评价。在评价窗口,员工填写好调查问卷,评分人员根据填写好的调查问卷进行评分,并对该评价循环中其他员工的反馈结果进行相互比较,从而拟定反馈报告。网络环境具有对评价的具体运行程序的解释性说明——包括时间期限的说明、评价工具的内容、电子邮件进行交流的措辞、评分人员的身份验证以及反馈报告的操作流程等等。

(二)基于互联网的多源绩效评价的优点

1. 辅助工作变得简便快捷

多数基于互联网的360度反馈系统都不需要采用书面操作,员工、评分人员、协调人员的工作都变得简单、快捷。书信的交流由电子邮件代替;面

对面的沟通由网上交流取代；评分信息能够得到有效的收集与比较；网上互动的模拟评分培训，简化了的培训流程，自动反应系统，提高了反馈信息的传递效率。

2. 评分人员的工作量得到大大的降低

简明扼要的问卷调查、高质量的网页制作效果，能够有效地提高评分效率，大大地减轻评分人员的工作量。此外，企业也可在反馈系统中对评分人员所需进行评分的员工数量采取限制措施，当员工在选择评分人员名单的过程中，如果某个评分人员被选择的次数超出了最大设定值，系统会通知员工选择其他评分人员。

3. 评分结果的准确性得到进一步提高

采用互联网的形式能够提高评分人员的责任心，从而提高评分结果的准确性。企业提高评分人员的责任心的一个有效措施是：要求对相同的员工进行评分的评分小组成员对他人的评分行为作出评价。由于互联网的反馈中评分人员的名单能够快速地统计，企业能够有效地实施这个过程。而采用书面的360度反馈则存在对评分人员交叉统计上的难度，企业对此却无能为力。此外，在互联网的360度反馈中，评分人员的评分可与系统模板进行动态的整合，评分人员提供的数据的准确性得到进一步的提高。系统根据模板中的设定对超出默认的评分范围的评分人员提出及时的、友好的警告，建议评分人员参考标准模板中获得该分数员工所需具备的条件，拒绝接受评分人员毫无根据的评分。

4. 有效地促进员工行为的改进

采用互联网进行评价，在评价过程结束后，员工可登陆网站，阅读评分人员对自己作出的反馈报告。绝大多数服务提供商在系统中提供与不同的反馈报告对应的员工发展计划模板，根据对比，并在上司的帮助下，员工可识别出自身关键的发展需求，从而制订出有效的个人发展计划。每隔几个月，员工可根据最新的工作成果更新自己的调查问卷，重复上述的评价过程，取得相应的新的反馈报告，适时更新自己的发展计划，从而使自己的工作行为与公司的目标一致。

5. 成本得到大大的降低

利用企业内部网，采用计算机软件进行的360度反馈模式，需要在计算机系统上安装软件；企业必须支付软件的购买、安装、升级、维护等高额的费用。而采用互联网作为反馈平台，能够解决核心的360度反馈成本高昂的问题。由于大量的行政管理工作由系统自动地完成，所需的行政管理工作量也得到了大大的减少,从而降低管理成本。公司只需付一定的费用就能登陆相关网站,进行整个反馈过程。而且,网络系统的升级由服务提供商完成,由于有众多的用户共同承担升级的成本,势必降低企业向服务提供商支付的费用。

四、多源绩效评价中的信度问题

信度,指的是对同一对象反复多次的测量,所得出的结果的一致性和稳定性。根据Viswesvaran在1993年对工作绩效维度划分的内容,包括总体工作绩效、生产率、质量、领导、沟通能力、管理能力、努力效果、人际能力、工作知识、服从权威共10个维度,他定义的10个工作绩效维度足以代表工作绩效的整个领域。而Viswesvaran等人以这10个维度为基础做了一个信度分析,从他们的分析结果中可以发现,总体工作绩效维度的信度高于各分维度的信度,且总体工作绩效维度的上级评定内部稳定性系数很高,评定的标准差也较小。在各维度上相比较,沟通能力和人际能力评价的信度较低,而生产率或和质量绩效评价的信度较高。

从上述研究可知,多源绩效评价存在着信度问题。要尽量避免这种问题的出现,首先要分析多源绩效评价结果差异产生的原因,才能根据具体的评价目的和评价情景,选用合适的评价源以及相应的评价源的组合形式。研究表明,评价依据的信息类型的差异,认知错误和动机错误的差异,是不同评价源评价结果差异产生的主要原因,如表5-6所示。

表5-6 多源评价差异产生的原因

评价源	信息类型	认知错误	动机错误
上级	结果	强调人的因素	政治性动机
自我	行为	强调环境因素	自我提升动机
同事	结果与行为	典型性认知错误	友谊/提升动机
下属	行为	典型性认知错误	报复性动机
顾客	结果/消费过程	典型性认知错误	不明确

由上表列及的多源评价差异产生的原因,可以看出绩效评价者是被评价者的上级管理者、同事同伴、下属人员、被评价者自己或者消费者。上级常常是最主要的评价者,同伴评价为其次。

研究发现,90%以上的人力资源部经理在绩效评价中通常使用上级评价,同伴则是其次的评价来源。在对几种不同来源的评价信度研究上,有研究认为,在每一个绩效维度上,上级评价的评价者间信度比同伴评价的评价者间信度要高(服从权威这一绩效维度除外),也就是说,两位上级之间的一致性程度比两位同伴之间的一致性程度要高。还有研究者发现,同伴的评价者间信度估计值要低于上级管理人员的评价者间信度估计值。然而在实践中,同伴评价是建立在几个同伴的平均估计值基础上的,因此,实践中来源于多个同伴评价的平均值,也许比一个单一的上级领导评价更加可靠。

第四节 评价者的培训

科学的评价系统只是给员工绩效评价提供合适的评价工具,而评价最后是否能达到预期的目的,还取决于评价者的素质,以及评价者正确运用评价系统的技术。因此对评价者培训的内容应该包括思想教育和评价技能学习两个相对独立的方面。思想教育的重点是要宣传员工绩效评价工作的重要意义,使每一个评价者都意识到自己参与的评价结果对于他人的晋升、提薪、奖励、培训、调配,甚至是终身的发展都具有密切关系;技能学习的重点是熟悉评价系统,理解各项评价指标评价内涵,需要掌握评价标准与方法,探讨评价面谈的技巧等。

一、选择评价者所需要的支持条件

对评价者的选择与培训,可以规避绩效评价中的信息失真问题。首先要考虑的是绩效计划的建立所需要的支持条件,如表5-7所示。

二、评价者培训的功能和内容

近年来,国外对评价人员培训进行了许多研究,其内容集中在培训功能、培训内容与职位工作职责描述。

(一)培训的功能

培训功能的重点是介绍各种类型工作的工作表现的不同水平(最好用具体的案例对各种水平进行解释),使评价者在培训中不仅形成工作评价总体印象,而且获得与各类工作有关的具体信息,掌握分析不同工作标准的尺度。研究指出,形成正确的评价态度比提高评价技能更重要。由于大多数人都是不喜欢听到批评自己的意见,因而使评价者容易产生乐意强调他人评价点或长处,回避揭短或批评他人的好人主义倾向。因此培训的重点是要帮助管理者学会发现他人的问题与不足,学会正确使用批评的工具。

表 5-7　绩效计划建立所需支持条件表

	界定职位工作职责	设定关键绩效指标	设定工作目标	分配权重	指标检验
主要目的	理解所涉及职位关键业务内容及主要工作成果	结合企业战略重点,设定可衡量的具有代表性的关键绩效	根据工作内容与职责,设定工作目标,评价难以量化的关键工作领域,作为关键绩效指标的补充	根据各关键绩效指标及工作目标的战略重要性,以及员工对结果的影响	检查目标分解情况的延续性、一致性、支持性
所需信息	组织结构图、部门职责、业务流程、工作内容	企业战略、业务流程及经营计划、职位描述	企业战略、业务流程与经营计划、	企业战略、业务流程及工作计划、职位工作职责描述	企业战略、业务流程及经营计划、职位工作
参与者	高层规划、人力资源部	上下级员工共同参与	上下级员工共同参与	上下级员工共同参与	人力资源部组织进行

（二）评价者培训的主要内容

1. 被评价者信息:通过填写职位、工号及级别,可将绩效计划及评价表格与薪酬等级直接挂钩,便于了解被评价者在公司中的相对职级及对应的薪酬结构,有利于建立一体化人力资源管理体系。

2. 评价者信息:便于了解被评价者的直接负责人和管理部门。通常评价者是按业务管理权限来确定的,常常为上一级正职(或正职授权的副职)。

3. 关键职责:是设定绩效计划及评价内容的基本依据,提供查阅、调整绩效计划及评价内容的基本参照信息。

4. 绩效计划及评价内容:包括关键绩效指标与工作目标完成效果评价两大部分,它用以全面衡量被评价者的重要工作成果,是绩效计划及评价表格的主体。

5. 权重:列出按绩效计划及评价内容划分的大类权重,以体现工作的可衡量性及对公司整体绩效的影响程度,并便于查看不同职位类型在大类权重设置上的规律及一致性。

6. 指标值的设定:对关键绩效指标设定目标值和挑战值两类,以界定指标实际完成情况与指标所得绩效分值的对应关系。对工作目标设定的完成效果评价,则主要按照工作目标设定中设置的评价标准及时间进行判定。

7. 绩效评价周期:绩效计划及评价表格原则上以年度为周期。针对某些特定职位,如销售人员、市场人员等,根据其工作和应完成的工作目标等具体工作特点,也可以月度或季度为评价周期,设定相应指标。

8. 能力发展计划:制定能力发展计划,是以具体技能知识的方式,将企业对个人能力的要求落实到人,让员工明了为实现其绩效指标需要发展什么样的能力,如何发展,形成持续不断、协调一致的发展道路。

三、评价者培训应强调的问题

(一)培训评价者如何避免知觉偏见

除去绩效评价系统及具体评价工具本身的问题外,绩效评价误差的产生原因基本上在于评价者,是评价者在对员工进行观察和评价时,在判断过程中产生的系统性的误差。该误差具体表现为考评者判断过程中产生的结果与不受偏见或其他主观、不相关因素影响的客观准确的评价之间的差值。部分误差是由评价者无意造成的,而部分误差是由评价者有意造成的。

由知觉偏见造成的评价误差通常并不是绩效评价者能够感知到的,即使当他们知道自己制造了误差,也经常无法自己修正这些误差。由此造成了对员工绩效的不正确评价,进而影响到对员工所做的人事管理决策,最终可能严重挫伤员工的工作积极性。有的研究构建了一个绩效评价者与被评价者的动力模型,发现两者之间的相似性与彼此喜好程度对绩效评价的结果呈现显著的正相关关系。可以想象,如果所有评价者都以这种方式进行绩效评价,评价的精确性定会受到较大影响。

培训评价者应加以避免的知觉误差,包括前面论述过的晕轮效应、首因效应、近因效应、类己误差等。

(二)应培训评价者尽量避免组织政治因素的干扰

评价者的知觉偏见只是绩效评价误差产生的部分因素,它毕竟是评价者无意为之的,但员工绩效评价的部分误差是由评价者特意为之,是由那些不是由组织正式角色所要求的,但又影响或试图影响组织中利害分配的活动造成的,这就是绩效评价中的政治行为。由评价者政治行为所造成的评价误差主要体现在三个方面:宽大性错误、严格性错误和居中趋势。

(三)培训评价者减少以上误差的方式

虽然从组织的角度来说,引入先进的绩效评价工具,如实施360度反馈;选择合适的绩效评价办法,如实施工作日志法;制定出科学合理、具体明确、切实可行的关键绩效指标和标准体系,如建立科学的KPI体系等,都能在一定程度上减少评价误差。但无论在技术和组织上做何种努力,绩效评价总是包含着一个人对另一个人绩效的判断、评定和估计,评价者个人的知觉偏见和政治行为所导致的评价误差也就在所难免。

要减少评价者个人的评价误差,提高评价的准确度,有以下三种培训方式可供运用：

1. 参照系培训

参照系(Frame of Reference，FOR)培训方式，是通过使评价者完全掌握各项评价维度的方式来帮助其提高评价精确度。其目标在于通过形成一种普遍性的绩效参照系的方式，使评价者具备对每名员工的每项绩效维度进行准确评价的技能。典型的参照系培训包括对于被评价员工的工作描述和涉及职责的讨论，然后评价者通过对于每项绩效维度的界定和关于优秀、一般、较差绩效的讨论，来形成关于绩效维度的参照系。接着，评价者会被要求利用在实际绩效评价中所使用的评价量表来对一段录像中的假想被评价者进行评价，并要求给出最终评价。最后，培训者会告知评价者关于每项绩效维度的正确的评价结果及其原因，同时，会与大家一同讨论在正确评价结果与各评价者给出的评价结果之间存在的差距及其具体原因。设计并进行参照系培训要花很多时间，但究其效果而言还是值得的。因为通过这种培训，不但可以使评价者更有可能作出一致的、准确程度更高的评价；而且它也有可能帮助员工制定更为有效的发展计划。因为通过绩效维度参照系，评价者可以形成关于员工优秀绩效的一致标准，因而可能帮助他们指导员工以正确的绩效标准从事工作。

2. 行为观察培训

行为观察(Behavioral Observation，BO)培训，有助于减少由评价者知觉偏见引起的误差。其关注的重点在于评价者如何观察、存储、提取和使用员工绩效信息，其目的在于提升评价者观察员工绩效的技能。其主要方式即是各种有助于记忆的工具，如员工绩效笔记或日记等。这些有助于记忆的工具之所以有效，是因为首因效应、晕轮效应、定型效应等评价误差产生的原因即在于此。国外的相关实践证明，将行为观察培训和参照系培训相结合进行，对于减少因评价者知觉偏见引起的误差效果明显。

3. 自我领导力培训

自我领导力(Self-Leadership，SL)培训的目的在于提升评价者对于绩效管理的信心，它包括正面自我交谈、心理意象、正面信心和思想模式等。其假设前提是，如果评价者是自我导向、自我驱动并具有信心的，其评价精度就一定会提高。自我领导力培训强调评价者内在的行为准则，以其内在的价值取向来采取行动。因此，自我领导力培训也同时被大量用于绩效评价者培训中。

思考题

1. 绩效评价信息来源的组织含义是什么？
2. 在绩效评价中，直接主管部门与 HRM 部门的分工各有何侧重？
3. 不同的评价信息来源的侧重点各是什么？
4. 直接主管作为绩效评价主体的优势和不足各有哪些？

本章案例：天宏铁路公司绩效评价中的尴尬与困惑

天宏铁路有限责任公司是 1998 年在国家铁路运输整体提出"网运分离"的号召下，前几批进行市场化运营的国有大型股份制企业。成立之初引入现代企业制度，进行产权改革，同时实行全员劳动合同制，相对扩大了非正式工人员比例，多种形式的改革为天宏公司下一阶段快速发展奠定了良好基础。在引入市场化用人机制的同时，天宏公司建立一套人员绩效管理制度，已在 2002 年度评价中试行。这套方案将"德、能、勤、绩"几个方面内容细化延展成"政治思想素质、品德素质、专业能力和学识水平、事业心与责任感、工作业绩、工作效率、组织与协调能力、创新能力、口头与书面表达能力、团队协作能力"等 10 项考量指标，并把每个指标都量化出 5 个等级，同时定性描述等级定义，评价时只需将被评价人实际行为与描述相对应，就可按照对应成绩累计相加得出评价成绩。这套方法简单易行，有四个明显特点：

（1）全员参与。公司规定全体在编管理人员都进行评价。

（2）内容统一。所有管理人员的评价都使用同一个量表（含 4 方面 10 项指标及规范权重）。

（3）民主评议。每个被评价者分别由与其相关的所有人员评价（包括上级、本部门员工、相关部门代表等），成绩最后取平均成绩；

（4）结果排序。所有被评价者统一进行成绩排序，对前几名和最后几名落实薪酬和晋升方面的奖惩措施。

绩效考评后，设计和监督考评过程的人力资源部认为此次考评过程还是比较成功的，全公司 96% 的在编管理人员都参加了评价，大多数认可。但也存在一些问题，如工作比较出色和积极的职工评价成绩却常常排在后面；一些管理干部对评价结果大排队的方式有抵触心理；如何落实对评价排序落后的人员的处罚措施；评价中应用的统计工具落后，评价工作量太大等。

作为被评价方，有几个部门反映的意见比较集中。例如财务部经理认为存在以下三方面问题：

问题1：评价指标不合理。如"创新能力指标"不适合，"财务部门的工作基本上都是按照规范和标准来完成，平常填报表和记账等都要求万无一失，这些如何体现出创新的最好一级标准"？

问题2：民主评议方式不够公平。"对部门内部人员评价没有意见，但让很多其他人员打分是否恰当？因为我们财务工作经常得罪人，让被得罪的人评价我们财务，这公正吗？现在我是让违反制度的人满意还是坚持公司原则得罪他"？

问题3：考评的专业性问题——"项目中'专业知识技能评价'，财务部人员的专业技能是只有上级或者财务专业人员能够客观和准确评价的，现在却由大量的其他非财务部门进行评价，这样科学吗"？

思考提示：

1. 该案例中有哪些评价主体参与了绩效评价过程？来自这些评价主体的评价信息是如何被应用的？
2. 你如何看待财务部门反映的问题？

练习题

课堂练习：某公司对客户部经理的360度反馈评价结果如下图所示，试分析被评价者绩效状况，并提出改进建议。

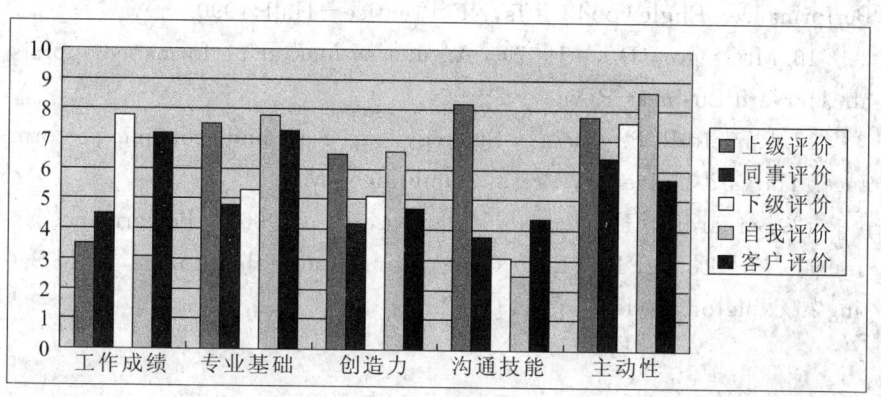

参考文献

1. 吴谅谅,《人力资源开发管理技能——心理学在现代人事管理中的应用》,华夏出版社,2002年。
2. 许庆瑞、王勇、陈劲,《绩效评价源与多源评价》,《科研管理》,2002,23(3)。
3. 王安全、陈劲、谢洪源,《基于互联网的360度反馈》,《科学管理研究》,2001(5)。
4. 王庆锋,《论警察绩效评估主体的多元化问题》,《中国人民公安大学学报》(社会科学版),2007(1)。
5. 赵西萍、惠调艳,《论360度绩效考评主体的道德风险》,《现代管理科学》,2003(9)。
6. Locher, A. H. & K. S. Teel. (1988), Appraisal Trends, Personnel Journal, Sep., pp. 139—145.
7. Viswesvaran, Deniz S. Ones, Frank L. Schmidt(1996), Comparative analysis of the reliability of job performance ratings, Journal of Applied Psychology, 81, 557—574.
8. Rothstein, H. R. (1990), Interrater reliability of job performance ratings: Growth to asymptote level with increasing opportunity to observe. Journal of Applied Psychology, 75, 322—327.
9. Locke, E. A., & Latham, G. P., A theory of Goal Setting and Task Performance. Englewood Cliffs, NF: Prentice—Hall, 1990.
10. McGregor, D., (1957). An uneasy look at performance appraisal. Harvard Business Review. 89—94.
11. Rumelt, R. P. (1974), Strategy, structure and economic performance. Harvard University Press: Cambridge, MA.
12. Bernardin, H. J. and Villanova, P. (1986). Performance appraisal. In: Locke, E. (Ed.) Generalizing from Laboratory to Field Setting, Lexington, Mass., pp. 43—62.

第六章

绩效沟通与反馈

本章学习要点

- 了解绩效沟通与绩效反馈的含义和内容。
- 了解持续的绩效沟通是如何实现的。
- 了解绩效反馈面谈的准备以及实施和效果。

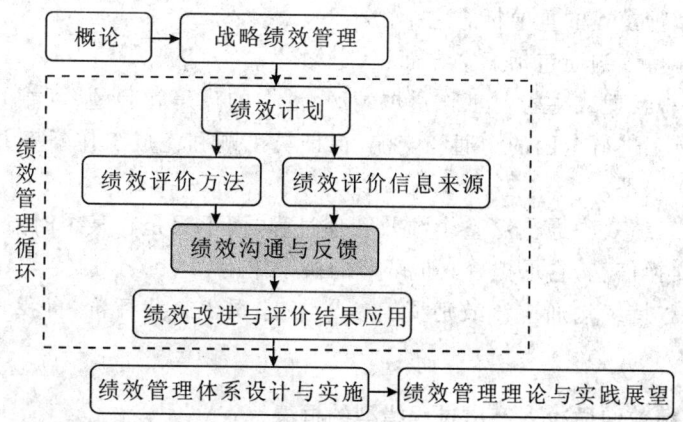

绩效管理循环中,绩效沟通环节是耗时最长、贯穿始终的日常活动,而正式评价之后的绩效反馈面谈环节,又是时间高度集中而又承前启后的关键活动。绩效反馈面谈也是一种特殊的沟通。因此,沟通是指日常的非正式的沟通与最终的绩效反馈面谈,而反馈面谈是特指年度或半年度的正式反馈。沟通贯穿于绩效管理的各个环节之中,而反馈面谈仅仅限定在绩效评价完成以后的正式的沟通反馈。本章主要介绍持续绩效沟通的含义及其过程模型,持续绩效沟通的实现,绩效反馈面谈的准备以及实施的步骤与效果。

第一节 持续的绩效沟通的投入产出过程模型

绩效沟通是绩效管理中所占用时间最多的一个环节,并且是绩效管理的核心和关键环节,贯穿始终。而过程模型是掌握绩效沟通的基础,本节就来介绍持续绩效沟通的含义以及过程模型。

一、持续的绩效沟通的含义

持续的绩效沟通,是指经理与员工双方在计划实施的全过程都要经常保持联系,全程追踪计划进展情况,及时排除遇到的障碍,必要时修订计划。持续沟通是绩效管理的重要的环节,也是区分传统的绩效评价模式与现代的绩效管理模式的重要标志之一。

所谓持续沟通包括三个方面:

其一,经理或主管对工作进展情况、潜在的障碍和问题、可能的解决措施等与员工进行全面的沟通和交流,保证员工顺利完成工作任务并达到应有的绩效水平。

其二,绩效沟通贯穿整个绩效管理过程,而不只是在某个时点,某个环节上的交换信息,它承担着其他环节的桥梁作用。

其三,持续沟通应该鼓励员工参与,突出员工自我评价、自我管理的作用。

二、绩效沟通投入产出过程模型的框架

自从学者们开始研究绩效沟通的过程,就有学者试图构建一个绩效沟

通的模型,用来概括绩效沟通的过程,但是早期的绩效沟通的模型是一种静态的模型,仅限于在组织内部如何进行绩效的沟通与反馈,没有将组织中的其他因素以及组织外变动的环境加入沟通的模型。后来经过不断的发展,学者们渐渐地发现绩效沟通的模型还要受到组织中其他因素以及组织外部环境的影响的,因此要采用一种权变的观点来进行绩效沟通模型的构建。下面就介绍一种比较全面的绩效沟通模型(见图 6-1)。这一模型通过"投入——中间过程——产出"这样一条结构链,将组织的沟通与反馈过程进行了一个简要的概括。

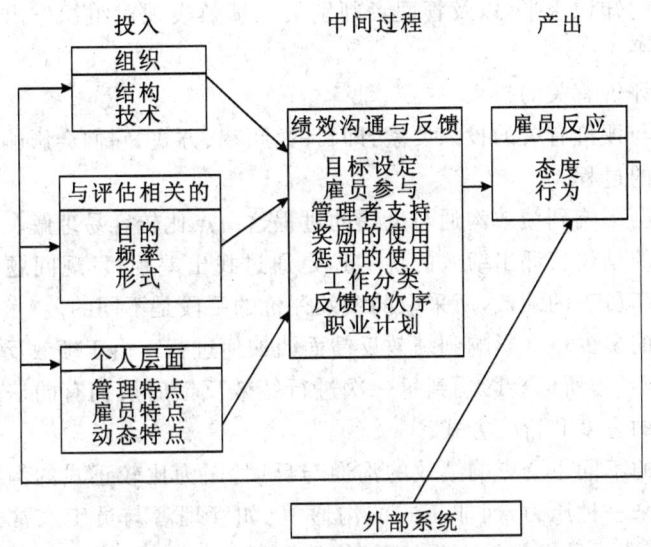

图 6-1 "投入——中间过程——产出"的绩效沟通模型

三、有关该绩效沟通模型的要素

(一)投入要素与中间过程之间的联系

1. 组织投入

组织中的诸如结构和技术等因素影响了工作设计、组织的管理行为,以及绩效衡量的方法。这些也可能会影响到绩效反馈面谈的实施。组织结构(例如科层等级等因素)会有可能影响到在面谈中的组织支持的程度以及员工的参与程度。根据以往学者的研究我们可以得知,组织结构中的其他要素,比如说组织的集中以及分散的程度,将会影响到员工的参与、目标的设计,以及工作的分类。员工工作的技术是决定采用绩效面谈方式的主要因素。除此之外,组织中的其他因素,比如组织战略、文化,以及人力资源管理的政策都会影响组织反馈面谈的方式。

2. 个人层面

个人特质方面的因素对于影响绩效沟通与反馈的进行的作用早已有研究了。但是人们较少知道的是,个人特质对于绩效沟通与反馈过程的影响。管理者的个人因素对于绩效沟通与反馈的影响是很大的,管理者的支持会形成一种"积极的力量",其他的影响绩效沟通与反馈的管理特征还包括领导风格、对于评价系统的态度、员工工作的知识水平、管理者对于员工工作绩效表现的知识水平,以及管理者判别员工绩效表现对组织作出贡献与否的知识水平。

3. 与评价有关的投入

三种与评价有关的投入要素:即目的、频率、方式,它们会影响到绩效沟通与反馈的过程。

目的会影响到绩效沟通与反馈的过程这一点比较容易理解。因为绩效沟通的目的是仅仅评出绩效的优劣还是通过找出差距,发现问题进而能够切实地提高员工的绩效,所采取的绩效评价的手段是不同的。

频率的多少也会影响到绩效反馈面谈如何进行。由于绩效反馈面谈进行的频率不同,所以会影响到每一次进行绩效反馈时所拥有的信息量以及面谈双方的态度和行为方式。

方式的不同也会影响绩效的沟通与反馈,因为比较正式的沟通方式会给员工带来一种压力,而非正式的沟通(比如管理者与员工家常式的聊天等)则会营造一种轻松的文化氛围,使得员工在进行沟通与反馈的过程中显得较为真实与自然。

(二)中间过程—产出的联系

从上表中我们可以看出中间过程与产出之间的联系。但是中间过程中的影响因素及其度量仍然比较困难,这些变量是否能够完全地涵盖整个绩效沟通过程模型,至今仍然没有得到证实。

在绩效沟通与反馈面谈中的目标设定已经被证实,确实与绩效评价是有关的。在绩效沟通与反馈的过程中,如果能够有效地使雇员参与到面谈中来,就能够切实地帮助员工找到问题的症结所在,能够对症下药,使绩效能够得到显著的提高。

同样,能够得到管理者的支持也能够给绩效的沟通与反馈带来显著性的好处。管理者不仅仅是充当一个评价者的角色,而且是能够真正地为员工找到影响绩效的真正原因,以提高员工的绩效为最终目标,这样会使得绩效目标不仅停留在评价的层面,而且会提升到提高绩效的层面。

在绩效沟通与反馈中,使用奖励的手段要比使用惩罚的手段带来的效果更好,员工本身有一种防卫的心理,得到惩罚的时候心里会有所抵触,而得到奖励的时候,员工会得到一个心理上的认可,这样会有一种无形的激励,能够促使员工更加努力地工作。

工作种类的不同,自然会影响到工作所使用技术的不同,进而会使绩效沟通与反馈的方法也不同。

反馈的次序、职业计划也会对绩效反馈面谈的进行产生影响,但是其具体的因果关系还需要进一步的研究与探讨。

(三)外部的其他系统

绩效评价系统不是唯一的影响员工行为与态度的组织系统,组织中其他的一些系统也能够影响到员工的态度和行为。其中一个很重要的外部系统就包括了基于其他资源的绩效反馈。对绩效投入产出模型进行研究的学者们认为绩效反馈有五种资源:企业、管理者、同事、工作任务以及自身。员工的态度和行为还要受到诸如薪酬系统、工作环境以及模型中的投入要素的影响。

四、持续绩效沟通的投入产出模型的动态权变观

绩效沟通与反馈的过程是持续不断的,但是对于不同的沟通对象,应当采用有区别的沟通方式,并且随着绩效沟通与反馈次数的增多,管理者对于何种方式是最适合的方式也有所了解,并且组织内外部环境的变化使得采用的绩效沟通与反馈的方式也应当有所改变。因此管理者和员工都应该采用一种动态权变的观点来进行绩效的沟通与反馈。它强调在绩效沟通中要根据组织所处的内外部条件随机应变,针对不同的具体条件寻求不同的最合适的沟通模式、方案或方法。沟通在某种意义上来说,不仅是一种管理的理论,而且是一门操作性非常强的技术,与其说它是一门科学,更不如说它是一门艺术,因为这种动态的沟通能体现出艺术的成分。一名高明的管理者应该能根据沟通对象以及沟通环境的不同而及时变更自己的沟通方式。这种动态权变的绩效沟通与反馈观点要求管理者不失时机地适应外界的变化,并且根据不同的情境采用不同的沟通策略。

第二节 持续的绩效沟通的实现

一、绩效沟通实现的重要意义

(一)持续的绩效沟通的实现可以及时地对绩效计划进行调整

当今的工作环境不像过去那么稳定,环境中的竞争在不断加剧,变化的因素也在逐渐增加。因此,在绩效实施的过程中进行持续的绩效沟通的第一个目的就是为了适应环境中变化的需要,适时地对计划作出调整。在任务开始时制定的绩效计划很可能随着环境因素的变化变得不切实际或无法实现,例如,由于竞争对手的产品变化而不得不改变对自身产品性能的要求;由于意外的困难或障碍的出现而不得不将工作业绩的数量降低或时限变得更加宽松一些;各项工作目标的权重可能也会随着环境因素的改变而发生改变等等。因此,通过在绩效实施过程中员工与管理人员的沟通,可以对绩效计划进行调整,使之更加适应环境的需要。

(二)持续的绩效沟通的实现便于员工在执行绩效计划过程中了解有关信息

员工在执行绩效计划的过程中需要了解到的信息主要有以下两类:

一类是关于如何解决工作中的困难的信息。由于工作环境的变化加剧,员工的工作也变得越来越复杂,在制定绩效计划时很难清楚地预期到所有在绩效实施过程中所能遇到的困难和障碍。因此,员工在执行绩效计划的过程中可能会遇到各种各样的困难。由于问题层出不穷,因此员工通常希望经理人员在工作实施的过程中给予相应的支持。

另一类是关于自己工作做得如何的信息。员工都希望在工作过程中能不断地得到关于自己绩效的反馈信息,以便不断地改进自己的绩效和提高自己的能力。如果在一年或半年的绩效期内,经理人员从来没有指出过他们的不足之处,而是到了绩效期结束的时候经理人员列举出许多的缺点来数落员工,那么员工的积极性必然会受到挫伤。因此可以说持续的绩效沟通过程有助于员工不断改进和提高自己的绩效。

(三)持续的绩效沟通的实现对于上司和下属都有着非常重要的意义

对于上司来说,通过沟通可以帮助下属提升能力;有助于评价者全面了解被评价员工的工作情况,掌握工作进展信息,并有针对性地提供相应的辅导与支持;使评价者能够掌握评价的依据,以客观公正地评价下属的工作绩效;有助于提高评价工作的有效性,提高员工对绩效评价、对与绩效评价密切相关的激励机制的满意度[见资料框6-1]。

资料框6-1: ROS公司实施绩效沟通的制度规定

第一条　目的

本制度旨在规范公司各级主管对下属进行绩效管理中双向沟通的内容、程序和行为,建立有效的双向沟通机制,以求达到以下目的:使各级主管及其下属明确绩效管理的目的与要求;明确员工的工作目标与任务;通过沟通提高整个团队成员对目标的认同度,促进团队成员相互协作和共同努力;对员工工作目标完成情况作出客观评价;分析员工存在的问题及改进措施,探讨员工自我发展方面的需求和愿望。

第二条　要求

1. 主管要与下属进行沟通,员工也可以主动提出与主管进行沟通。
2. 沟通不同于一般的谈话,主管及员工均应在沟通之前按其内容要求做好相应的准备。
3. 沟通要形成沟通记录并根据情况形成个人发展计划。个人发展计划指结合员工岗位需要及个人发展意向,双方经沟通达成的促使员工自身素质、技能提高的发展计划,可以包括参加培训、特别指导、指派特别项目工作和岗位转换等。

第三条　注意事项

沟通之前双方应有充分的准备;沟通内容可以参考本制度第四条,应按此内容做相应的准备;沟通应在坦率、相互信任的气氛下进行,要谈及员工的优缺点、改进措施、个人目标与发展计划等。双方应明确哪些内容不能外传,哪些可公开,写入记录的内容应该是能公开的。

第四条　沟通内容

沟通内容由3部分组成,即工作目标和任务、工作评估和改进措施。

1. 确认工作目标和任务。
2. 主管和下属讨论计划完成情况及效果,目标是否实现。
3. 主管阐述部门中、短期目标及做法。
4. 主管阐述自己的工作目标,主管和下属双方努力把个人目标和本部门目标结合起来。
5. 共同讨论并确定下个绩效评价期的工作计划和目标及为达此目标应采取的措施。
6. 员工向主管提出工作建议或意见。
7. 对员工工作作出评估。
8. 讨论对员工工作的要求或期望。
9. 讨论员工可以从主管那里得到的支持和指导。
10. 讨论员工的绩效改进措施(应有相应的个人发展计划)。
11. 双方讨论前一阶段员工个人发展计划的落实情况(如工作能力、经验的提高等)。
12. 在分析员工工作优缺点及存在问题的基础上提出改进措施或解决方法。
13. 制定短期和长期员工个人发展计划(或需求)。
14. 在当前职位上提高工作方法的改进措施可以有:管理培训、技术培训、商务培训、演讲及沟通培训、主管指导、其他人指导、访问其他公司、同事间会议讨论、项目工作和岗位轮换等。

对于下属来说,通过沟通可以在工作过程中不断得到关于自己工作绩效的反馈信息,如客户抱怨、工作不足之处或产品质量等信息,以便不断改进绩效、提高技能;持续的沟通帮助员工及时了解组织的目标调整、工作内容和工作的重要性发生的变化,便于适时变更个人目标和工作任务;沟通能够使员工及时得到上司相应的资源和帮助,以便更好地达成目标,当环境或任务,以及面临的困难发生变化时,不至于处于孤立无援的境地。

因此,无论从员工的角度还是从管理者的角度都需要在绩效实施的过程中进行持续的沟通,双方都需要从中获得对自己有帮助的信息。如表6-1所示,在绩效评价的过程中,评价者与被评价者对于有关的程序以及意义的理解不同,对于有些内容理解的偏差甚至很大,所以进行必要的绩效沟通对于双方在绩效评价中达成共识是十分重要的。

表 6-1　绩效评价过程中评价者与被评价者的不同反应

		反对(百分比)	中立(百分比)	同意(百分比)
1. PDRS 使得员工了解它所代表的意义	经理	1.0	16.3	81.7
	下属	4.5	22.3	73.2
2. PDRS 便于员工绩效改进的沟通	经理	8.9	17.0	74.1
	下属	32.0	29.4	38.6
3. PDRS 帮助提高员工的积极性和绩效	经理	21.3	23.0	55.7
	下属	47.1	36.8	16.1
4. PDRS 建立与明确与员工有关的目标	经理	10.6	24.4	65.0
	下属	5.8	25.3	68.8
5. PDRS 成功地将薪酬与绩效联系起来	经理	34.5	29.2	36.3
	下属	68.9	19.5	11.7
6. 我们清楚地知道我们为什么要做 PDRS	经理	8.0	11.5	80.6
	下属	25.8	22.6	51.6
7. 我会主动地参加到 PDRS 中	经理	8.1	17.9	74.0
	下属	28.1	12.6	59.4

注:PDRS 是指绩效开发反馈系统(Performance Development and Review System)
资料来源:Howard J. Klein, Scott A. Snell, Kenneth N. Wexley. Systems model of the performance appraisal interview process, Industrial relations, Vol. 26, No. 3 (Fall, 1987). pp. 267~280.

二、绩效沟通的实现步骤

绩效沟通是一个持续的过程,不是单独的、偶尔的会谈或报告所能替代的。它应包含以下四个步骤(如图 6-2 所示)。

第六章　绩效沟通与反馈

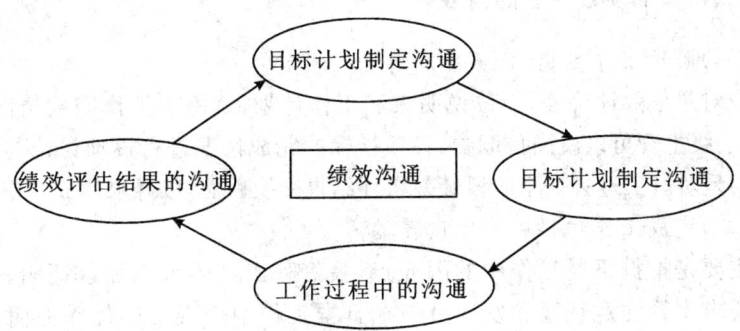

图 6-2　绩效沟通的实现的四个步骤

（一）目标计划制定过程中的沟通

在目标计划制定过程中与员工沟通，听取员工意见。这样不仅可以防止把工作目标制定得过高或者过低，而且通过沟通可以让员工更好的理解工作目标。

（二）目标分解或制定标准过程中的沟通

在目标分解或制定标准过程中，要通过沟通使各部门明白自己的目标任务，并接受这些目标。标准明确过程中的沟通，关系到绩效评价的开展和效果。沟通要确保每个员工都得到充分的信息，了解组织的状态，及自己的位置对组织的作用和目前自己要达到的目标，并通过沟通使员工对目标或标准产生认同。

（三）在工作过程中的沟通

这一项沟通是常常被忽略的，这一过程中的沟通应是持续的多方面的沟通。沟通的内容应包括：工作任务随环境变化及时作出的调整，工作中潜在的问题的严重程度及排除方案。还有对员工工作的意见、指导、帮助等。这一过程中的沟通担负着把绩效评价的目的和具体指标显化到具体的工作中的任务。也就是通过沟通，真正把绩效评价提高员工、组织绩效的作用细分到每一项工作中。

（四）绩效评价结果时的沟通

这一阶段的沟通，需要同员工回顾和总结过去的工作绩效，还要把评价结果和有关信息反馈给员工，并辅以相应的建议和指导，目的在于总结与提高，同时引出新的一轮绩效评价周期。

三、持续的绩效沟通的内容

（一）阶段工作目标、任务完成情况

应对照绩效评价表、岗位说明书和工作计划，就每项工作完成情况进行沟通，上级主管可以就岗位职责、各项指标的完成情况进行逐项讨论与确定。这主要是对员工过去一个阶段绩效考评结果交换看法，以寻求达成共识。

（二）完成工作过程中的优良表现

主要是挖掘下属工作中的闪光点，最好列出具体事例加以证明。这项沟通要求主管注意观察和发现员工在日常工作中表现出的优秀方面，及时给予表扬和奖励，以扩大正面行为带来的积极影响。要做到这一点，主管首先要切实发现员工身上的闪光点，如一些不是员工职责范围内的事情（哪怕再小的事情）员工主动去完成，对待工作完成结果超出标准或预期很多等。但要注意不要表扬一些不值得表扬的行为，如员工应该做到的事情。其次要注意表扬一定要具体，表扬的内容要以事实为依据，态度要明确。

（三）指出需要改进的地方

应针对具体问题，明确指出员工工作过程中哪些地方做得不到位，哪些地方还可以提高。请员工本人分析存在问题的原因，描述下一步该如何克服和改进，同时提出自己的建议。

（四）描述公司领导或他人对下属工作的看法和意见

对正面的反馈，一定要及时告知员工具体表扬人和内容，并向员工为部门争得的荣誉表示感谢。对于负面的反馈，可以转述反馈的内容，根据不同情况（事实严重程度、员工个性特点等）确定是否需要说明反馈部门或人员、询问员工对反馈意见的看法，帮助制订改进措施，或和员工一起向有关部门解释原因，通报解决方案等。

（五）协助下属制定改进工作的计划

帮助下属对需要改进的地方制订改进措施和行动计划，对实施过程中遇到的问题或需要的支持提供指导和帮助。这在下一章的绩效改进中会详细地介绍。

（六）下一阶段绩效工作目标、计划的制定和确认

要点在于和员工一起讨论、确定工作目标、完成进度表和检查评价计划，让员工对完成的目标、阶段性目标、何时反馈等有明确的认识。

四、绩效沟通的方式

沟通方式总体上包括正式沟通和非正式沟通。同样,绩效沟通也可以分为日常的非正式的沟通与绩效评价后正式的绩效面谈(或者称绩效反馈面谈)。两种沟通方式相辅相成,各有其特点和作用。

(一)正式沟通

正式的绩效沟通方式包括书面报告和正式会议两种形式。

书面报告比较正式,但书面报告比较浪费时间。而且这种沟通是单向的,不涉及人与人之间的谈话,也没有及时的反馈过程。书面报告也有其优点:书面报告提供了记录,不需要增加额外的文字工作。书面报告要用得有效,对报告的内容、报告的形式要选择恰当。报告要以简要的形式记录工作的完成情况、困难和问题等,报告周期不能太长,内容不能太多。

正式会议可以是主管人员与员工一对一的面谈,也可以是有人主持召开的小组会议。正式会议能形成双向的沟通,面对面的谈话还能制造一种亲近感,这一点有激励作用。正式会议能做到信息的共享,在信息量大时十分有用。每个员工都会因了解和掌握了其他人的工作信息而从中受益,但正式会议和书面报告一样存在不能将信息大范围共享的问题。因为在绩效评价时,会涉及个人绩效方面的问题,这些问题不适合在小组会议上讨论,通过会议沟通使所有员工观点上达成一致是很困难的。

绩效计划执行阶段的中间检查就是一种正式的沟通。中间检查是指被评价者和评价者之间,根据年初设定的目标,对进度进行检查及讨论,并落实促进计划等过程。

中间检查事项包括以下四个,即为目标检查及调整、指导及反馈、以后促进计划、支援及激励。绩效计划执行阶段的中间检查中的被评价者与评价者之间的角色是不同的。其中被评价者应当自我检查年初树立的业务目标进展情况,再考虑事业环境的变化和业务目标赋予的适当性等,通过跟上司合议,进行业绩回顾及讨论以后促进计划,使业务计划在当初计划的日程里达成。如果因为突然的环境变化使本部门的业务目标发生变化或者需要调整目标水平等,直接上级考虑整体业务进度情况,通过跟评价者讨论,适当追加业务及调整个别目标等,集中力量达成目标。表6-2就是某企业的销售人员的中间检查项目的列表。

2. 非正式沟通

非正式的绩效沟通是未经计划的沟通,其沟通途径是通过组织内的各种社会关系,这种社会关系超越了部门、单位正式的层次。其形式如非正式的会议、闲聊、走动式交谈、吃饭时进行的交谈等。非正式的绩效沟通的好处是形式多样、灵活,不需要刻意准备,管理者可以在一些比较轻松的场合了解绩效计划的实施与进展情况,及时发现员工在实施绩效计划中的困难并且给予绩效指导。这种非正式的绩效沟通十分及时,问题发生后,马上就可以进行简短的交谈,从而使问题很快得到解决;并且这种绩效沟通容易拉近主管与员工之间的距离。

表 6-2　某企业的销售人员的中间检查项目

NO	评价项目	详细管理目标	权重	达成目标水准	中间检查 本人	中间检查 上司
I	成果指标管理	销售额管理	30	170 百万 $	上半年达成 90 百万美元销售额	下半年预计市场情况好转,要求目标额调整为 180 百万美元
		债权回转率管理	15	30 日	目前回转率虽然是 32 日,但是根据恶性债权回转数预计下半年可以达成目标	要求持续管理
II	战略产品销售	ABS	20	1350 $/T	目前销售 1350 $/T,有增加趋势	有必要树立更积极的销售对策运营
III	有限利益增大	SAN	15	$ 143/吨	预计下半年 AN 供应不会顺利,希望把目标调整为 $ 143/吨	一时性原因所致,虽然目前有一定难度,希望按目前目标继续促进
IV	构筑顾客	市场调查 SYST 日构筑	10	4 次	先按地区据点构筑,上半年完成对华南地区的构筑。	以战略地区为中心,体系性/持续性 SYST 日构筑活动进行得很好。
		顾客管理活动	10	4 次/年	以优秀顾客为主,上半年实施 2 次	继续进行强化关系活动

五、绩效沟通的技巧

本章在第一节的时候提到要用一种动态权变的观点来看待绩效沟通,所以基于这个观点,管理者在进行绩效沟通的时候,应当注意绩效沟通的技巧性,采用正确合适的沟通方式才能保证持续绩效沟通的效果。

(一)掌握沟通的及时性

信息的作用是有时效性的。沟通要及时才能发现问题,快速解决问题,沟通本身才是有效的。

(二)运用多种形式的沟通

绩效沟通是动态的过程,要针对员工的不同需要选择合适的方法。不能仅仅依靠一种单一的形式。要选择能同时满足主管和员工需要的综合方法。

(三)沟通的过程要目的明确、程序明确

任何正式的绩效问题讨论过程都要做到目的和程序明确。这既有利于节约时间,又能打消员工心中的疑虑。不致使员工在交谈中因目的不明而不知所云,也不致因相互猜疑而隐去一些重要的信息。

(四)掌握气氛设置技巧,防止冲突

只有主管和员工都自愿地加入绩效评价过程中,这个过程才会发挥作用。主管有责任使员工在一种轻松的气氛中进行公开的、坦率的沟通。要维持一个良好的沟通气氛,在冲突出现时能控制住冲突,并利用好冲突,找到解决争执的办法,平息争执。

(五)使绩效沟通具有建设性

沟通的目的在于发现问题,解决问题,改进绩效,而不是去责备。对成绩给予赞许,同时要指出问题,更重要的是要针对问题提出解决办法,了解员工的困难或需要什么帮助、指导,对员工给予支持,提出绩效改进意见,如给予某方面的培训等。在沟通中,应明确共同的责任。主管不推卸责任,而要与员工一起承担责任,寻找解决的方法。

(六)要学会倾听,并对员工的信息给予积极的反馈

只有倾听才能了解情况,但只听是不够的,还需要给予员工积极的反馈。管理者要让员工知道领导在倾听、在思考,从而使员工感受到尊重,愿意提供更多的信息,这样形成一个良性的循环。

(七)沟通前要做准备

在正式沟通之前管理者和员工各做准备。不光要准备谈话可能用到的材料,还要准备一些问题,想想自己需要了解一些什么信息[见资料框6-2]。

资料框6-2　绩效沟通的技巧

1."对事不对人"的定位原则

对事不对人的定位原则——要求沟通双方应针对问题本身提出看法,充分维护他人的自尊,不轻易对人下结论,从解决问题的目的出发进行沟通

2."责任导向"的定位原则

所谓责任导向就是在沟通中引导对方承担责任的沟通模式。建设性沟通中通常采用自我显性的表达方式,明确双方承担的责任

3."事实导向"的定位原则

在沟通中表现为以描述事实为主要内容的沟通方式,尤其适用于管理者指出员工的缺点和错误时。

第三节 绩效反馈面谈的准备

在持续的绩效沟通中,正式绩效评价后的绩效反馈面谈是一种重要的沟通,也是一种特殊的沟通。有效的准备与实施绩效反馈面谈是绩效改进的必要前提,对于绩效沟通的整个过程都有十分重要的作用。本节介绍绩效反馈面谈的准备,下一节将介绍绩效反馈面谈的实施步骤与结果。

一、绩效反馈面谈含义及目的

绩效反馈是一种正式的绩效沟通。狭义的绩效反馈专指"绩效反馈面谈"(performance feedback interview)。绩效反馈面谈是绩效管理过程中的一个重要环节。它主要通过评价者与被评价者之间的沟通,就被评价者在评价周期内的绩效情况进行面谈,在肯定成绩的同时,找出工作中的不足并加以改进。

绩效反馈面谈的目的有以下几点:

第一,让员工了解自己在本绩效周期内的业绩是否达到所定的目标,行为态度是否合格,让管理者和员工双方达成对评价结果一致的看法;

第二,双方共同探讨绩效未合格的原因所在,并制定绩效改进计划;

第三,管理者要向员工传达组织的期望,双方对绩效周期的目标进行探讨,最终形成一个绩效合约。

由于绩效反馈面谈在绩效评价结束后实施,而且是评价者和被评价者之间的直接的正式的对话,因此,有效的绩效反馈面谈对绩效管理起着至关重要的作用。

二、绩效反馈的重要性

有效的反馈面谈可以使员工真正认识到自己的潜能,从而知道如何发展自我。反馈面谈还可以使员工相信绩效评价是公平、公正和客观的,否则员工就有可能怀疑绩效评价的真实性。反馈面谈另一个很重要的原因是可以促使绩效考评者认真对待评价工作,而不是仅凭个人好恶来进行评价,否则他就将面临着个人职业生涯中断的风险。

但是,在实际工作中,很多人力资源经理对绩效反馈面谈工作却深感头疼,也没能有效地执行。很多时候,他们不知道如何将评价结果有效反馈给员工,因为员工在反馈过程中,很容易产生自我防卫的反抗情绪,甚至会与上司争辩,不仅预期中的目标不能达到,反而影响两者的关系,所以在绩效反馈面谈的过程中要注意营造一种和谐的氛围,并且要选择合适的沟通方式,使得员工能够更好地找出工作中的不足并且加以改进[见资料框 6-3]。

资料框 6-3: 做好负面反馈的技巧

绩效反馈分为正面反馈和负面反馈,其中正面反馈是人们普遍愿意听到的,这样的反馈会提高员工的工作热情和工作满意度。但是人们对于负面反馈有抵触心里,所以做好负面反馈需要注意以下几点:

1. 具体描述员工存在的不足,对事而不对人,描述而不作判断。你不能因为员工的某一点不足,就作出"员工如何如何不行"之类的感性判断。这里,对事不对人,描述而不判断应该作为重要的原则加以特别注意。

2. 要客观、准确、不指责地描述员工行为所带来的后果。你只要客观准确地描述了员工的行为所带来的后果,员工自然就会意识到问题的所在,所以,在这个时候不要对员工多加指责,指责只能僵化你与员工之间的关系,对面谈结果无益。

3. 从员工的角度,以聆听的态度听取员工本人的看法。听员工怎么看待问题,而不是一直喋喋不休地教导。

4. 与员工探讨下一步的改进措施。与员工共同商定未来工作中如何加以改进,并形成书面内容。

三、绩效沟通反馈的 SMART 原则

由于组织内存在岗位分工的不同和专业化程度的差异,所以在管理者与员工之间存在着信息不对称的情形,为了不断提升员工关注的层级,努力实现组织内评价双方的信息均衡分布,在管理者与员工之间进行反馈沟通应该是经常的、及时的,并应该遵循以下五个重要的原则,即具体(Specific)、鼓励(Motivatate)、行动(Action)、原因(Reason)、信任(Trust)构成的 SMART 原则。这里的 SMART 原则与企业关键绩效指标(KPI)中的 SMART 原则不同。KPI 中的 SMART 原则是指具体(Specific)、可度量(Measurable)、可实现(Attainable)、相关性(Relevant)、时限性(Time-based)。

(一)具体(Specific)

面谈交流要直接而具体,不能作泛泛的、抽象的、一般性评价。对于管理者来说无论是赞扬还是批评,都应有具体、客观的结果或事实来支持,使

员工明白哪些地方做得好，差距与缺点在哪里。既有说服力又让员工明白管理者对自己的关注。如果员工对绩效评价有不满或质疑的地方，向管理者进行申辩或解释，也需要有具体客观的事实作基础。这样只有信息传递双方交流的是具体准确的事实，每一方所作出的选择对另一方才算是公平的，评价与反馈才是有效的。

（二）鼓励（Motivate）

面谈是一种双向的沟通，为了获得对方的真实想法，管理者应当鼓励员工多说话，充分表达自己的观点。因为思维习惯的定向性，管理者似乎常常处于发话、下指令的角色，员工是在被动地接受；有时管理者得到的信息不一定就是真实情况，下属迫不及待地表达，管理者不应打断与压制；对员工好的建议应充分肯定，也要承认自己有待改进的地方，一同制定双方发展、改进的目标。

（三）行动（Action）

绩效反馈面谈中涉及到的是工作绩效，是工作的一些事实表现，员工是怎么做的，采取了哪些行动与措施，效果如何，而不应讨论员工个人的性格。员工的优点与不足都是在工作完成中体现出来的。性格特点本身没有优劣好坏之分，不应作为评价绩效的依据，对于关键性的影响绩效的性格特征需要指出来，必须是出于真诚的关注员工与发展的考虑，且不应将它作为指责的焦点。

（四）原因（Reason）

反馈面谈需要指出员工不足之处，但不需要批评，而应立足于帮助员工改进不足之处，指出绩效未达成的原因。出于人的自卫心理，在反馈中面对批评，员工马上会作出抵抗反应，使得面谈无法深入下去。但管理者如果从了解员工工作中的实际情形和困难入手，分析绩效未达成的种种原因，并试图给以辅助、建议，员工是能接受管理者的意见甚至批评的，反馈面谈也不会出现攻守相抗的困境。

（五）信任（Trust）

没有信任，就没有交流，缺乏信任的面谈会使双方都会感到紧张、烦躁，不敢放开说话，充满冷漠、敌意。而反馈面谈是管理者与员工双方的沟通过程，沟通要想顺利地进行，要想达到理解和达成共识，就必须有一种彼此互相信任的氛围。管理者应多倾听员工的想法与观点，尊重对方；向员工沟通清楚原则和事实，多站在员工的角度，设身处地为员工着想，勇于当面向员工承认自己的错误与过失，努力赢取员工的理解与信任。

四、绩效反馈的计划和准备工作

适当的准备和计划是很关键的。你必须进行准备和计划,以便让你的员工知道你对他们有什么要求,并让他们知道这个过程的重要性。

（一）计划

由于绩效评价同下一个绩效计划循环相连,因此进行绩效评价的理想时间是财政年度的年末,公司和单位制定下一年度计划和目标的时候。

你给每个绩效反馈面谈安排的时间的长度,要看情况而定。如果你在一年当中经常同员工进行绩效沟通,评价时就不需要太多的时间。但是,在确定可绩效面谈的计划和时间以后,尽量不要做改动。因为这样会给员工传递这样一个信息：即你对这个过程不重视,它不是很重要。因此,计划确定以后要依计划开展绩效面谈活动。

（二）准备

作为绩效评价者在进行绩效反馈面谈之前你要做如下准备。首先,你要确实准备好与评价工作有关的文档、数据和信息。一般说来,这些资料包括员工的年度绩效计划文件,年中进行绩效沟通时的有关信息和记录,也可能包括客户表扬和批评的信件或有关员工绩效的电话记录。

然后,在每个评价会议开始之前,应当明确绩效反馈工作的重点是提高绩效。并且回顾一下员工的绩效计划文档,以便在绩效反馈面谈的时候能够有效地开展工作[见资料框6-4]。

资料框6-4： 绩效反馈面谈中的技巧

1. 约见计划

跟员工制订约见计划时,最好在两周前通知他们。这样可使他们有足够的时间进行准备。

2. 有关重视员工的要点

在员工会议、私下讨论和任何书面材料中要重申以下几点：评级过程需要合作,既然员工们了解自己的情况,应该不会有什么诧异,你要尽可能地要求他们进行自我评价,他们最清楚怎样将工作干得更好；要向前看,不要向后看；也不要进行责备。

3. 员工怎样进行准备工作？

有些经理要求员工在评价会议之前作一个自我评估,这样经理和员工可将此与经理个人的评价结合进行评价。

第四节 绩效反馈面谈实施的步骤与效果

绩效反馈面谈准备是绩效反馈面谈实施的基础,绩效反馈面谈中所做的准备要通过实施来实现,绩效反馈面谈的实施对绩效改进工作起到十分重要的作用。绩效反馈面谈的准备是绩效反馈面谈实施的必要前提,在上一节中大家已经了解了有关绩效面谈准备的相关内容,本节将介绍绩效反馈面谈实施的步骤与效果。

一、绩效反馈面谈实施的步骤

(一)设置气氛和明确目的

在绩效面谈的过程开始之前,有必要营造一种融洽的气氛。在一种舒适轻松的环境下进行绩效反馈,会比较容易得到设想的结果。并且在会议开始之前,有必要再明确会议目的以及会议将如何进行。这样可以防止在绩效面谈的时候重点分散。设置好的绩效反馈面谈气氛和一个明确的目的是一次有效的绩效反馈面谈的前提,因此管理者应当重视这一环节。

(二)利用绩效计划和评价表进行评价

只要有一套明确的目标和标准,并在年中不断地进行绩效沟通,那么回顾绩效的工作是相当容易的。也就是对每个目标和标准进行检查,确定员工达到的程度。绩效计划和评价表是管理者进行评价的标准和准则,将员工的工作绩效与之相比较,就能够确定员工是否完成应达到的目标。在这个过程中鼓励员工进行自我评价,这样一方面能够使员工更好地了解自己的工作业绩,另一方面能够减少由于工作评价所带来的分歧。应当先请员工就每个项目进行自我评价,然后提出你的评价结果。如果双方的结果有差距,就应该对不一致的地方进行讨论,协商一致达成共识。

(三)开始绩效诊断

对将来绩效提高最有帮助的工作是诊断。一般说来,诊断是从评价会议开始的。绩效诊断的意图很明显,当员工没有达到目标或标准或者评级不高时,管理者和员工就要注意找原因。比如应当找出员工没有达到绩效目标的原因以及为下一阶段的绩效改进作出详尽的计划。注意在这一阶段诊断的重点是要找到原因、弄清障碍和找出答案。关键是要弄清情况,而不是责备。这应该是管理者处理绩效问题的方式。但管理者不应当仅仅与员工讨论没有完成目标的工作,也应该讨论积极的方面。当员工达到了目标或标准或者评级很高时,管理者和员工双方也要搞清楚是如何做到的。因为对员工来说,知道在哪些方面需要继续保持以取得成功也是很重要的。因此,诊断时不能仅仅诊断"病情",也要弄清楚为什么"这个病人变得如此健康"[见资料框6-5]。

资料框6-5: 绩效诊断中的技巧

处事策略:肯定成绩

与实现了的目标相比,经理和员工们往往更能注意到没能实现的目标,要尽量使二者达到平衡。特别注意到员工超额完成或做得很棒的情形。如果你留意到这些,你就做得不错了。

(四)制定行动计划

行动计划是诊断过程的继续。如果发现了影响上一年绩效的障碍,接下来就会采取措施以防问题再发生。管理者和员工可以就他们各自或一起能做些什么达成协议。行动计划也许包括安排培训或辅导,重新分配资源等等。很明显,决定做什么取决于出了什么问题和为什么出这些问题。制定行动计划也是为绩效改进做准备。

(五)将面谈结果做成文档

现在已经完成了会议的大部分工作。剩下唯一一项工作就是将交谈和评价结果做成文档。如果在绩效反馈中采用的是目标和标准评价法,那么文档可能包括绩效计划(目标和标准)、表明员工是否达到目标的方法。也可以加入一些你们谈话的记录。当存在重大分歧时,你要做好记录,并邀请员工附上他的解释。如果用的是评级表,那当然表是文档的重要组成部分。然而,我们认为有关记录分歧或特别好或特别差的项目的材料也应同评级表一起保存。由于许多公司将评价会议的文档作为个人永久档案的一部分,因此经理和员工在这个文档上签名是必要的。签名并不表明双方对评价情况或文档中全部材料意见一致。它只是证明经理和员工进行过文档中记述的交谈。

(六)安排后续会议

有时在一次会议上不能完成全部的工作。有时很有必要继续探究一些事项,特别是存在不明确的结论时更是如此。比如,有时候需要一些额外的信息和数据来确认员工是否达到了目标。在这种情况下,一旦得到了这些数据,就可以安排一次后续会议。特别是有时存在重大分歧时,这是一项使管理者与员工达成一致的有效技术。

完成评价过程后,接下来就是安排新的一年的绩效计划会议的时间。将上一年绩效评价会议的时间与新的一年的绩效计划会议的时间安排得越近越好。这是因为管理者可以利用绩效评价会议的信息为下一年的问题预防而服务。

二、绩效面谈的结果

(一)影响绩效面谈结果的因素

影响绩效面谈结果的因素有很多,在第二节的时候我们也讨论过绩效沟通的过程是要受到众多因素的影响的。在本节中我们将学习影响绩效反馈面谈结果的因素,以及建立一个影响绩效反馈面谈结果的模型。绩效面谈的目的、管理者的支持以及员工的参与等都会影响到绩效面谈的结果。所以,尽管在绩效沟通中可以控制绩效沟通的过程使得绩效沟通能够有序地进行,但是同样的过程却可能会产生出不同的结果。一些受主观原因无法控制的因素,会使得绩效沟通的结果大相径庭。

(二)绩效面谈结果的分析模型

本模型包括两个维度:一是将员工的绩效表现分为满意的和不满意。满意的绩效范围从达到预期的水平到远远超出预期的水平,不满意的绩效范围从低于预期水平到远远低于预期水平。二是将雇主绩效面谈的准确度分为诚实的和不诚实的。不诚实的面谈包括对于错误信息的传达以及对于正确信息的曲解。这个二维的模型中,总共产生表6-3所示的四种情况:

表6-3 绩效面谈结果的分析模型

绩效水平	绩效沟通的诚实度	
	诚实	不诚实
满意的绩效	情况 A 1. 成人—成人 2. 得—得,得—得 3. 积极的加强	情况 C 1. 家长—儿童 2. 得—失,失—失 3. 减少
不满意的绩效	情况 B 1. 成人—成人 2. 得—失,得—得 3. 惩罚	情况 D 1. 家长—儿童 2. 得—得,失—失 3. 积极的加强

附注:1的内容是代表着管理者—员工之间的关系,2的内容代表着短期和长期情况下管理者/员工的谈判结果,3的内容代表着组织在绩效反馈面谈后采取的措施。

资料来源:Donald W. Myers, Wallace R. Johnston, C. Glenn Pearce. The Role of Human Interaction Theory in Developing Models of Performance Appraisal Feedback, 1991.

（三）模型中的有关要素

1. 管理者－雇员之间的角色

上述模型将管理者－雇员之间的角色分为两种：成人－成人式，家长－儿童式。成人式的角色是指能为自己的行为负责的行为角色。家长角色是一种纠正错误行为的角色。而儿童式的角色是一种其行为充满了玩耍的意味的角色。A、B两种情况下雇主和雇员都以一种坦诚的态度进行绩效面谈，他们为彼此的行为负责，这是一种成人－成人的面谈角色行为。而C、D两种情况下，雇主都用一种保护性的态度去与雇员面谈，担心用真实的绩效水平进行面谈会打击雇员的积极性或者会宠坏雇员，这是一种家长－儿童式的面谈角色行为。

2. 谈判的结果

该模型将谈判的结果分为短期的结果和长期的结果。短期的结果和长期的结果是不同的。由上述分割图可以看出，采用诚实的态度进行沟通面谈，可能在短期内会产生一些负面影响，但是长期看是会有积极的作用的。然而采用不诚实的态度进行绩效反馈可能短期内会带来好的效应，但是长期看会给雇员一种错误的引导，会给组织带来不利的影响。

3. 组织在绩效面谈后采取的措施

上述模型中将组织在绩效面谈后组织采取的措施分为以下三种情况：即积极的增强、减少、惩罚。在情况 A 和 D 下，由于两种情况在短期内所得到的结果是组织与个人均得到益处的，所以会增强以往沟通方式的采用。在情况 C 下，由于在短期内组织与个人都不能实现获利的结果，并且管理者选择了使用不诚实的方式进行绩效反馈面谈，所以组织会倾向于减少原本的沟通方式的使用。在情况 B 下，由于员工的绩效低于预期的水平，管理者选择采用诚实的方式进行绩效反馈面谈，所以组织会采用惩罚的方式来减少由于绩效不良带来的损失。

4. 该模型带来的启示

从该模型中我们可以得出这样一个结论，就是诚实与否是影响绩效面谈效果的唯一因素。尽管不诚实的反馈可能在短期内会带来组织与个人好的结果，但是长期来看这是不利于员工的发展的。而用诚实的态度去进行绩效反馈，虽然可能短期内并不会达到双赢的效果，但是长期看会使组织和员工都受益。这就告诉我们一定要本着诚实的原则进行绩效沟通，以切实提高员工绩效为目标，发现问题，找到差距。管理者与员工之间要进行坦诚的沟通。

思考题

1. 持续的绩效沟通的含义包括哪三个方面？
2. 持续的绩效沟通投入产出模型的要素有哪三个？
3. 绩效沟通实现的重要意义是什么？
4. 绩效沟通的实现分为哪几个步骤？
5. 绩效沟通的技巧有哪些？
6. 简述绩效沟通反馈的 SMART 原则。
7. 概括说明绩效反馈面谈的实施步骤。

本章案例：一次不成功的绩效反馈面谈

〔刚刚上班，下属 B 便忙着准备明天与客户交流的重要材料，主管 A 走了进来〕

主管 A：小 B，有时间吗？

下属 B：什么事？头儿。

主管 A：一年结束了，我想就评价结果和你沟通沟通。

下属 B：现在吗？

主管 A：就现在，我 8 点 15 分还有个重要会议要参加，哎，沟通沟通！大家都很忙，人力资源部总是给大家添麻烦！

下属 B：（看一下手表，8:07）头儿，我手头还有些事……

主管 A：别罗嗦了，时间很紧张，赶紧到我办公室来。

下属 B：（无奈地）好吧！

〔主管 A 的办公室，在主管的办公桌前，下属 B 忐忑不安地面对主管 A 坐下〕

主管 A：小 B，咱们就开门见山吧！

〔电话铃响，A 拿起电话，"喂，是王总啊，……"〕

主管 A：（通话大约用了 5 分钟），刚才我们谈到哪里了？

下属 B：准备开门见山。

主管 A：哦，对！你去年全年总的来讲干得不错，工作基本上可以接受，有些方面成绩还挺明显的，成绩大家都清楚，我就不细讲了。小 B，你的问题也不少啊！尽管我们商定的任务完成得还可以，但在与他人沟通协调、客户交流等方面的确还比较欠缺,以后应该多注意点儿。"

下属B:我想知道,您说的我沟通协调能力差,具体指什么?

[秘书敲门进来:"领导,您要参加的会议时间就要到了!"]

主管A:我知道了!小B,你从来没有给我分过忧,还惹过不少麻烦!这一点你应该很清楚!

下属B:我……

主管A:你不要强词夺理了!回去好好反思一下:下一步如何改进!

下属B:我全年的工作全部都按要求完成了,评价结果应该……

[秘书又敲门进来:"领导,您要参加的会议时间到了,大家都等着呢!"]

主管A:知道了!应该怎样?咱们部门总共不过20人,谁好谁差,谁哪方面强,谁哪方面弱,我心中都有数。

下属B:您得出这个结论,是不是因为上个月与OSS软件测试项目组协调会上那次争吵,还有……

主管A:不用扯太远了,你只要和身边的C比比,就该知道我为什么说你的协调能力差了。

下属B:(心中暗想:怪不得我四个季度评价成绩三次都比她差!)主管,她是老员工,与周围部门协调起来自然有优势,但我的沟通能力并不差呀,从其他方面说,我工作速度明显比她快,工作中也比她敢于坚持原则,她经常按时上下班,而我经常加班加点,还有……

主管A:今天就谈到这里吧。顺便说一句,你现在工资也不算低,知足吧!

下属B:(茫然)……

[主管A匆匆赶去会议时,下属B站在那里,呆了很久!]

(资料来源:张建国、徐伟:绩效体系设计:战略导向设计方法,北京工业大学出版社,2003。)

思考提示:

(1)案例中的绩效反馈没有达到应有的效果的原因是什么?

(2)你认为怎样才能有效地进行绩效反馈呢?

练习题:绩效面谈中的角色扮演

练习说明:角色扮演法既是要求被试者扮演一个特定的管理者来观察被试者的多种表现,了解其心理素质和潜在能力的一种测评方法,又是通过情景模拟,要求其扮演指定行为角色,并对行为表现进行评定和反馈,以此来帮助其发展和提高行为技能最有效的一种培训方法。我们通过角色扮演的方法让读者了解绩效面谈中的注意事项。

资料1:绩效面谈案例——作为上级应当如何应对

你刚刚调任到公司市场支持部做经理六个月。许华是你部门的市场支持专员,负责支持市场数据系统。

许华在本季度的工作计划是:

主要工作任务	评价标准	权重
解决应用软件中的bug	软件运行正常,无错误	20
向市场工程师提供数据和报告	数据准确无误,10日内保证更新	40
指导、协助市场工程师使用市场数据库	即时反映市场工程师提出的问题,95%以上的问题在半个工作日内解决	30
临时性工作任务		10

在本季度中,你发现应用软件中的bug确实被很好地解决,但市场数据库仍有许多问题,特别是数据不够准确,更新不够及时,报告不满足业务部门的需求。

你与许华就这些问题讨论了多次。你发现许华把精力集中于市场数据库的技术细节,特别是数据库的新的发展和技术,不久前她还提出要去参加一个为期两周的技术培训。许华认为更新数据库的数据和产生各种报告都是市场工程师的工作,目前最大的问题是他们不能高质量地完成工作。许华把她设计的各种流程手册给你看过,并告诉你每位市场工程师都有一本,可惜他们就是不用。许华说她以前的公司,工程师们的水平高多了,所以市场数据库的应用就好得多。

当你与市场工程师们讨论这些问题时,他们抱怨说许华根本不了解业务的要求,她的手册基本是以前合同的手册修改版,与业务要求不符。向许华提出支持的要求,她总是说那不是她的工作范围,总有理由和借口交给别人。尽管许华技术方面很强,但大家久而久之都不找她帮忙了。

这样看来,许华最重要的两项任务都完成得不好,你觉得,本部门那个"C"的名额非她莫属。

问题:

你已经与许华约好今天进行本季度的绩效面谈。同时,你还必须对她提出的培训需求作出答复。她马上就到你的办公室。

第六章 绩效沟通与反馈

资料2：绩效面谈案例——作为下属应当如何应对

你是公司市场支持部的市场支持专员，负责市场数据的支持。

你在本季度的工作计划是：

主要工作任务	评价标准	权重
解决应用软件中的bug	软件运行正常，无错误	20
向市场工程师提供数据和报告	数据准确无误，10日内保证更新	40
指导、协助市场工程师使用市场数据库	即时反映市场工程师提出的问题，95%以上的问题在半个工作日内解决	30
临时性工作任务		10

数据库支持是你的本行，你对数据库技术很有兴趣，也用了很大工夫去学习和练习，可以说，你是部门里技术水平最高的人，这一点你的上级也同意。

本季度，你负责的数据库在技术上从没有出过问题，应用软件中的bug也被修正了。市场工程师提出的有关技术问题得到了解决，尽管时间未能按照评价标准实现。你认为，主要责任不在你，而在于这家公司的市场工程师对使用和维护市场数据库水平太低了。他们不按照你提供的手册去更新数据库，也不能按照手册去生产各种有用的报告，反而自己都保留着各自的数据报表。公司的上级们也不给他们压力，使其改掉旧习惯。反而有时让你做一些报表、报告类的工作。但这些都不应该由你这样的专业人员来做。

公司总部最近通知要更换新的市场数据库系统，并要举办两星期的培训，要求各国的数据库技术人员参加，你两星期前告诉了你的上级。

今天是上级约好和你进行绩效面谈的日子，你想，你的业绩虽不是部门里最好的，但也还说得过去，起码比新来的赵东和刘丽强多了。你的上级应当给你一个不错的评价。

问题：

你准备进入他的办公室。两星期前已告诉了你的经理。他说今天要和你谈谈。

参考文献

1. (英)理查德·威廉姆斯著，《业绩管理》，东北财经大学出版社，1999年。
2. 李芝山，《有效绩效沟通的基本策略》，《中外企业家》，2006(10)。
3. 王永丽、时勘，《绩效反馈研究的回顾与展望》，《心理科学进展》，2004(2)。

4. 谭航,《绩效管理与沟通探析》,《管理创新》,2005(2)。

5. 龙君伟,《绩效反馈对员工创造性的影响》,《人类工效学》,2003,9(1)。

6. 丰琳,《绩效反馈研究的新进展》,《人类工效学》,2003,9(3)。

7. Galbraith, Jay R., Designing Complex Organizations. Reading, MA: Addison—Wesley, 1973.

8. Burke, Ronald J., Douglas S. Wilcox. Characteristics of Effective Employee Performance Review and Development Interviews, Personnel Psychology, Autumn, 1969, pp. 291—305.

9. Howard J. Klein, Scott A. Snell, Kenneth N. Wexley. Systems model of the performance appraisal interview process, Industrial relations, Vol. 26, No. 3 (Fall, 1987). pp. 267—280.

第七章

绩效诊断、绩效改进与评价结果应用

本章学习要点

- 了解绩效诊断与绩效改进的基本思想。
- 了解员工层面、组织层面的绩效改进的主要内容。
- 了解绩效评价结果与其他人力资源决策的关系。
- 了解对于绩效不良员工的主要的处理方式。

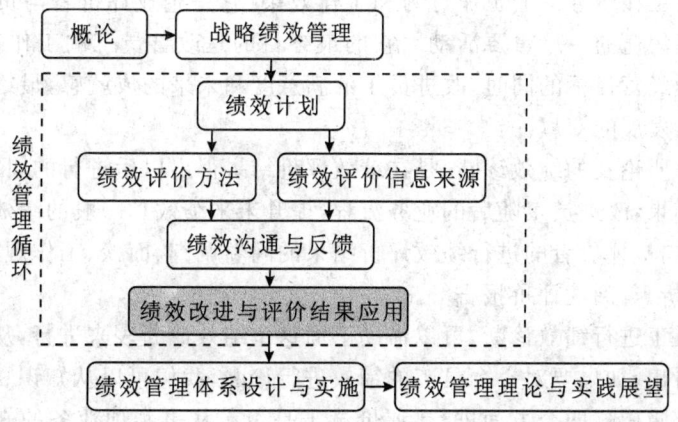

在经过绩效评价与绩效沟通以后,绩效管理并没有结束,还应当对绩效评价中出现的问题进行诊断,并且帮助员工进行绩效改进,使得员工与组织共同发展。绩效诊断与改进是绩效评价的后续应用阶段,是连接绩效评价和下一绩效管理循环的关键环节。绩效评价的目的不仅仅是获得确定员工薪酬、奖惩、晋升或降级的决策依据,员工能力的不断改进以及绩效的持续改进才是其根本目的,而实现这一目的的途径就是绩效诊断与改进。

第一节 绩效诊断

一、员工绩效诊断的含义及其步骤

(一)绩效诊断的基本含义

绩效管理的根本目的在于改善员工的绩效,进而改善企业的绩效,因此,绩效评价的结束并不意味着绩效管理过程的结束。在绩效评价之后,直线评价者还要做一个重要的工作,就是与员工做一对一的绩效面谈,将绩效评价结果通知员工,并与员工对过去一个绩效周期的表现与员工进行绩效沟通,对员工的绩效表现进行诊断,帮助员工找出绩效表现中存在的不足,并为员工制定改进计划,做好诊断专家。

绩效诊断是一种正式的绩效确认与改进制度,它通过系统的方法、原理来检验员工在职务上的工作行为和工作效果,它是企业评价者与员工之间进行管理沟通的一项重要活动。它的最终目的是改善员工的工作表现,在实施企业经营目标的同时,改进员工的满意度和未来的成就感,最终达到企业和个人发展的双赢。

本章所论及的绩效诊断,是在绩效评价结果得出以后进行的,目的是为了评价结果,改进员工随后的业务流程,提升未来绩效。一般的绩效诊断方法,有面向被评价者的进行绩效评价结果的问卷调查、面谈、工作观察、口述报告、分析卡、阅读评价报告等。

对员工进行绩效诊断,可以借助下面这个绩效诊断表来进行,从表中我们可以看出,如果要对一个员工的绩效进行诊断,我们可以从知识、技能、态度和外部障碍这四个方面进行,评价员工是否有从事某项业务的知识和经验,是否有应用知识和经验的相关技能,是否存在不可控制的外部障碍,是否有正确的态度和信心等等,综合四方面的信息,提出员工需要改善的绩效表现。例如,某公司的管理者根据对某员工的绩效诊断就可如表 7-1 所示来进行:

表 7-1 绩效诊断表

知识	技能
是否缺乏管理知识和经验 是否缺乏时间管理知识	缺乏管理技能 缺乏商业谈判技能 分不出工作优先顺序
态度	外部障碍
喜欢技术工作,不愿放弃 顾虑管理岗位的不稳定性	工作负担过重 属下员工培训不够 外部用户的压力

在绩效诊断的基础上,评价者要与员工进行充分的沟通,为员工制定绩效改进计划,放入下一个绩效周期加以改进。

(二)影响员工个人绩效的一般原因

影响员工个人绩效的一般原因有:

1. 个人因素

一般而言,影响绩效的个人因素包含以下几个方面:

(1)工作绩效是个人因素与环境因素的函数。

个人因素包含人口统计变量、人格特质、能力、价值观、知觉、个人决策、态度、学习以及激励等;环境因素包含工作性质、领导等变量。

(2)工作绩效是潜能、意愿与机会因素的函数。

工作绩效是潜能(capability)、意愿(willingness)与机会(opportunity)因素的函数,对于工作绩效存在交互的效果。

(3)人性面系统因素、个人因素与工作性质是工作绩效的决定因素。

人性面系统因素是间接透过个人因素而决定的工作绩效;个人因素包含改善能力与责任感,直接影响工作绩效;工作性质仍是一种特殊的机会因素,包括组织程序、信息、时间等因素。

(4)工作动机、技巧和能力,以及角色知觉是工作绩效的决定因素。

有研究认为,工作动机、技巧和能力、角色知觉会影响工作绩效。其中角色知觉是指个人能精确感觉工作所需要的角色为哪些。

一般而言,达到组织期望的绩效状态是组织为保持其竞争优势、保证长期生存和发展所确定的与顾客需求、现有战略、任务要求相适应的,并有可能实现的绩效水平;期望的绩效可以参照同等条件下同行业内具有一流水准组织所达到的绩效加以确定。

2. 个人所无法左右的客观因素

尽管我们曾经相信每个员工能控制他或她自己的命运或左右自己的成功,但像戴明(Deming)这样一些人的著作已经告诉我们,个人因素并不能说明全部的问题。它们甚至都不是主要的因素。我们必须考虑人们工作中的系统因素。当我们谈及"系统"时,我们是指那些员工个人不能控制的因素,例如工作流程不合理、组织内官僚主义严重、沟通不畅和设备状态不良等。

3. "员工—主管—环境"三因素的综合影响

包括员工本人是否有扎实的知识、娴熟的技能和积极的态度;评价者的责任是否尽到,包括明确解释绩效目标并提供足够指导;外部环境因素,如体制和行业景气等。

二、绩效诊断步骤

员工的绩效表现与组织需要有差距的,需要指出来。评价者要能够从"评价人"的角色转换为"指导人"的角色。在绩效改进讨论中,要很好地扮演"指导人"的角色。绩效诊断既是解决问题的过程(逻辑过程),也是人与人交流的过程(团队合作的过程)。本节我们设计了一些通用的诊断模型,以便在绩效低下或出现绩效问题时使用。一般可分为以下几个步骤:

(一)意识到绩效差距

诊断和改进的第一步工作就是要弄清楚哪里存在问题,这个问题是如何发生的?因此,年度绩效面谈是评价者发现员工绩效差距的重要途径,但并不是唯一途径。一般可以通过以下两种途径及早发现问题:

1. 通过连续收集有关重要业务活动的数据和信息来发现问题。比如,员工所在组织是从事客户服务业,那么员工可以监控客户满意度,这类数据将帮助员工找到潜在的问题。如果员工所处组织是制造业组织,可以收集产品数量和质量方面的信息。常年收集数据,将会帮助员工确定是否发生了需要密切注意的绩效问题。

2. 通过员工发现问题。同员工的经常沟通也是发现问题的关键环节。如果发生了问题,从事这项工作的员工将比任何人都先知道。评价者有必要让被评价者知道,评价者的重点是要解决问题而不是责备他们。

除了系统收集数据法、同员工沟通等方法外,发现绩效问题的最后一种方法就是"走动式管理"方法,走出办公室多关注员工的状态、工作场所的气氛,以及客户的反应,对于发现问题也会有很大的帮助。

(二)认清绩效差距的性质和严重性

在意识到可能的绩效差距问题之后,为了解决这个问题,评价者还需要进一步获得以下信息:

1.尽可能定位问题发生的位置及其显现方式。具体为:弄清哪儿发生了问题?在什么情况下发生了问题?问题发生的频率是多大?是发生在一个员工的身上,还是多个员工身上?当然还包括评价者是如何知道存在这个问题的?它是如何显现的?等等。

2.需要确定问题的严重性。不是所有的绩效问题都严重到需要干预。这时要问的问题是:"这个差距对实现我们单位和公司的目标有什么样的影响?"是否因为浪费和低效率而在花费我们的资金?是否因为这个问题导致我们失去客户?也许绩效差距只是造成人员之间摩擦的团队内部问题,评价者需要权衡的两个方面:什么都不做的情况下可能发生的损失,干预的成本和评价者消除绩效差距可能带来的收益。

如果评价者认定问题没有严重到需要干预的地步,或者问题的代价不足以大到需要干预的话,可以选择监控它以免它变成更大的问题。有时面对员工绩效问题,采取静观其变、无为而治的态度反而会更有利。

(三)区分绩效差距是系统原因或个人原因

在寻找个人原因之前,应找找系统的原因——组织工作的方式、安排工作的方法、是否获得设备支持等。这里有两点需要厘清:

1.有些表面上看来是个人缺陷引起的问题也可能是由于系统引起的。例如,假如有两个员工之间长时间有矛盾,影响了部门的士气和生产率。也许是其中的一个或两个人态度不好,或缺乏沟通技巧,也许是他们的工作任务定义不准确,相互之间责任不清。也可能是由于工作职责有交叉,因此相互对工作缺乏很好地理解,从而导致出现矛盾。这就是系统的原因。

2.不要仅仅因为某个人的绩效有差距,而做同样工作的其他员工没有绩效问题,就认为绩效差距是由于个人原因引起的。有可能甲员工在工作有问题时能成功,而乙员工因为同样的工作问题而失败。如果评价者能发现影响乙员工效率的真正的或根本的原因,那么甲和乙两人都会得到改进。

(四)确定引起绩效差距的具体原因

确定产生绩效差距的原因虽并不容易,但也有许多技术和工具可供评价者使用,有统计的,也有逻辑的,例如组织在分析质量问题时常用的头脑风暴法、5W1H法等在这里也适用。采用技术和工具能帮助评价者更好地对绩效差距进行诊断。可以通过对评价者和员工提出以下问题，以确定引起绩效差距的具体原因。

1. 存在差距是因为员工不清楚期望值、目标或授权大小造成的吗？
2. 员工过去的业绩记录好吗？问题是新出现的吗？
3. 绩效差距是由于技能水平低造成的吗？通过培训是否能解决这个问题？
4. 如果不是员工技能水平方面的问题，那么是不是心理或态度方面的问题？
5. 员工是否具备学习所需技能的能力？
6. 过去已经采取过何种补救措施[见资料框 7-1]？

资料框 7-1　员工层面绩效诊断中的 BEST 训练

1. BEST 训练的基本程序

(1) 描述行为(Behavior description)：表明业绩和目标之间的关联或者是员工行为和工作标准、规范之间的关联；

(2) 表达后果(Express consequence)：这样的行为或业绩，会有什么样的结果，对目标完成的影响是什么？

(3) 征求意见(Solicit input)：让员工自己分析原因，应该如何改进；

stop——停下来，让员工自己去分析和表达。一方面因为完成绩效目标是员工的责任，他必须关心自己的业绩；另一方面是让员工去思考并承诺今后的业绩改善。

(4) 着眼未来(Talk about positive outcomes)：和员工共同制定一个绩效改进的行动计划。

2. BEST 训练的情景举例

(1) 描述行为：小 B，这是你第二次应收账款出错了。

(2) 表达后果：这影响了你的这个季度的表现，并且财务部应收账款出错给销售部的工作带来了麻烦。

(3) 征求意见：这是什么原因？你觉得应该怎么改进？

(停：等待员工自己解释和建议行动。员工可能会解释一些原因，要分析是主观原因还是客观原因，如果是因为工作流程等方面的客观因素，企业管理方要及时予以改进)。

(4) 着眼未来：如果这样改进，对你和部门的形象都非常有帮助，并且你也能够顺利地完成工作目标。

第二节 绩效改进

一、员工层面的绩效评价结果改进

（一）进行绩效改进讨论

1. 讨论之前的准备

如果每一个被评价者都全身心地投入到双方的讨论中，则讨论的结果会很成功。为达到这个目标，评价者要协助被评价者在绩效改进讨论中确立正确的角色，提示被评价者需要为面谈做准备，他们必须：

(1)参照双方达成的目标或目的，检查自己的绩效表现。

(2)填写绩效改进表，或在面谈之前做一些必要的面谈提纲。

(3)准备绩效评价所必需的资料。

2. 进行讨论的过程

对于被评价者个体而言，被评价者可以使用认知图，做简要笔记，或用一些别的方法和技巧来做准备。不管采用什么样的方法，被评价者都必须给自己充足的时间来准备，以免过于仓促，难以全面理解所需改进的工作内容。

下面所介绍的五点可以作为每个被评价者准备绩效评价结果讨论时的指导，这5个针对于被评价者的关键行动是：

(1)被评价者需对讨论的目的和重要性有一个清晰的认识，认真倾听评价者对这个过程的解释。

(2)每个被评价者在结果讨论以后，一般需提供给组织一份改进计划，它包括：为完成第一个目标或任务所做的改进，完成季度的任务和目标的行动计划，他们改进绩效的方法。

(3)被评价者仔细听取评价者的反馈意见，这包括评价者认为评价者为改善目前情形所做的有益的行动或行为，还有他认为评价者在下一个季度应该有所改善的事情。

(4)评价者需简述以后一段时间重点要做的活动和事情，而被评价者应认真听取评价者的建议。

(5)评价者会总结被评价者下一步应该采取的行动，并为下一次的绩效改进定一个时间。

(二)实施纠正行动

实施纠正行动(corrective action),指的是使员工的绩效表现回到正确的组织所需要的方向上来,并取得绩效表现上的进步,而不是令员工感到不安或惩罚员工。因此,纠正行动是绩效管理过程的一个组成部分。直接主管采取纠正行动,目的是希望与绩效标准有差距的员工能很快回到正轨,甚至再次达到很高的绩效。

一旦找到了原因,评价者就需要设计行动计划来解决这些问题。在完成了正式的计划以后,评价者可能还需要将它做成文档并实施它。比如说,评价者和被评价者都认为绩效差距是由于缺乏某一领域的技能造成的,那么评价者就可以安排持续的辅导、配个搭档或培训等。如果是由于心理问题,评价者可以通过员工帮助或咨询项目来解决。

在实施了行动计划以后,评价者还需要确定差距是否还存在。如果还存在差距,那么评价者需要审查一下实施解决措施的方法是否对头。或者也可能是评价者找错原因了,这时需要回过头来重新进行诊断。应将有关可能的原因和可能的解决措施的结论当作假设来对待,应该允许出现诊断错误的可能。

二、组织层面的绩效评价结果改进

明确员工个体的工作职责和任务,在单个人的基础上对员工绩效进行严格评价,这是现代组织规范管理的基础,这种基础,对于克服我国组织原有"吃大锅饭"体制下的个人责任不清的管理状态,无疑是非常重要的。但是,完善我国组织的绩效管理体系过程中,也需要避免走入另一种极端,即过度强调以个人职责和绩效为基础的考评,而忽视组织管理体系完善对于绩效改进的影响。一方面,如前所述,工作绩效是不是完全取决于个人的努力和技能,绩效是由个人本身加其他外界因素共同决定的。另一方面,关注组织因素对绩效的影响,把绩效评价看作是获得改进绩效的有力工具,积极从组织层面寻找绩效改进的途径,已成为区分传统绩效评价与现代绩效管理的关键点。因此,绩效改进必须与组织管理结合起来。组织层面的调整和改进,是员工绩效改进的制度基础。本节就组织层面绩效改进等内容进行论述。

(一)通过工作体系设计改进绩效

1. 工作体系的含义

现实中,与生产工作和知识工作这两种类型的工作相对应,组织中存在着两种类型的工作体系设计:针对生产工作的机械式工作体系和针对知识工作的有机式工作体系。这两种工作体系各具特征,绩效改进需要根据两种工作体系不同的特征来实施。其具体比较可见表7-2。

2.传统的工作体系和有机的工作体系的绩效改进办法

在传统的机械工作体系中,提升绩效的策略往往采用培训的手段,以增加员工与机器和流程相关的技能,并运用自上而下的等级命令更为严格地控制员工的行为。此时,提升绩效的重点是人,考虑的方式是"错误在谁身上",并且更多的情况下是"错误在哪个员工身上"。然而,对于有机工作体系而言,上述基于传统工作体系标准的控制无疑会大大限制员工工作和决策的自由性,降低其绩效潜力的发挥水平。同时,统计分析也表明,往往是工作设计本身,而不是员工的努力水平在限制着员工的绩效提升,如表7-2所示。

表7-2 机械的工作体系和有机的工作体系的比较表

工作体系特征	机械的工作体系	有机的工作体系
工作安排	专门化、明确定义任务和方法	具有宽泛的责任、有弹性的行为
合作和控制	督导、约束、标准程序,详细计划	任务相关人员之间的磋商,有弹性的计划
沟通	自上而下、高层评价者负责与外界的联系	来自多方面的、网络状的、与外界有多层次的联系
督导和领导	缺乏参与的、一对一的、强调对督导者的忠诚	参与式的,强调任务、团队、组织,家长式领导决定权威

资料来源:Harrison, M. I: Diagnosing Organizations: Methods, Models and Processes, second publication, 1994, p. 90.

因此,在组织层面,为了使员工真正对组织的效率作出贡献,评价者应当给他们以自由的意志,并努力创造一种更易于工作和支持员工绩效发展的环境,使员工能够自主地发挥自己的潜能,不断地改进绩效水平。也就是说,应该为他们设计一个适宜工作的人性化工作体系,从系统的角度进行外部调整,以组织自省的方式给员工的绩效行为以最大化的支持。实施机械工作体系和有机工作体系的组织,对员工绩效改进的策略如表7-3所示。

表 7-3 实施机械工作体系和有机工作体系的组织对员工绩效改进的策略对照表

改进策略	机械化设计——组织通过协调人在机械性工作中的关系来实现绩效最优化	人性化设计——通过协调系统在人的工作中的关系来实现人员绩效最优化
改进重点	人	系统
推动力	命令	改进期望
评价者	督导者	自我评价
对象	根本原因	发生作用的原因
流程	导向,标准化和控制	推动,支持和发展
技能	流程再设计,政策改变,培训,控制和激励	共享经验,挑战新的信息,解释,系统再协调,调适和融合

资料来源:詹姆斯·S.帕皮顿,《员工绩效顾问》,人民邮电出版社,2004 年,第 128 页。

因此,对组织的工作体系设计而言,无论是使用机械工作体系或有机工作体系设计,员工应当成为优先考虑的对象,组织层次的工作体系的设计需要适应员工的技能储备,从而使他们能以任何有助于达到期望绩效的方式工作。绩效提升的策略不再需要员工适应标准化的工作设计,而是强调利用共同的使命和核心流程使员工和工作环境保持一致,并赋予员工独立设计个人工作从而实现期望绩效的自由权利。总之,对工作体系进行设计的基本思想就是为员工提供恰当的支持,进而使他们的生产率达到最大化。

在传统的工作体系和有机的工作体系的绩效改进办法的设计过程中,应当注重以下几个方面:

(1)组织要在工作设计中授予员工充分的工作弹性,以及实现决策权与知识的匹配,员工有了工作弹性,就能更好地组织个人工作活动,推动绩效改进。

一个组织的效率取决于决策权威和对于决策很重要的知识之间的配置关系。当知识与决策权不匹配时,有两种基本方式来完成知识和决策权的结合:一种是把知识传递给那些具有决策权的人;另一种是把决策权传递给拥有相关知识的人。依据上述理论可以看出,在组织外部环境变迁加剧,组织中的远程雇佣、远程工作方式越来越流行的环境下,组织将决策权适当地授予给员工,让其在理解自身岗位绩效要求的基础上,有较多的自主权,将减低成本,增进组织效率。

(2)组织要重视工作的任务特性,根据员工的任务特性来设计其工作体系,这将有利于其工作绩效的改进。

组织行为学的研究者们创立了一系列工作任务特性理论,试图鉴别出工作内容的特性,确认这些特性是如何组合在一起形成各种职位的,并剖析这些任务特性与员工激励、员工满意度、员工绩效之间是怎样的一种关系。根据员工的任务特性来设计其工作体系,将有利于其工作绩效的改进。

(3)组织要注重对工作绩效改进的具体分析,形成绩效改进的时间表。

组织在进行绩效改进分析的同时,还必须把各项作业综合起来,使这些作业结合成为一个程序。这需要评价者运用系统的观点做通盘的考虑,试探着用尽可能多的方式对各项基本业务进行排列组合,判定各种排列方式的优劣,最终将各项基本作业按照合乎逻辑的、均衡的、合理的顺序予以排列。例如,评价者与研发人员经过初步的绩效改进分析后认为,要提升出某种产品的质量需要在10项小的领域内有技术上的突破,则这10项研究便是基本的作业,完成这些作业便完成绩效目标。在接下来的整合中,他们又发现原来设想的10项研究中有3项没有必要,但是需要另外的一项研究,结果一共需要8项研究。评价者再考虑以下问题:公司希望在什么时候推出新产品?每项研究的难度以及可能花费的时间?各项研究之间存在何种关系?哪项研究需要利用其他研究的成果?在充分考虑这些问题的基础上,对这10项研究进行排列组合,并形成最终的工作路线图,达成绩效改进的时间表。

(4)组织进行以团队绩效为基础的绩效改进。

在过去,组织喜欢把团队看作是个体作用的补充,主要围绕个体进行工作设计。但是在以员工为主的组织中,管理人员应该放弃以个体为组织基本单位的观念,而应以团队为组织的基本构成单元,围绕团队来进行工作体系的设计。围绕团队进行工作绩效改进,可以取得三个方面的好处:

首先,为团队成员提供了参与激励。其一,团队成员有作出绩效改进决策的机会,并实施决策,而后感知到决策发挥的作用,这有助于满足他们责任、成就和自尊的需要;其二,如果团队成员参与了绩效改进决策过程,在实施决策时他们更不可能反对该项决策,这就增加了他们对决策的承诺;其三,参与绩效改进决策能给团队成员带来更大的发展空间,这种方式不仅凸显了他们所拥有的智力资本,而且使他们的创造力更具挑战性。

其次,满足员工工作自主的需要。团队尤其是自我管理团队的工作形式,彻底改变了传统的依靠管理、控制、指令、命令等刻板的管理方式,使员工的个性和创造性得到了极大的发挥,在顺应人性、尊重人格等方面起到了积极的作用,能激励员工自由、积极地将他们拥有的智力资本贡献给组织。

最后,共享信息、知识,满足员工发展的需要。通过对团队目标而不是个人目标的承诺,每一位团队成员都赢得了对团队各方面工作发表意见的权利,并得到他人的认真对待,成员共同努力以取得团队成功。实现团队目标需要相互的信任,信任和相互依赖关系的增强则促进了成员间的交流与沟通,有利于实现信息共享。成功的团队内部,成员愿意与他人分享知识并向他人学习,置身于这种相互分享与学习的氛围下,员工的技术、决策、人际关系技能都能得到极大的改进,从而有助于满足员工的发展需要,并可以不断改进其绩效水平。

(二)通过人类绩效技术改进绩效

1.人类绩效技术的概念及其特征

人类绩效技术(Human Performance Technology,HPT)是近十余年来在西方国家管理界发展很快的新兴应用学科,它是一种系统程序或过程,以此来识别绩效改进的机会,设定绩效标准,确认绩效改进的策略;还可以用于进行投入产出分析,选择改进方案,以保证对现存系统进行整合,并评价绩效改进方案或策略的有效性,以及该方案的执行情况。该技术主要是通过运用涉及行为心理学、教学系统设计、组织开发和人力资源管理等诸多理论实施的广泛干预措施。因此,它强调对目前的以及期望达到的绩效水平进行严格分析,找出产生绩效差距的原因,提供大量帮助改进绩效的干预措施,指导变革管理过程并评价其结果。

人类绩效技术是一个实践性领域,它在很大程度上是在组织实践者改进绩效过程中所获得的经验和认识的基础上演变而来的。作为一个新兴的领域,人类绩效技术吸收了诸如系统论、行为科学、认知科学、神经科学和人力资源管理等学科的知识。虽然它重视理论基础研究,但因其具有很强的实践性,所以它在应用领域有着更为迅速的发展。

人类绩效技术的典型特征是:

(1)人类绩效技术是一套结构化的应用性方法和程序。用以识别绩效差距,以可观察和可测量的方式确定其特征,对其进行分析,选择适当的干预措施,并以可监控的方式加以应用。

(2)强调系统性。它将所识别的绩效差距看成是系统的要素,并与其他要素相互影响,绩效被看成是各种因素(选拔、培训、反馈、资源、任务干预等)相互影响的结果。

(3)建立在坚实的科学基础和丰富的实践经验之上。它通过由科学研究或已有记录的成功事例得出的方法实现理想的绩效目标。

(4)始终努力寻找低成本、高效益和高效率的方法,并将焦点放在人类行为者的收益和系统价值上。它反对以牺牲一方换取另一方,它的目标是实现对行为者以及系统都有价值的成果或绩效。

按照系统论的观点,组织中选拔、培训、激励和组织设计等都可以作为绩效系统中的组成部分。事实上,一些组织已经将其培训部门的功能扩展开来,逐渐演化为绩效改进部门。当然,绩效改进的系统方法对整个组织的其他方面也多有裨益。

人类绩效技术最大的价值仍在于其实践性。在此,本节将以人类绩效技术为基础,结合中国组织的实际情况,设计出一套完整的绩效改进过程。

2. 人类绩效技术改进绩效的过程

基于人类绩效技术的绩效诊断与分析有三个关键步骤:

(1)通过分析评价结果,找出关键绩效问题和不良绩效员工。关键绩效问题是通过对比实际的绩效状态与期望的绩效状态之间的差距而得出来的。要发现绩效问题,找出影响绩效的因素是其前提。实际的绩效状态则是目前已达到的绩效水平,它由组织成员的现有能力、组织结构的效能和组织现在的总体竞争实力所决定。绩效问题不是由客观原因、而是主观原因造成的,负责的员工可定义为不良绩效员工。

(2)针对关键的绩效问题,考虑组织的现有资源和绩效责任主体(不良绩效员工),大致确定绩效改进的方向和重点,为绩效改进方案的制定做好准备。需要注意的是,这里并不能确定具体的绩效改进方案,因为要制定绩效改进方案,必须综合考虑各种因素,如预算的限制、是否有固定的绩效改进部门以及选择哪些绩效改进工具,等等。

(3)组建绩效改进部门。组织应组建专门的绩效改进部门来具体负责绩效改进工作。部门的人员结构、数量、组建方式由绩效改进的需求确定。如果绩效问题比较严重,对部门的人员数量、结构、运作方式要求会更高。绩效改进部门是在传统的培训部门的基础上发展过来的。从组织结构上来看,传统的培训部门与绩效改进部门存在着以下区别:

①部门的名称不同。部门名称的改变,意味着该部门在某种程度上形象已经发生了改变。职能部门的名称反映着职能部门的目的,总体上可以使人们了解该部门所要从事的基本业务和部门性质。教育部门、培训与开发部门等均体现了这方面的意义。将这些名称与下列名称做比较:绩效改进部门、个人及组织绩效部门、绩效咨询部门,其依据是极不相同的,后面这些部门均没有提到培训。这里所关注的是不同的最终结果——改善绩效。

当然,仅仅改变部门的名称是没有意义的,除非还有其他的变化。

②部门的使命不同。培训部门的使命是:以开发全体员工的技能、员工的视野来支持组织的使命和业务计划。绩效改进部门的使命是:靠提供咨询、培训、组织绩效的不断改进以支持组织的业务计划。

3. 组织层面进行绩效改进的主要工具

波多里奇卓越绩效标准、六西格玛管理和 ISO 管理体系可看作是组织层面改进绩效的三种主要工具。这些工具源于西方,现在已经逐渐被我国所采用。

(1) 波多里奇卓越绩效标准

为了确保组织未来的总体发展和成功,评价者需要一个系统的方法,波多里奇卓越绩效标准则提供了这个方法。波多里奇卓越绩效标准通过识别和跟踪所有重要的组织经营结果,关注整个组织在一个全面管理框架下的卓越绩效,从而保证顾客、产品或服务、财务、人力资源和组织的有效性。从这方面来讲,波多里奇卓越绩效标准的作用已不仅仅限于绩效改进的工具。

(2) 六西格玛管理

六西格玛管理是整个世界级组织追求卓越的一种先进的绩效改进工具,目前世界各国许多大组织竞相推出六西格玛管理,在绩效改进和效益改进等方面取得了巨大的成功,形成了组织管理的新潮流。

六西格玛管理法是一种统计评价法,核心是追求零缺陷生产,防范产品责任风险,降低成本,提高生产率和市场占有率,提高顾客满意度和忠诚度。6σ 管理既着眼于产品、服务质量,又关注过程的改进。六西格玛管理也常被写成 6σ 管理或 6sigma 管理。西格玛"σ"是希腊字母,是在统计学上用来表示"标准差"的符号。标准差是用来表示任意一组数据或流程中离散或差异程度的指标。六西格玛即指"6 倍标准差",在质量上表示每百万个产品的不良品率少于 3.4;但是,六西格玛管理在今天已不仅仅是指产品质量管理和绩效改进工具,而是一整套系统的组织管理理论与实践方法。在组织整个业务流程和所有环节上,六西格玛管理都要求致力于运用科学方法改进效率,减少失误,从而使得整个流程达到总体最优状态,并使整个流程中每百万个机会的缺陷率少于 3.4 个。这对组织来说是一个很高的目标,对顾客来说是高度符合他们的要求。

六西格玛管理是帮助企业集中于开发和提供近乎完美产品和服务的一个高度规范化的过程。测量一个指定的过程偏离完美有多远。

六西格玛管理的中心思想是,如果组织能"测量"一个过程有多少个缺陷，你便能有系统地分析出，怎样消除它们和尽可能地接近"零缺陷"。

六西格玛管理的"机会"，指的就是缺陷的机会，例如，将单据装订作为一绩效标准，如果一张单据上有五个地方要打，那么这个单元的缺陷机会为五。

六西格玛管理的重点是，集中在测量产品质量和改进流程管理两方面，推动流程改进和节约成本；六西格玛管理的基本思路是，以数据为基础，通过数据揭示问题，并把揭示的问题引入统计概念中去，再运用统计方法提出解决问题的方案。其核心是建立输入变量和输出变量之间的数学模型，通过对输入变量的分析和优化，改善输出变量的特性。

(3) ISO 质量认证体系

ISO 质量认证体系是一个产品（服务）符合性模式，目的是为了在市场环境中保证公正，从而集中弥补质量体系缺点和消除产品（服务）的不符合性。

建立 ISO 质量认证体系的基本原则包括以下几点：

①以顾客为关注焦点。组织依存于顾客。因此，组织应当理解顾客当前和未来的需求，满足顾客要求，并争取超越顾客期望。

②领导作用。领导者确立组织统一的宗旨及方向。他们应当创造并保持使员工能充分参与实现组织目标的内部环境。

③全员参与。各级人员是组织之本，只有他们的充分参与，才能使他们的才干为组织带来收益。

④过程方法。将活动或过程作为过程加以管理，可以更高效地得到期望的结果。

第三节 绩效评价结果的应用（1）：绩效薪酬、调整工作配置、培训

一、绩效评价结果应用的层次性

绩效评价结果的应用涉及企业人力资源管理的不同层次。人力资源管理系统主要是由招聘、培训、绩效评价和薪酬管理等子系统构成。人力资源部门与用人部门合作将人招聘进来，完成上岗培训后，就涉及人员的配置与

使用了。在评价员工的工作绩效时,首先,就是检查其工作的完成情况;然后,针对员工工作能力的不足之处,通过相应的培训来提高其工作胜任力和绩效水平;最后,通过精神与物质激励留住那些公司花费大量成本培养出来的称职员工。

绩效评价结果应用的层次与企业人力资源管理的水平,以及整个企业管理的水平,是密切相关的。绩效评价结果应用的侧重点应该根据企业整个人力资源管理处于实际阶段来确定:

(1)员工绩效评价结果运用的第一层次:员工工作绩效的检查与报偿

为确定每个员工的绩效目标,检查员工的工作完成情况,把薪酬与绩效结合起来;

(2)员工绩效评价结果运用的第二层次:员工岗位胜任能力的开发

为确定培训需求,培养员工的能力,帮助员工更有效地开展工作;

(3)员工绩效评价结果运用的第三层次:员工与组织的动态匹配

为改变企业的组织文化,评价员工的潜能,留住优秀的人才,淘汰不合格的员工,辅助员工进行职业生涯规划。

随着企业人力资源管理系统给企业带来的效益不断获得高管层的认同,人力资源管理系统逐渐得到重视,人力资源管理系统的实施越来越规范化和科学化,员工绩效评价结果运用的层次才会不断地获得提升。

本节我们先介绍绩效评价结果在绩效薪酬、调整工作配置、培训等方面的运用,然后将在第四节介绍绩效评价结果在不良绩效处理和离职管理中的运用。

二、绩效薪酬

以个人绩效为导向的报酬计划,就是把对员工的绩效评价结果和其所获得的经济报酬紧密联系在一起,这类计划的核心在于以员工个人的绩效评价结果为依据,来确定其在企业的报酬收入,这是企业在运用绩效评价结果时广泛采取的手段。广义的绩效计划有很多类型,在此,我们重点分析绩效加薪、绩效奖金、特殊绩效奖金认可计划等三种最为常见的制度。

1. 绩效加薪

绩效加薪是将基本薪酬的增加与员工所获得的评价等级联系在一起的绩效奖励计划。员工能否得到加薪以及加薪比例的高低通常取决于两个因素:第一个因素是他在绩效评价中所获得的评价等级;第二个因素是员工的实际工资与市场工资的比较比率。当然,在实际操作中,由于很难得到真实的市场工资数据,大部分企业大体上以员工现有的基本工资额作为加薪的基数。比如,在某公司的绩效管理体系中,把员工的评价结果分为 S、A、B、C、D 五个等级,相应的加薪比例为 10%、8%、5%、0%、-5%,假如一个员工的基本工资为 2000 元,年终的评价等级为 S,则这个员工在下年度的基本工资就变成了 2200 元(获得了 200 元的加薪)。

企业在实施绩效加薪的时候,必须关注一个非常重要的问题,即绩效评价等级的分布。在许多企业里,由于绩效指标设置不科学,或者评价者的评价有误差,常常使公司 80% 左右的员工在年终的评价结果中获得较高的评价等级,这就引发了企业薪酬成本增大的问题。为了避免这种情况,有的企业对评价结果等级采取强制分布的方法,或者把员工个人评价结果的等级和部门的业绩结合起来。这些方法都是从总量上控制加薪的比例,从而在一定程度上避免了企业薪酬成本的无原则增加。但是,采取绩效加薪后,新增加的工资额就会变成员工下一期的基本工资,随着时间的延续,这种情况很可能会导致员工的基本工资额在缓慢积累的基础上大幅度提高,甚至会超出企业的盈利能力所能够支付的界限。因此,为了弥补绩效加薪这种制度的缺陷,越来越多的企业采取绩效奖金的方式而不是绩效加薪的方式来激励优秀员工。

2. 绩效奖金

绩效奖金是企业依据员工个人的绩效评价结果,确定奖金的发放标准并支付奖金的做法。绩效奖金的类型有很多种,计算方法通常也比较简单,常用的公式是:员工实际得到的奖金=奖金总额×奖金系数。奖金总额的确定没有一个统一的方法,对于销售人员可依据销售额或者销售利润来确定,对于行政支持人员可以基本工资为基数,确定一个浮动的绩效奖金额度。奖金系数则是由员工的绩效评价结果决定的。绩效奖金和绩效加薪的不同之处在于企业支付给员工的绩效奖金不会自动累计到员工的基本工资之中,员工如果想再次获得同样的奖励,就必须像以前那样努力工作,以获得较高的评价分数。由于绩效奖金制度和企业的绩效考核周期密切相关,所以,这种制度在奖励员工方面有一定的限制,缺乏灵活性,当企业需要对那些在某方面特别优秀的员工进行奖励时,特殊绩效奖金认可计划可能是一种很好的选择。

3. 特殊绩效奖金认可计划

特殊绩效奖金认可计划,是在员工努力程度远远超出了工作标准的要求,为企业实现了优秀的业绩或者作出了重大贡献时,企业给予他们的一次性奖励。这种奖励可以是现金,也可以是物质奖励,也可以是荣誉称号等精神奖励。与绩效加薪和绩效奖金不同的是,特殊绩效认可计划具有非常高的灵活性,它可以对那些出乎意料的、各种各样的单项高水平绩效表现,比如开发新产品、开拓新的市场等予以奖励。当然,在进行特殊绩效认可计划时,对员工绩效结果的评价往往是针对某个具体项目,和绩效管理系统中的评价方法不太一样。

三、调整工作配置

除了把绩效评价结果和员工的薪酬待遇结合起来之外,利用绩效评价结果也可以促使员工的工作流动。工作流动的核心在于使员工本人的素质和能力能够更好地与相应的工作相匹配。把工作流动可以分为晋升、淘汰、工作轮换三种主要形式。这里我们先介绍晋升和工作轮换,对于因绩效评价结果引起的末位淘汰,我们将在下一节介绍。

工作流动常常是和绩效评价结果联系在一起的。企业在对员工进行绩效评价时,不能只评价他目前工作业绩的好坏,还要通过对员工能力的考察,进一步确认该员工未来的潜力。而且管理者还应该明白,人与人之间所存在的绩效差异,除了他们自身的努力外,还和他们所处的工作系统本身有关系,这些工作系统包括同事关系、工作本身、原材料、所提供的设备、顾客、所接受的管理和指导、所接受的监督以及外部环境条件等,这些要素在很大程度上不在员工自己的掌控之中。对那些绩效非常好的员工,企业可以通过晋升的方式给他们提供更大的舞台和机会,帮助他们获得更大的业绩。而对那些绩效不佳的员工,管理者应该认真分析其绩效不好的原因。如果是员工个人不努力工作、消极怠工,则可以采取淘汰的方式;如果是员工所具备的素质和能力与现有的工作任职资格不匹配,则可以考虑进行工作轮换,以观后效。

目前,在很多企业普遍采用的"末位淘汰"制度,实际上也是把对员工的绩效评价结果与工作流动结合在一起的应用,但据我们的观察,企业在采取末位淘汰时,有很多问题需要引起注意,比如,淘汰的标准如何制定;淘汰的比例如何确认;是否有相应的企业文化基础;有的企业在实施末位淘汰时,淘汰标准过于简单,年末对员工进行一次360°考核,然后根据得分高低把员工进行排序,得分在最后某一比例内的员工则遭到淘汰。在此,我们需要思考的是:企业到底应该淘汰什么样的员工。显然是应该淘汰不称职的员工,不称职的员工就是不能达到工作标准要求的员工。但在实际操作中,很多企业在实施末位淘汰时是把人与人进行比较,而不是把人和工作标准进行比较。这显然会产生不公平。在企业内部,由于员工职位不同,导致的任职资格不一样,所承担的任务不同,衡量的标准很难统一。

淘汰的比例如何确定也是个重要的问题,目前,许多企业倾向于以GE公司的活力曲线为学习榜样,把员工划分为A(20%,超出工作要求)、B(70%,胜任工作)、C(10%,不胜任工作,淘汰的对象)三类,但通用公司执行这种政策是有前提的,而且在有些时候也并不完美。CEO杰克·韦尔奇曾经对活力曲线有一段精彩的阐述:"我们的活力曲线之所以能够发生作用,是因为我们花了10年时间在GE公司建立起一种绩效文化。在这种文化里,人们可以在任何层次上进行坦率沟通和回馈。坦率和公开是这种文化的基石,我不会在一个并不具备这种文化基础的企业组织里强行使用这种活力曲线。"而在目前许多企业中,还缺乏这种以"坦率和公开"为基石的绩效文化,末位淘汰实际上变成裁员的借口〔见资料框7-2〕。

> **资料框 7-2: 绩效评价结果运用与蔓藤式晋升**
>
> 蔓藤式晋升(Laterai Arabesque)是假晋升,是指企业或许已经不需要某个员工了,或者由于时代的发展,该员工绩效表现较差,已经不再胜任当前的职位了,但出于某些原因,例如该员工是企业的"创业元老",把该员工调遣到另外一个"偏僻的角落",并冠以一个好听的头衔,但该员工在企业的实际业务中几乎没有起到任何实质的作用。
>
> 蔓藤式晋升时,不胜任员工有获得阶级上的提升,有时连薪资也没有增加,只是被冠上一个较长的新头衔,然后被调到偏远的角落去。层级组织规模愈大,蔓藤式晋升愈容易实行。在种种原因不能解雇不胜任员工的前提下,为不胜任员工制造一些可有可无的但让员工看起来他们获得了真正晋升的职位,以欺蒙他人、隔离冗员、改变重要岗位的不胜任状态。
>
> 如果说冲击式晋升是纵向晋升,则蔓藤式晋升是横向晋升。如某公司把业务划分成许多区域,把不胜任的一些高级主管外放到各省,担任所谓地区副总裁的职务。

四、培训

(一)培训的定义及其作用

培训指的是员工通过组织安排的一系列学习和训练,达到工作绩效的改进和自身能力素质的提升。以培训为手段,来实现绩效提升,这本身就是组织绩效管理的目标之一。换言之,绩效管理本身就是促进员工发展的一种途径和手段。

培训对于提升员工绩效的作用主要体现在：

1. 培训对于改进企业质量管理水平起关键作用，特别是对于那些重在改进工作质量的团队更是如此。团队成员需要学习高绩效任务的技术，也同样需要接受协调人际关系的技能培训，如学习矛盾冲突解决手段。在全面质量管理下，许多团队发展所需要的技术都和关系绩效有关，由于这些技巧没有在工作说明书中规定，往往被培训者忽视。关系绩效要求在以后的团队培训中增加关系绩效的内容，在培训中提升员工对关系绩效的认识水平，将其理解为一种拓宽了的工作范围。比如，他们的工作怎样与宏大的组织蓝图相联系，在工作流程中自发行动如何帮助"上游"和"下游"的员工更有效地完成工作等。

2. 培训能够有效提升员工的动机水平。有研究表明，在工作中，员工关系绩效水平会受动机因素的影响，并且低的动机水平不会使关系绩效和任务绩效的培训有效果。培训者应该通过有效的培训计划改进员工的动机水平，如改进员工的自我效能，通过综合运用目标设定理论、需要理论、期望理论等学习理论来达到培训效果。

3. 个性、态度、感情承诺等个体差异变量影响员工关系绩效水平，组织应通过培训培养或加强有利于关系绩效发挥的个体特质、改变态度、增加组织忠诚感。在培训中，运用各种方法强调工作情景中的关系绩效或组织公民行为，如情景模拟、角色扮演等。让员工认识到哪些行为是组织所认同、推崇的，有助于任务绩效和企业的发展。

（二）绩效评价结果在培训上的应用的必要性

员工发展与实现组织目标是一种互为因果的关系。但从绩效管理实践来看，员工发展并未获得组织的足够重视，而员工的工作说明书，都明确地描述有从事该岗位员工应具备的知识、技术和能力，对员工完成该岗位绩效目标所应具备的素质提出要求，达到这些要求，实现绩效，都与有效的培训有关。

因此，绩效结果在培训上的运用主要是基于以下两点考虑：

1. 评价结果与对员工完成该岗位绩效目标所应具备的素质密切相关，而素质需要培训来实现。在制定员工年度绩效计划时，除了确定员工应达到的工作结果、应展现的工作行为外，直接评价者还要与员工进行认真的职业发展讨论，制定一份员工个体的培训并同时付诸实施，在绩效执行进程中，直接评价者不但要对员工达成绩效目标提供例如培训等必要的资源性支持,还要及时提供绩效辅导和指导。在绩效评价阶段,不仅要评价员工的工作结果、工作行为,还要评价员工培训的执行情况。以上绩效评价结果产生的过程都需要培训的支持。

2. 培训有助于评价者根据绩效评价结果,以对该员工进行岗位调整的方式,帮助员工在其适合的岗位上得以重新发展,有助于在原岗位上达不到绩效目标的员工的发展,创造了和谐的劳动关系,强化了人力资源的核心竞争力,而且以员工个体发展和绩效提升为基础,最终促进了组织整体目标的实现。

(三)绩效评价结果在培训上应用的实施过程

培训明确了为提升绩效水平而需要采取的一系列行动,员工通过不断实现培训中的各项目标而跟踪自己工作领域或职业发展中的最新变化。员工培训明确了员工需要发展的能力和领域,并提供了一系列行动计划来发展员工的薄弱方面,同时进一步深化其表现较好方面。简而言之,员工培训,应当解决下述问题:员工如何在来年中得以持续学习和成长;员工如何能在未来的工作中做得更好;以及员工如何能够避免再犯以前所面临的绩效问题。

在绩效评价的结果应用中,培训不可或缺。因为在任何一个组织中,无论评价者职位有多高,无论评价者从事的工作性质有多简单或多复杂,总有提升和改进的余地。因而在绩效评价实践中,应全面实施员工培训。具体过程一般如下:

1. 根据绩效评价结果,明确培训的目标

培训的整体目标应是鼓励持续学习、绩效提升和个体发展。具体目标可以包括:

(1)提升当前工作绩效。一个好的员工培训应有助于员工实现既定的绩效标准,这应是员工培训最重要的目标。

(2)当前工作绩效的可持续性。一个好的员工培训应能为员工提供有关工具,从而使员工可以持续性地满足或超越当前工作期望,而该工具或是建议应详细到能与具体员工工作岗位的每个绩效维度的要求相对应。在此前的章节,我们曾阐释过,员工绩效的决定因素之一,便是组织应为员工完成绩效工作提供必要的工作条件,也即支持性资源的存在与否也是决定员工当前工作绩效是否具有可持续性的一个重要条件。因而这也是员工培训的目标之一。

(3)为员工将来的发展做好准备。一个好的培训应为员工提供必要的建议和行动计划,从而使得员工可以在未来的机遇或是职业发展过程中不断获益。尤其是在培训中应明确指出,员工应掌握哪些能力或是展现何种行为,才能更有益于其未来的职业发展。

(4) 丰富员工的工作阅历。尽管在组织内并不总会有一些虚位以待的工作机会,但是一个好的员工培训还是应该为员工尽可能地提供成长和学习新技能的机会。这些机会的获得可以使得员工的工作更富有吸引力,也有助于减少员工的离职率。更重要的是这些机会给予员工一种内在的激励和更富有挑战性的工作经历。即便是员工所学的知识和技能与其本职工作当前的相关性并不强,但从长远来看,员工所获得的技能随着其未来在组织内的流动仍可助益于组织。

2. 根据绩效评价结果,确定培训的内容

培训应详细描述出员工应采取的具体发展步骤和具体的发展目标,即员工应获取哪些具体的新技术和新知识,以及如何来获得这些技术和知识。计划中应包含着员工为达到发展计划的目标,所可以获得的组织的资源性支持的信息。

值得注意的是,员工发展计划不仅仅要明确员工发展的最终目标,例如,应掌握哪种新技术,而且要明确员工掌握该种技术的时间期限,以及其评价者如何了解该员工确实掌握了这种技术。这是确保员工发展计划落到实处的重要手段。也就是说,员工发展计划的内容应能保证目标是确实可行的、具体的、时间导向的、与绩效目标紧密相关的、员工与其评价者密切合作的。

3. 根据培训内容,选择相应的培训类型

一个好的员工发展计划需要恰当而具体的员工发展活动方式,来进行落实,因而在员工本位的绩效管理系统中,必须有机地嵌入员工发展活动,从而有效地支持员工发展。

从国外组织的实践来看,其员工发展活动方式很多,但大体上可分为四类:正式教育、评价发展、工作历练和人际关系培养。

(1) 正式教育

正式教育通常包括学位教育,如 MBA、MPA 等;组织课程培训,如各种组织自身设立的培训机构所进行的培训,如设立了培训学院,对各类员工进行相关培训活动,如建立远程培训系统,利用组织的内部局域网,进行在线课程培训;社会中介组织及相关行业协会组织的培训,如人力资源师培训及 CFA、CFP 等。

(2)评价发展

评价发展主要包括各种评价中心技术、标杆超越管理以及 360 度反馈等,将这些技术利用于员工发展中。

(3)工作历练

工作历练包括工作扩大化、工作轮换、短期工作任务委派、社会组织成员领导角色扮演等。

(4)人际关系培训主要指关系绩效指导和辅导,一般这在组织的培训中运用较少。

4.绩效评价结果应用于培训时需要注意的问题

(1)与促进员工发展和组织目标实现的目标结合

有的组织的员工培训活动仍未形成一个目标明确、内容充实的员工发展计划。各项员工培训活动并没有与员工绩效管理紧密结合起来,员工培训项目的实施并不是根据员工绩效评价的结果进行的,其目标并未指向员工需要掌握的新技能、新知识,以及亟需提升的绩效领域,而是为培训而培训,将培训与员工发展及组织目标实现完全割裂开来。结果使得培训收不到预期效果,造成培训资源浪费,员工绩效评价结果的利用不充分,培训活动对于组织经营管理的贡献度不高。因此,组织实施员工本位的绩效管理活动,应注意将员工培训资源与员工绩效管理紧密结合起来,注重制定科学的员工发展计划,有针对性地设计并实施员工发展活动。

(2)与员工绩效改进计划结合

从组织绩效管理的实践来看,组织通常是在绩效评价之后制定员工绩效改进计划,通常计划是以员工绩效各维度的评价结果为基础来制定的,例如,某位员工的"沟通"这一绩效维度被评价为"达不到标准",那么,这就成为该员工发展计划中的一个需要改进的目标区域。这种员工发展计划是作为员工绩效评价表的一部分而存在的。这类员工发在绩效目标设定阶段就制定员工发展计划的好处在于,一旦员工承诺实现该目标,他就会将与目标无关的行动转向专注于目标实现行动;挑战性的目标会激发员工的能量和努力热情;强有力的目标会使员工持久地努力,并为达到目标主动地补充知识和技能。

第四节 绩效评价结果的应用(2):不良绩效处理与离职

一、不良绩效员工的识别以及处理技巧

(一)不良绩效员工的识别

绩效不良雇员,也称边际雇员——是指那些由于缺乏能力以及缺乏做好工作的动力,由主观原因导致绩效水平几乎处于最低水平的雇员。

一般情况下的绩效评价,会对组织中的雇员的绩效评价结果进行分类,然后分别进行处理,如表7-4所示。

表7-4 绩效评价结果分类表

动机＼能力	弱	强
强	努力方向不对者	绩效骨干
弱	绩效不良雇员(边际雇员)	雇员能力动用不足者

绩效问题是由主观原因造成的,员工可被认为是不良绩效员工,不良绩效员工大致包括以下几类:

1. 无法做到合理品质(数量标准)的员工;
2. 影响其他员工的负面态度的员工;
3. 违反组织伦理或工作规则的员工;
4. 基本上不认同公司价值体系的员工;
5. 其他的行为不当的员工,如经常迟到、缺席等。

(二)不良绩效处理的技巧

在任何组织中,即使有着开放的、有效的、维护良好的绩效管理系统,但仍避免不了有些人表现出不良绩效的情况,在这种情况下,就需要管理者必须采取纠正行动。但在很多组织中,管理者接收到不良绩效时,有的想避免与员工不愉快的对话而不愿及时采取反馈措施,他们寄希望于问题自行消失,有的虽然采取了纠正行动,但却因信息收集的失误或者处理方式欠妥,导致和部属的关系出现紧张,甚至让员工产生报复性的行为,这都是不可取的。若欲使纠正行为产生积极的效果,管理者需要掌握以下的技巧。

1. 面对不良绩效表现,管理者要有采取强制行动的勇气

对不良绩效及时采取纠正,是管理者很重要的领导职责。对不良绩效置之不理或拖延纠正行为,对组织、管理者和个人都会产生危害作用。作为组织的管理者,若总是避免承担采取纠正行为的责任,不检查不良绩效、不控制不良行为,就会打击那些总是符合标准的员工,并且作为管理者的信誉也会受到影响。对员工来说,绩效优良的员工心里会产生不公平感,这样会挫伤他们工作的积极性。作为组织的管理者,必须认识到"问题不归零,发展等于零",养成"日事日清"的工作习惯,及时解决问题才能使企业健康地发展。

2. 向员工明确处理不良绩效的目的

在进行不良绩效处理之前应当向员工明确组织的目的。处理行为并不意味着惩罚员工,核心目的是提醒员工尽快回到正轨,以使绩效得到改善。基于正确的处理目的,展开坦诚的对话,纠正行为才不会引起负面的反弹,反而会获得员工的积极配合,甚至会激发他们达到很高的绩效。

3. 设计有效的纠正行为实施程序

要想使纠正行动产生积极的效果,事前通过案头工作对程序进行一定规划设计是必要的。一次有效的纠正行为,应满足以下几个条件:

(1)管理者有清晰的"管理数据"的记录。如:你想到导正一个员工的经常迟到行为,面谈时,使用类似"王敏,你这个星期已经迟到两次了,星期一迟到了15分钟,星期二迟到了20分钟,你能说明下导致你迟到的原因吗?"这样的语言,明显比"王敏,你近期老是迟到,是怎么回事?"有力得多。在客观实际的数据记录前,可有效引导双方把关注点放到情境、事件或行为上,而不是针对个人,"对事不对人"是进行坦诚对话的基础。

(2)做一份实施面谈的行动计划,并做好相应准备。计划中除注明举行面谈的时间和地点、会谈的议题和议程外,还要从自身的经验出发来预测:妨碍纠正行动成功的障碍将会有那些?并制定出克服这些障碍的办法。

(3)实施纠正面谈中的注意事项

①在整个讨论的过程中,要坚持一个基本原则:对事不对人。管理者应使用描述性的语言来阐述事实,避免使用可能导致强烈反抗情绪的词汇,不要猜测动机、意识和潜意识,不要试图解读员工的心思。

②采取积极的态度,让员工能与管理者交互作出反应。询问员工对当前现状的意见、对自己纠正现状的想法,以使员工认清问题,并积极担负起解决问题的责任。

③要关注讨论的成果——通过讨论，能制定出双方达成一致意见的改善计划。在这过程中，管理者对员工敌意的反应要有思想准备。充分保持冷静，要证明组织把绩效或行为问题看做是很严重的事情，让员工感到改变是必要的。

④要将整个讨论的结果进行记录，若是一次更正式的、组织化的纠正讨论，并在讨论后给了员工警告或记过的处分，还需请管理者和员工在讨论记录上签字确认，这可作为以后要解雇该员工时的证据。

二、"诚实的残忍"：不良绩效处理与解聘员工

绩效评价结果对于被评价者影响最强烈的，应当是企业方以"绩效水平达不到要求"为由的解雇行为。如情境框 7-1 所示。

情境框 7-1 解聘——诚实的残忍

在某公司供职的员工突然接到了自己被公司解聘的通知，由于事出突然，员工本人毫无思想准备，被解聘当然是不能接受的，在与公司交涉未果的情况下，一纸诉状诉到了劳动仲裁部门，请求仲裁部门为之主持公道。

于是，仲裁部门到公司展开了调查取证工作，取证结果大出仲裁人员的所料，在该员工每年的评价评价表都清楚地标明"优秀"的字样，而且各个部门都给了该员工相当高的评价。那么，为什么一个优秀的员工却遭到了公司的解聘？

在与公司各级领导仔细沟通后发现，原来，这个员工根本就是工作绩效极低，表现极差，每个部门都不愿意用的人，为了尽快地将该员工推到其他部门，他们都采取了欺骗的手段，故意给该员工很高的评价，好让下一个部门容易接收。就这样，这个员工被依次调动了很多的部门，直到公司无法忍受，才作出了解聘的决定。

这个案例告诉我们，解聘员工是一个极端的行动，容易引起员工的反抗，解聘员工是需要理由的，而且理由应该是充分的。否则，公司与员工之间的劳资官司将不可避免。

因解聘而发生的劳动争议官司在我国的企业里实在不少。原因很简单，没有将员工的工作表现反馈给员工，好的表现没有，差的表现更是遮遮掩掩，只是在公司无法忍受或者公司认为时机恰当（比如劳动合同到期，公司组织结构调整等）的时候才作出解聘的决定。美国通用电气公司前 CEO 韦尔奇所讲的残忍应该有两层含义：一是员工将失去一份工作，面临失业和生活困难等问题，被解聘是残忍的；一是公司没有能够培养好员工，没有能够使员工在自己的企业里得到发展，公司不得不解聘员工，对公司来说，这

也是一个残忍的决策。为了避免如上述案例那样的事情发生,韦尔奇创造性地提出一个"诚实的残忍"(honest cruelty)的观念,将解聘这样一个残忍的事情淡化,使得公司的解聘的决策有理有据,使被解聘的员工心服口服,避免了劳资双方无谓的争吵,避免了本不应该发生的劳动争议官司。

做到"诚实的残忍"需要做到以下几点:

(1)建立完善的绩效管理体系,理顺绩效管理的流程,明确绩效管理的目标,建立必要的绩效面谈辅导制度和评价制度。通过理顺绩效管理的流程,让员工明确自己的绩效目标,明确自己的职责所在,进而确立奋斗目标和培训目标,通过面谈指导,评价者帮助员工清除绩效障碍,改进绩效水平,提升员工的自我管理意识和能力,帮助员工实现绩效目标,达到公司发展的要求。

(2)做好有关员工绩效表现的记录。评价者需要在平时认真观察并记录员工的绩效表现,形成系列化的文档,比较典型和重大的事件还应该请员工签字认可,以便于做绩效评价时的文字资料,使绩效评价有据可依,有据可查,没有意外发生。没有意外应该是评价者牢记的一个原则。

(3)将员工的绩效表现反馈给员工。评价者应及时地将员工的绩效表现反馈给员工,包括积极的表现和消极的表现,尤其注意针对消极表现所进行的负面反馈,这是许多评价者所不愿意做的一件事情,他们害怕不愉快的局面,害怕与员工争吵。其实,争吵是早晚的事情,没有平时的反馈沟通,员工面临被解聘时将更加不能接受,争吵将更加的激烈。及时真诚的反馈是减少争吵的最好的办法,通过持续不断的反馈让员工正确认识自己的不足,不断改进,不断调整,使自己更好地适应公司的要求,是受员工欢迎的。同样,正面的反馈也很重要,员工喜欢看到上司对自己工作的评价,评价者将员工的成绩通过沟通的方式告诉员工,能激励员工的进取心,鼓舞员工士气,塑造愉快的工作氛围。激励是一点一滴的积累,将员工的工作成绩告诉员工就是一种很好的激励方法。

(4)建立领导者的领导力模型。所谓领导力模型,即是领导者的评价体系,是公司的领导哲学。通过建立领导力模型,明确评价者的职责权限,将评价者的责任权利很好地统一起来,使评价者管理行为更加科学规范,更符合现代管理理念的要求,使评价者认真地负起自己应该担负的责任,实施好自己的管理职责。即使是在经济危机时期,解聘员工也不是一个简单随意的行为,处理不好容易引起不必要的麻烦,需要我们认真对待,科学处理。

三、绩效不良雇员的绩效管理办法

可以按照雇员的动机和能力因素将绩效评价结果进行分类（如表 7-5 所示），对于不同的状况可以采取不同的绩效管理办法。对于绩效不良雇员，也就是绩效评价结果靠后的雇员，一般有以下一些管理办法可以实施。

表 7-5 绩效评价结果分类表

动机 \ 能力	弱	强
强	努力方向不对者 在职辅导 频繁的绩效反馈 制定目标 以开发技能为目的进行培训或作出临时性的工作安排重新进行工作安排	绩效骨干 对优良绩效提供报酬 找到进一步发展的机会 提供诚实、直接的反馈
弱	绩效不良雇员（边际雇员） 冻结加薪 降级 另行安排工作 纪律批评 末位淘汰 解聘 就绩效问题的具体而直接地反馈	雇员能力动用不足者 提供诚实、直接的反馈 提供咨询 采用团队建设与解决冲突的方法 将奖励与雇员的绩效结果挂钩 就所需要的知识和技能提供培训 强化管理

本节重点讨论纪律批评、末位淘汰和解聘等三种处理方式。

（一）纪律批评

1. 含义

纪律批评是指对绩效不良的员工作出有建设性的警告的过程。整个过程中，每个绩效不良的员工随时都应该知道他们现在处于哪个阶段，以及如果绩效继续不佳的话，会带来什么样的后果。

2. 步骤

纪律批评的三个步骤为：

（1）第一次警告（可以是口头上的）；

（2）第二次（最后一次）警告。

纪律批评程序的第一步是警告：通常是口头形式，但也可以是书面的。可能的话，让员工在第一次警告的通知上签字，这是为了确认员工接受已经给出警告的事实（他们不必要同意这个警告）。实际操作中，员工可以拒绝签字,但至少给他们这样做的机会也是好的:在员工的档案里放一份通知的复印件(不管有没有签字,并给员工一份副本;如果在第一次警告后,员工没有改善他们的绩效,就该给他们第二次警告了。员工收到警告,再一次的纪律通告,并要求员工签字。第二次通告的复印件通常也要放进员工的档案,并给员工一份。

如果在给了一次口头和一次书面的警告后,不良绩效还在继续,那么就有明显的理由和书面的证据解聘该员工。显然这是跨了一大步,但如果员工对公平、合理地应用这个简单的过程没有什么反应,那么对一个整体的组织来说,这也是一个合理的结果。

3. 要点

纪律批评的两个步骤不要拖几个星期或几个月,那样会使员工、主管等其他直接相关的团队成员失去动力。应该迅速识别出不可接受的绩效。在一个清楚限制的时间范围内,警告是要帮助员工回到正轨。"末位"意味着是一个组织依照由强到弱或由高到低顺序排列的最后一个或几个。它说明了当事人的工作能力,或者工作态度,或者工作业绩甚至是各项均与上位者有差距。

(二)末位淘汰

1. 末位淘汰应遵循的原则

末位淘汰制是指工作单位根据本单位的总体目标和具体目标,结合各个岗位的实际情况,设定一定的评价指标体系,以此指标体系为标准对员工进行评价,根据评价的结果对得分靠后的员工进行淘汰的绩效管理制度。

末位淘汰应遵循的原则包括:

(1)科学的定编,这是末位淘汰制的前提。定编能做到科学,它一定是在详尽的岗位测评的基础上才可能做到的。只有确保各岗位人员编制数的合理性,末位淘汰制才有实施的意义。当然,不少的单位在用末位淘汰的手段,达到减少人员的目的;

(2)客观的评价,这是末位淘汰制的基础。客观评价,包括细致而量化的个人目标管理,一定要在工作内容相同或相近的人员中排序,要做到排序能够尽量客观反映被评价者的真实水平;

(3)要按从上往下的顺序进行层层淘汰。即让被淘汰者有机会选择要求相对低一些的工作,最后要淘汰的应该是整个组织的"末位者"。

(4)实行"末位淘汰",与履行"首位晋升"相结合,使末位淘汰制成为组织健康发展的促进机制。末位淘汰的过程是资源重新配置的过程。它一方面敦促后位者不断加强学习和培训,以满足工作的需要;另一方面,又能够通过考评发现优秀人才,重点培养,逐渐委以重任。

2. 末位淘汰的积极作用

(1)激励员工,避免人浮于事。在任何部门的工作中,激励必不可少。

缺乏激励的单位是效率低下的单位,而末位淘汰制是一种强势管理,旨在给予员工一定的压力,激发他们的积极性,通过有力的竞争使整个单位处于一种积极上进的状态,克服了人浮于事的弊端,进而提高工作的效率和部门效益。

(2)精简机构,有效分流。企业在处于人员过剩的情况下不免会有人浮于事的情况。在这种情况下,精简机构、有效分流是解决这个问题最有效和直接的办法。通过末位淘汰制,对不同绩效级别的员工实施淘汰,这样既兼顾了公平,又实现了机构的缩减(downsize)。在企业人员过多的情况下,实施末位淘汰是分流员工、缩减组织的有效手段。

(3)推动我国当前企业向前发展。企业对员工的管理大致分为三个阶段:第一阶段,人力成本阶段。企业认为员工是成本,缺乏对员工的尊重和信任。企业为了降低成本,多出效益,一味把员工工资压低,这个阶段是最原始的。第二阶段,人力资源阶段。企业逐渐认识到员工自觉干和被动干所产生的效果是不一样的,开始重视培训,重视提高员工的能力。此阶段的企业会制定各种有关员工激励的制度,出台不同的考评办法。第三阶段,人力资本阶段。企业认识到要把人当作资产,实现资产增值。这时员工的革新能力和创造能力是最重要的。现在国内许多企业正在从第一阶段走向第二阶段,有的还没有走到。所以,目前实施末位淘汰制适应当前我国企业员工管理的现状,能够推动我国企业向前发展。

3. 末位淘汰的消极作用

没有一种制度是完美的。尽管末位淘汰制在适当的条件和环境下会发挥其积极作用,但是从不同的角度来看,末位淘汰制也有它的负面效应:

(1)从法律的角度讲,末位淘汰制有违法的可能性。对于企业和员工共同签定的劳动合同是双方的法律行为,这是在双方意愿的基础上行为,一旦订立就对当事人双方产生约束力。在合同期限未满前,任何一方单方的解除合同,都必须有法定的理由,否则就视为违法。而在末位淘汰制中,企业与员工解除合同的理由仅仅是员工的工作表现,法律依据是不足的,因此企业应该承担相应的法律责任。可见,对于企业来讲,适用末位淘汰制是有违法的可能性的。当然,在机关单位中,干部职务的任命、降低和撤销都是由单位单方可以作出的法律行为,这里并不涉及法律问题。总之,从法律的角度来讲,末位淘汰制可能造成违法。

(2)从科学的角度看,末位淘汰制欠科学。各个单位、部门的发展水平是不一致的。在同行业以同样的标准去评价员工,有的单位的末位可能是其他单位的首位或中上位,这正是"末位不末",如果淘汰掉他们,即使招入新的员工,实际效果并不如以前,从这个角度说,末位淘汰制是欠科学的。相反,在总体水平不高的单位里,实际上"首位不首",需要大刀阔斧地彻底更新换代,而此时末位淘汰制会起到保护这部分"首位不首"的人。从上可以看出,末位淘汰制有不科学因素存在。事实上,做工作有合格和不合格之分,如果大家干得都很合格,或干得都非常优秀,那么还一定要去淘汰一部分是不科学的。

(3)从管理学的角度来讲,末位淘汰制不符合现代人本管理的思想。现代管理崇尚"人本管理"。人本管理以尊重人性、挖掘人的内在潜能为宗旨,努力通过创造一种宽松、信任的外在环境而充分发挥人的主动性、团队精神、责任感、创新性,人本思想注重长远效应,而非短期效应。末位淘汰制是一种典型的强势管理,主张通过内部员工的竞争从而严加管理,员工外在的环境是紧张的,在这种环境下,员工的心理压力很大,同事关系紧张,团队精神差,这种环境下的员工有一种被动感和被指使感,而且末位淘汰制一般是注重短期效应的,并不是很在乎人的长远发展和潜力发挥。

综上所述,末位淘汰制就像其他任何制度一样都是具有两面性的,既有积极的一面,又有消极的一面,我们在看到一项制度的优越性时也应看到它的不足之处,只有这样才能更全面地看待它和合理地应用它。

4. 末位淘汰适用性的讨论

以上对末位淘汰制的优劣做了较为全面的探讨,既看到了它的积极作用,又看到了它的消极作用。那么,末位淘汰制作为一种制度的出路何在呢?可以从两个不同的角度来探讨末位淘汰制的出路问题。一是用之但慎用,而是不用之而用其他替代。

(1)慎用末位淘汰制。鉴于末位淘汰制有优点也有缺点,所以用之应该慎之又慎。具体在实践的落实中应考虑具体单位是否具备适用的条件和环境,是否确定了科学的考评指标体系,是否建立了合理的补偿制度。首先,必须了解本单位所处的地位和水平。如果本单位人浮于事、人员过剩,管理没有形成健康有序的机制,那么实施末位淘汰制是适合的;而一个实施现代企业管理制度的企业,人员精练、素质较高、机构简单、具有活力和创造力,硬性地推行末位淘汰制度,被淘汰的员工有可能比同类企业优秀的员工相比还具有一定的竞争性,因此造成的职位空缺是无法迅速地从人才市场得到补充,从而造成企业的损失,这种企业就不适合适用末位淘汰制。

末位淘汰的应用是有一定的环境基础的。具体到不同的岗位来讲,不同的岗位对末位淘汰制的适用也是不一样的,如销售岗位的业绩容易量化,较适合末位淘汰制,而研发岗位则不易量化,且这种创新性很强的工作需要宽松的外部环境,因而就不大适合用末位淘汰制。其次,一旦决定适用末位淘汰制就必须设定一套非常科学而合理的指标体系。否则,考评的结果就不会科学,淘汰的人员就不正确,将直接影响到单位的发展。考评体系的制定需要单位有明确的目标管理制度和清晰的职位职责界定。如果目标不清楚,职责不明确,评价标准无法确定,那么也就无法进行考评,也就没有根据来评定谁是末位。在这种情况下,末位淘汰很难运作。再次,关于使用末位淘汰制后应该采取一定的补偿措施。末位淘汰制的一个缺点就是缺乏人性关怀,过于残酷,针对这种情况,应该在实施末位淘汰制的同时实施一定的补偿制度,如对于被淘汰的员工提供培训机会,换岗另用等,使这种制度的消极作用降低到最小限度。

(2)关于替代末位淘汰制。绩效评价中,如果每名员工都相应找出了自己的不足,取长补短,共同进步,充分发挥团队精神,另一方面又能很大程度上保护了自己和其他同事的自尊心,就是相对较好的绩效评价。因此,绩效评价结果能够容易形成一种积极向上,欣欣向荣的局面,使大家在尊重与理解中竞争,共同提高,最终形成一个优秀的团队,而不是有人离开,就是相对较好的结果。因为最终的竞争是与竞争对手的竞争,而不是内部的竞争。

适合的就是最好的。应该说任何管理制度都不是放之四海而皆准的,它都有一个适用的特定范围和阶段,不分条件、时间、范围地去套用,可能适得其反。"末位淘汰制"不是管理者的最终目标,管理者要通过该机制充分调动员工的主观能动性、积极性和创造性,来实现管理的效益最大化。

(三)解聘

1.解聘的含义及其原则

解聘是指聘任双方解除聘约的行为。具体就是解除聘任的职务,不再聘用。

解聘的一般原则是:

(1)以事实为依据。解聘人员要有理由,那种随便处置员工的企业永远得不到全心全意为企业着想的员工。只有以事实为依据,才能使被辞退员工心服口服,其他的员工也不会受到影响。

(2)顾及员工体面。在辞退员工时,也应充分考虑被辞退员工的体面,减少因被辞退而给其带来的不快,同时也减少有暴力倾向的员工对企业潜在的威胁。

(3)坚决而迅速。勇敢地表达企业的立场,不要拐弯抹角。企业的辞退决定一旦作出,就应坚决实施。最忌讳信息已传出,但人力资源部门却无相应行动,尤其是对待有不轨行为的员工,速度是越快越好。

2. 解聘之前的程序

在解聘员工之前,雇主应当明确对被涉及的员工进行合理的调查。

(1)进行过符合要求的绩效评价和绩效面谈。包括:告诉员工他所获得的评价结果及评价的理由(最好是书面的),并给出一个合理的时间,预先让他们弄清楚相关事项,在面谈时给予员工足够的申辩机会,对于员工的申辩作出回复。

(2)仔细考虑员工在面谈的过程中提出的问题。包括:对问题作出解释,把所有训诫过程做成文档,并对每一步有详细的记录;确保解聘的理由不是苛刻的、不公正的或不合理的。

3. 解聘的步骤

(1)调查工作业绩。首先要查出来的是员工有什么样的失误,为什么会有这样的失误,看能否在企业内部调动,让员工更好地发挥技能。如果无法进行内部调动,只好终结雇佣关系。

(2)用书面材料说明解雇员工的原因。保留书面警告的副本和记录该员工业绩不良所造成的影响,包括事件日期和详情。

(3)制定终止雇佣关系的条件。按照规定可以给予补偿。

(4)最好让对方在合同终止那天离开办公室。这可以减少蓄意破坏的可能性,降低对其他员工的负面影响。

(5)准备好进行解雇会谈。整理好需要的文件。准备一下应如何进行会谈。会谈持续的时间不要超过15分钟。

(6)在独立的会议室中进行会谈。最好找个同事作为见证人,支持自己的观点,这将会有所帮助。

(7)尊重对方。简要解释解雇的原因,说明这是一个无可挽回的决定。

(8)解释有关解雇的财务安排。将最后的薪金准备好,交给员工。可能的话,为员工准备一封介绍信。

(9)收回该员工使用的企业的财物。将员工的私人东西物归原主。

4. 解聘所涉及的法规与政策

评价者必须考虑以下的理由解聘员工是不合法的：
(1) 因为生病或受伤而暂时的缺勤；
(2) 曾经担任员工的代表或争取过类似职位；
(3) 抱怨过雇主；
(4) 歧视的原因：种族、性别、年龄、身体或智力缺陷、婚姻状况等。

思考题

1. 员工层面的绩效诊断和改进的步骤分别有哪些？
2. 简述绩效评价结果的不同运用目的及其做法。
3. 绩效评价结果应用于薪酬领域的特点是什么？
4. 绩效评价结果在培训上的应用的必要性有何体现？
5. 应如何看待末位淘汰的优缺点及其适用性？

本章案例：A公司的绩效评价结果的应用

A公司规模较小，各部门人员不多，以前的绩效评价是各部门按人数比例各自评定等级。以致形成了大家轮流坐庄拿优秀的局面，使绩效评价流于形式，不能起到真正的激励效果。针对这个弊端，公司决策层决定在整个公司层面对评价结果进行强制排序。划分了两个层次进行，管理人员一个层次，普通员工一个层次，从而极大调动了员工的工作积极性。

在A公司以前的评价中，C级员工的奖金发放系数为0.7，从员工心理来说，C级是合格，应该可以全额拿到基本奖金，从而0.7的奖金发放系数存在着一定的负向激励。于是公司在的设计方案中做了一些调整，将C级员工的奖金发放系数调高到1.0，并根据20/80原则，保证80％的员工可以全额拿到基本奖金，同时我们将A级的奖金发放系数从1.2改进到1.5，极大增强了激励效果。

针对A公司职能部门服务意识弱、企业执行力差的问题，公司将职能部门的绩效奖金与房地产事业部利润挂钩，以增强职能部门的服务意识。此外，结合新的薪酬体系，加大了浮动绩效奖金的比重，并且其比重由普通员工、中高层管理人员到领导层逐次递增，做到人人收入与公司利润息息相关，职务级别越高，承担的风险越大，使得公司上下形成一个以利润为目标的合力,增强了企业的执行能力。

思考提示：

评价者认为绩效评价的结果还可以怎么应用,以改变 A 公司原来的绩效评价结果激励程度不够、执行力比较弱的情况？

练习题

请自拟情境,设计一个基于 BEST 训练步骤的绩效面谈方案。

参考文献

1. 魏东钦,《企业实施员工绩效排名要慎重》,《HR 案例》,《人才资源开发》,2006(9)。

2. 刘昕、曹仰峰,《绩效改进：组织的永续发展之道》,《人力资源经理》,2006(8)。

3. 詹姆斯·S. 帕皮顿,《员工绩效顾问》,人民邮电出版社,2004 年。

4. Robbins, S. P. (1992). Organizational Behavior 6th, Prentice Hall In.

5. Blumberg, M. & Pringle, C. D. (1982). "The missing opportunity in organizational research: some implications for a theory of work performance," Academy of Management Review, 7, pp. 560—569.

6. Korman, A. (1977). Organization Behavior, Prentice Hall, Inc., Englewood Cliffs, N. J.

7. Harrison, M I: Diagnosing Organizations: Methods, Models and Processes, second publication.

8. Reyna, "A frame—work for individual management development in the public sector", Public Personnel Management, 24, 1995, pp. 53—65.

第八章

员工绩效管理体系的设计与实施

本章学习要点

- 了解遵循科学性、系统性、严密性原则,制定员工绩效管理制度的一般程序和主要内容。
- 了解绩效管理系统设计的可行性模型,掌握绩效管理体系修订与实施的基本步骤。
- 了解绩效管理体系实施中的组织与责任保证。
- 总结前述章节所学知识与方法,对绩效评价与绩效管理知识进行整合。

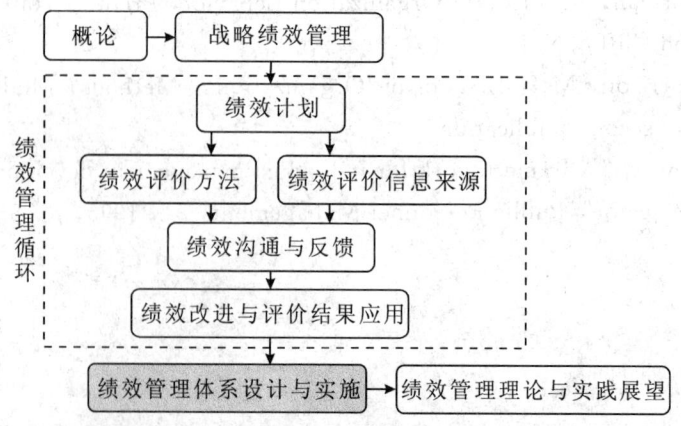

绩效管理是现代组织管理工作的中心,绩效管理体系的开发与设计是组织活动中最重要的任务之一。而绩效管理系统的开发与设计,在很大程度上取决于如何对绩效进行定义,以及组织现有系统和结构等方面的状态和性质。企业应该依据自身条件和外部环境特性,选择和设计出合适的员工绩效管理制度,并通过完善实施环节和落实保障措施,以达到企业的预定目标。本章作为前述各章的绩效管理各环节的整合,依次介绍绩效管理体系的设计、实施及保障措施等内容。

第一节 绩效管理体系的设计

设计员工绩效管理体系的基础是首先要明确一种理想的状态,然后依照一个理性的程序,最后完成其内容的设置。

一、理想的绩效管理体系应具备的特征

绩效管理体系的有效性对于组织战略目标的实现和日常工作的进行具有重要作用。良好的绩效管理体系的特征,应该是前述章节中绩效管理周期的绩效计划、绩效实施与沟通、绩效评价、绩效改进与结果运用等不同环节的优良特征的整合。一般来说,一个理想的绩效管理体系应该具备以下特征:

(一)战略一致性

绩效管理体系应该与组织和部门的战略保持一致,即个人目标必须与部门目标及组织目标紧密结合在一起。这是反映绩效管理体系与组织战略接口状态的重要特征,也是绩效管理体系总体有效性的首要特征。

(二)对象与内容的完整性

绩效管理体系的完整性体现在三个方面:一是所有的员工(包括管理人员)都应当接受评价;二是所有的主要工作职责都应当被评价(其中包括行为和结果);三是应当对整个绩效周期内的绩效进行全面评价。

(三)经济实用性

良好的绩效管理体系应该容易使用(例如,绩效数据录入可以通过界面友好的软件来完成),便于管理者用来进行决策,使用绩效管理体系所产生的效益(例如提高绩效和员工工作满意度)大于其设计和使用中耗费的成本

（包括时间、努力及资金耗费）。

（四）功能的有效性

绩效管理体系应该在以下方面做得有效：一是每一种工作职责的绩效标准和评价内容都是重要而且相关的；二是只对员工具有控制能力的工作职责进行评价；三是绩效评价定期举行并且时机恰当；四是能够为评价者提供持续性的技能开发；五是绩效评价结果能够被用于重要的管理决策。

（五）绩效的区分性

绩效管理体系应当能够识别出有效和无效的行为和结果，因而能够识别出具有不同绩效水平的员工。

（六）绩效指标的信度与效度

绩效管理体系应同时具备良好的信度与效度，一方面绩效衡量指标是稳定一致并且没有偏差的；另一方面在绩效衡量指标中包含了所有的关键绩效内容，而又不包含与员工绩效无关的其他方面的内容。

（七）评价体系的可接受性与公平性

绩效管理体系应该可以被所有的参与者接受，而且被他们认为是公平的。包括员工认为绩效评价结果所确定的报酬是公平的（分配公平），员工认为决定绩效评价等级以及后来的报酬程序是公平的（过程公平）。

（八）实施过程的开放性

良好的绩效管理体系应该做到：吸收员工参与到体系的创建过程中，绩效标准是清晰的并及时地传递给员工，经常对绩效进行评价并持续性地提供反馈，绩效沟通是以事实为依据的、公开的和坦诚的。

（九）实施偏差的自我纠正性

绩效管理体系自觉纠正偏差的机制主要体现在两个方面：一是应当建立一个有高层领导者和专家组成的评审小组，定期进行活动，承担起监督考评结果的任务；二是应当建立员工申诉系统，全面负责员工的申诉接待与协调，当员工感觉到上级对自己的绩效评价出现偏差时，能够借助评审小组的监督体系或者自下而上的申诉程序对于不公平或不正确的评价决策获得解决的机会。

尽管现实中企业在设计和实施绩效管理体系时，受到自身条件和外部环境的各种约束，难以同时具备这些特征。但是，我们还是应该对照这些特征来考察绩效管理体系。一般来说，所设计的绩效管理体系符合这些特征的程度越高，其取得成功的可能性就越大。

二、绩效管理体系设计的依据

绩效管理系统的开发与设计不是在真空中进行的,绩效管理系统与组织及外部环境的匹配是非常重要的。为此,绩效管理系统设计需要按照一套清晰的程序来设计。Mohrman(1989)曾提出一个绩效管理系统设计的可行性模型,主要包括以下程序(如图8-1所示)。

- 识别关键行为人
- 设计程序决策
- 评价目前的组织状况
- 明确建立系统的目的
- 设计绩效评价系统
- 实施绩效评价过程
- 对于绩效管理系统进行评价

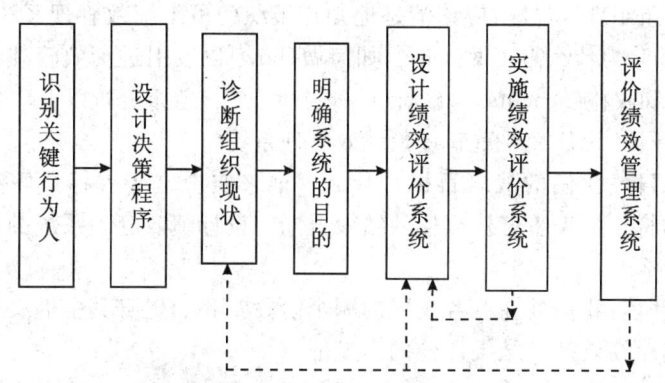

图 8-1 绩效管理系统设计的可行性模型

下面主要介绍识别关键参与者,诊断组织现状,以及明确绩效管理系统目的等方面内容:

(一)识别关键参与者

设计绩效管理系统的一个重要原则是让使用该系统的人参与设计。绩效管理系统能够影响到整个组织的文化、气氛和管理风格,关系到每一位员工的切身利益,因此,必须精心选择开发与设计绩效管理系统的参与者。

首先,组织的直线管理人员和员工是绩效管理系统的直接使用者,他们的充分参与和投入是提高绩效管理效果的重要保证。

其次,高层管理者是设计、实施和管理绩效管理系统的关键,绩效管理系统中必须体现高层管理者所确定的"组织的战略方向和管理哲学"。应该建立一个由组织各部门的高层、经验丰富的管理者组成的团队,来负责监督整个开发与设计过程的进行。高层管理者的参与和投入能增加有计划的变革的合法性。

再者,在绩效管理开发与设计过程中,人力资源管理人员和专家发挥重要的促进作用。他们会对整个开发与设计过程提供支持、协调和具体指导。管理人员和其他人可以采取项目小组、由绩效管理代表组成的任务团队、咨询小组等参与方式。

(二)诊断组织现状

对组织文化、组织气氛、管理风格、绩效管理现状进行诊断,是开发与设计绩效管理系统的关键一步。只有明确将来运行整个绩效管理系统的组织背景,找出组织目前绩效管理中做得好的方面和存在的不足,才能有针对性地设计与组织相匹配的绩效管理系统。

通过组织现状诊断,应该清楚地知道组织的员工绩效管理系统:需要做什么(what)、为什么需要做(why)、如何做(how)以及引进绩效管理系统的成本(costs)和收益(benefits)。诊断组织现状时,应该着重分析以下7个因素:

(1)原因:为什么要重新评价绩效管理系统?

(2)目标:我们的战略目标是什么?谁来实现这些目标?如何衡量绩效?我们将与员工签订什么样的绩效合同?设计绩效管理系统的最主要的目的是什么?

(3)环境:我们处在业务发展的哪个阶段?我们置身其中的文化是如何影响我们对绩效及其结果评价的态度的?

(4)系统:为了支持绩效或业务目标的实现,我们应该做哪些事情来改善员工的知识、能力和动机?

(5)设计:我们如何界定报酬?我们如何界定奖励?何种衡量标准适当?我们将如何与员工沟通绩效、报酬或反馈?

(6)结果:对行为有什么影响?成功的标准是什么?

(7)监测:采用什么样的绩效回顾过程?

(三)确定绩效管理系统的目的

确定绩效管理系统的目标是开发与设计绩效管理系统的最重要的一步。因为,整个开发与设计过程都是为一定目的服务的。应该根据不同的绩效管理目的,有针对性地设计绩效管理系统。

通常组织引进绩效管理系统的目的主要有:

（1）建设一种绩效取向文化或帮助将现在的文化改变成更为绩效取向的文化；

（2）将拥有不同文化的组织部门融合在一起；

（3）借助绩效驱动的绩效管理来改善员工个人或团队的绩效；

（4）借助发展驱动的绩效管理来提高员工的技能、胜任特征，开发他们的潜能；

（5）借助报酬驱动的绩效管理来为绩效工资的发放提供所需信息；

（6）借助激励驱动的绩效管理来提高和保持员工的积极性；

（7）授权，使员工有更多的权利自由支配和处理自己的工作；

（8）帮助将组织、功能、部门、团队和个人的目标整合在一起；

（9）增加工作信息的沟通渠道；

（10）为管理者澄清职责、授权、监测和回顾绩效、发展员工等，提供一个运作系统；

（11）吸引和留住熟练员工；

（12）支持全面质量管理。

在确定绩效管理系统的目的时需要注意到，尽管设计绩效管理系统首先是为了满足组织发展的需要，但是绩效管理系统通常具有多重目的，而且各个目的之间可能会发生冲突。

三、员工绩效管理体系设计的内容

绩效管理系统设计的过程是一个具有政策性（political）、理性化（rational）和参与性（participative）的过程，它描述的是一个系统，包含有关政策、理性、参与的观点。其具体的开发与设计内容包括对绩效管理的本质、范围、内容和操作模型等一系列问题的回答。

（一）绩效管理系统的设计的问题清单

（1）总体状况。引入绩效管理的目的是什么？

（2）绩效协议。该方法是否建立在正式的绩效协议、计划或合同的基础上？

（3）目的。目的的含义是什么？例如，我们是否区分短期目标和长期目标？

（4）绩效评价标准或指标。在对绩效进行评价时，我们是否把投入和产出都作为应予考虑的因素？

（5）属性和能力。雇员能力开发到什么程度是可能的或是理想的？

(6)绩效和开发计划。是否应该把开发计划同培训计划结合起来?

(7)全面绩效管理。如何确保管理者能始终如一地意识到自己对绩效管理所负的责任,并承担这一责任?

(8)绩效检查。在检查过程中,我们在何种程度上把自我评价、上级评价和同事评价结合起来?

(9)绩效评定。是否需要进行绩效评定?

(10)文件。需要为管理人员和个人提供哪些书面指导?

(11)现有的安排。为实施绩效评价,我们要考虑做哪些安排?

(12)对团队进行绩效管理。是否希望突出团队在绩效管理过程中的重要性?

(13)绩效工资。如果采用绩效工资制度,如何避免这种制度受到绩效管理激励与开发方面存在的偏见的影响?

(14)管理者的反应和行为与其他雇员的反应。如何建立部门经理对绩效管理的控制权?如何让雇员接受并理解绩效管理?

(15)培训和情况介绍。是否为管理者及其职员作了培训?需要什么样的简报?

(16)试运行试验与正式实施。

(17)实施结果评价与绩效管理系统质量的检验。

更为详细的设计过程是这些确定的目的,分析具体要求和局限。许多问题都集中在具体要求该系统做什么和如何操作上。

(二)绩效管理制度的设计

绩效管理制度,是实施企业绩效管理活动的准则和行为规范,它以规章制度的形式,对绩效管理的目的、意义、性质,以及绩效管理的程序、原则、方法和要求作出统一规定。

绩效管理制度是绩效管理系统的重要的落实在文字表述层面的行动纲领,它通常由总则、正文和附则等章节组成。拟定和起草绩效管理制度时,需要从现实出发,注重科学性、系统性、严密性和可行性。

绩效管理制度的主要内容通常包括:

(1)绩效管理的地位、作用、建立原因;

(2)绩效管理的组织设置,机构职责、工作范围和分工;

(3)绩效管理不同对象的参与者;

(4)绩效管理的目标、程序和步骤;

(5)考评指标体系和标准体系的规定[见资料框8-1];

资料框 8-1: 某企业的员工绩效考评制度

绩效考评是指用系统的方法、原理,评定、测量员工在职务上的工作行为和工作效果。

1. 考评的目的和用途
(1) 考评的最终目的是改善员工的工作表现,以达到企业的经营目标,并提高员工的满意程度和未来的成就感。
(2) 考评的结果主要用于工作反馈、薪酬管理、职务调整和工作改进。

2. 考评的原则
(1) 一致性:在一段连续时间之内,考评的内容和标准不能有大的变化,至少应保持 1 年之内考评的方法具有一致性;
(2) 客观性:考评要客观地反映员工的实际情况,避免由于晕环效应、新近性、偏见等带来的误差;
(3) 公平性:对于同一岗位的员工使用相同的考评标准;
(4) 公开性:员工要知道自己的详细考评结果。

3. 考评的内容和分值
(1) 评价的内容分以下三部分:
重要任务:本季度完成的重要工作,考评的工作不超过 3 个,由任务布置者进行考评。
岗位工作:岗位职责中描述的工作内容,由直接上级进行考评。
工作态度:指本职工作内的协作精神、积极态度等。由部门内部同事或被服务者进行考评。
(2) 分值计算
原则上,总分满分 180 分,重要任务满分 90 分,岗位工作、工作态度分别为 45 分。对于没有"重要任务"项的岗位,原则上其他两项的分数乘以 200% 为总分。

4. 考评的一般程序
(1) 员工的直接上级为该员工的考评负责人,具体执行考评程序;
(2) 员工对"岗位工作"和"工作态度"部分进行自评,自评不计入总分;
(3) 直接上级一般为该员工的考评负责人;
(4) 考评结束时,考评负责人必须与该员工单独进行考评沟通;
(5) 具体考评步骤在各岗位的考评实施细则中具体规定。

5. 保密
(1) 考评结果只对考评负责人、被考评人、人事负责人、总经理公开;
(2) 考评结果及考评文件交由人力资源部存档;
(3) 任何人不得将考评结果告诉无关人员。

6. 其他事项
(1) 公司的绩效考评工作由人力资源部统一负责;
(2) 考评每季度进行一次,原则上在 3、6、9 和 12 月下旬进行;
(3) 考评负责人在第一次开展考评工作前要参加考评培训(由人力资源部组织);
(4) 各岗位的考评实施细则在本制度基础上由人力资源部、考评负责人及被考评人共同制定。

7. 本制度自颁布之日起实行

8. 本制度由人力资源部负责解释

(6)考评的类别、方法、期限等的规定;
(7)绩效管理对员工申诉的管理办法;
(8)考评结果应用的原则和范围及配套措施;
(9)绩效管理总结的规定;
(10)对绩效管理制度的解释、实施和修改等问题的说明。

第二节 员工绩效管理体系的实施

绩效管理系统本质是一个管理控制系统,一个有效的控制系统不仅要保证系统的要素不断获得修正和优化,而且要具备在实施过程中对系统的核心流程本身进行自我修复和优化的功能。绩效管理体系的实施,需要依靠一套有效的绩效目标体系、绩效管理流程,以及组织保障制度来支撑。具体包括以下三个方面:

1. 绩效目标体系

我们从公司战略分析开始,到公司业务重点、策略目标与KPI,再到部门业务重点和KPI,最后层层落实到了岗位,从而建立起基于公司战略的组织目标责任体系。围绕"组织(包括流程)"进行,设定的目标或KPI指标都是针对"职位"、也就是针对"组织"而言的,还没有涉及组织中的执行者"人",至于每一位员工如何通过自身的努力来完成组织或职位的目标/KPI,就是第二个层面"绩效管理过程"要解决的问题。

2. 绩效管理过程

我们从绩效计划、绩效辅导、绩效评价反馈、结果运用四个方面展开。具体阐述了针对"员工"层面,如何承接公司战略或组织目标的问题。在这部分,将管理者和员工、管理者的日常管理与绩效管理有机地结合在一起,基于战略的绩效目标责任体系,通过管理者和员工的日常管理活动,最终真正得以落实。

3. 统一完备的组织保障制度

基于战略的绩效目标责任体系得以落实,除了绩效管理过程承接外,还需要建立统一完备的组织保障制度。通过一系列保障制度、牵引和约束管理者和员工的行为,使对员工的评价更具有公正性和合理性,确保部门和公司目标的达成。

其中的内容和原理已在本书的前述章节中分别介绍过。本节围绕着绩效管理体系的实施流程对其进行整合,并着重介绍其中的沟通和申诉、试点与测试、持续的监控与评价、评价双方的培训等内容。下一节着重介绍绩效管理体系实施的组织保障制度。

一、沟通计划与申诉程序

一套绩效管理体系的实施需要多方的参与。绩效管理体系的成功实施需要获得组织广泛的支持以及组织成员较高的接受度,这就需要通过实施沟通计划,使得多方参与者清晰理解绩效管理体系的运行方式,并且能够从各自不同的角度认识到绩效管理体系实施给自身带来的好处。对于申诉程序的描述应该是这项沟通计划中的内容之一。有关绩效沟通的基本内容在本书第六章中已经做了介绍,不再赘述。

(一)沟通计划

实施沟通计划的主要目的是确保关于绩效管理体系的各种信息能够在组织中按照有利于组织目标实现的方式进行广泛传播。

1. 沟通计划的主要目标

一项良好的沟通计划需要回答以下几方面问题:

(1)什么是绩效管理的确切含义?让主要的绩效管理参与者明确绩效与绩效管理的含义,在个人绩效与组织绩效之间建立联系,并不是一件容易的事。这首先需要提供关于绩效管理的总体信息,说明绩效管理体系在组织中是如何运行的,以及绩效管理的总体目标是什么。

(2)绩效管理体系与我们组织的战略是如何匹配的?应该提供绩效管理和组织战略规划之间的关系的信息,尤其是需要说明绩效管理体系将会如何有助于组织实现自己的战略目标。

(3)绩效管理体系对于我有什么好处?一项良好的沟通计划要能够描述出,实施绩效管理体系能够给各方参与者带来哪些好处。

(4)绩效管理体系是怎样运作的?要对绩效管理过程及其时限要求加以详细的描述。例如,需要什么时间召开绩效讨论会议,每次绩效讨论会议的目的是什么,什么时候会作出关于报酬方面的决策等。

(5)我的责任是什么?在沟通计划中应该说明,在绩效管理过程的每一阶段涉及的各方应当承担哪些角色和责任。例如,应包括员工及其上级主管人员在绩效管理过程中应当承担哪些责任的描述。

(6)绩效管理与组织的其他活动之间存在什么联系?沟通计划还应该

明确,绩效管理体系与组织的其他管理活动以及管理体系(如培训、晋升、接班人计划等)之间到底存在何种联系。

2.提高沟通效果的有效方式

(1)吸收员工参与。吸收员工参与到绩效管理体系的设计与实施过程中来,人们总是会支持自己亲自参与决策的事物,员工在绩效管理体系设计中的参与程度越高,其对该体系的支持程度通常也越高。

(2)理解员工的需要。理解员工的需要,然后弄清如何通过绩效管理体系满足他们的需要。对于"绩效管理体系对我有什么用"这样的基本问题,提供一种个人化的、清晰的、可信的答案。

(3)主动提供事实和结果方面的信息。采取积极的态度,化解与应对新的绩效管理体系可能产生的负面态度,清晰解释与绩效管理体系有关的一些事实,并说明这些事实可能产生的后果。

(4)利用多种渠道进行沟通。学会利用包括口头沟通、会议沟通、电子邮件沟通、文件沟通等多种不同的沟通方式,并注意不同沟通渠道所传播的信息的一致性。

(5)利用可信的沟通者。在利用人力资源部门进行绩效管理体系的解释和监督基础上,注意利用其他部门或者小组的形式进行沟通。在组织中得到大家信任和尊重,同时又理解和赞同绩效管理体系的人更适合于担任沟通者的角色。

(二)申诉程序

员工对于绩效评价的公平感的产生来源于程序公平、人际公平与结果公平三个方面。程序公平指的是指标与标准选择的双向沟通互动过程,评价流程的公开性;人际公平强调的是绩效反馈、绩效评价的氛围、员工对绩效结果的质疑;结果公平在于绩效评价结果的公平合理性。一般来看,程序公平、人际公平是结果公平的前提与保证,只要程序合理、人际合理,结果就会具有一定的合理性。绩效考评申诉机制建立,可以在一定程度上保证评价的客观性与合理性,减弱绩效评价的组织政治因素的负面影响。

1.员工能够提出质疑的两类问题

当设置申诉程序时,员工有能力就两类问题提出自己的质疑,即判断性问题和管理性问题。

(1)判断性问题。主要集中在绩效评价本身的准确度方面。例如,某位员工认为其上级对自己的绩效所作出的评价并没有反映出实际绩效。

(2)管理性问题。涉及评价者是否遵守了相关的政策和程序。例如,某位员工提出质疑,认为他的主管并没有像对他的同事那样经常与他进行绩效沟通,他获得的绩效反馈不像他的同事那样完整。

2.申诉的类型与处理方式

(1)一级申诉,或称 A 级申诉。即提交给人力资源管理部门的申诉。当员工提起某一次申诉时,人力资源管理部门就会以员工及其主管人员之间的调解者的角色出现。人力资源管理部门有足够的能力判断主管人员是否正确地执行了相关政策和程序,而且能够清楚地了解各类职位的基本情况、组织期望员工达到的绩效水平,以及本部门和本组织中其他员工的绩效水平状况。人力资源管理部门在收集了必要的事实以后,作出合理判断,或者要求员工的上级采取纠正措施,或者告知员工他们的上级所作出的决策或遵循的程序是对的。

(2)二级申诉,或称 B 级申诉。是指如果员工的上级并不认为应该采取纠正措施,员工继续进行的申诉。这时就需要一个中立的外部仲裁者来提供一项最终的同时也是有约束力的解决方案。作出这种仲裁可以是由员工的一些同事和组织中的管理人员共同组成的一个小组,该小组通过对事件进行审查,提出问题,访谈证人,研究过去曾出现的先例,并回顾组织的相关政策,最后以简单的投票方式作出最终决策,并上报给组织的高层管理人员。

在绩效管理体系实施过程中设置申诉程序,有助于提高员工对于绩效管理体系的公平性的认知。它使得员工在面对无法接受的绩效评价结果时,可以通过一种制度性的手段提出质疑。

二、管理系统的试运行

绩效管理系统的建立和实施很可能导致组织有关方面的组织变革。该系统的适用范围越大,在进行实施时面临的任务也越艰巨。我们不应该认为,所设计的绩效管理系统必然会按照预期的目标运行,其实,如果实施不当,绩效管理系统不仅不能促进组织绩效的提高,相反则可能对组织产生不良影响。

因此,在整个组织全面实施绩效管理系统之前,可以先选择对所设计出的绩效管理系统的模型进行试运行(也可称为试验,或者试点),考察其是否科学、适当和可行,取得初步成果并对模型进行合理修改后,再推广到组织的其他部门。

(一)正确选择试运行的部门

正确选择试运行部门,对绩效管理系统的顺利实施和进一步推广是非

常重要的一步。选择进行试运行部门时应考虑以下六个方面的问题:

1. 该部门的规模是否适当?

2. 该部门的结构是否具有典型性,能代表其他部门吗?

3. 能否对该部门的功能进行概括?

4. 根据试验的原则该部门是否可以被接受?其他部门认为该部门是一个具有代表性的部门吗?

5. 该部门是否有一些与众不同的地方?比如它是否生产率最高或者管理最差劲,员工工作最努力或者最懒散?

6. 高层管理者是否支持该试运行的实施?试运行的提出可能会遇到许多困难,并且对于组织原有的结构会有一定的破坏性。如果没有高层管理者的支持,很可能在尚未得出任何结论之前,就不得不半途而废。

通过在所选定的部门的试运行,可以揭示需要进行哪些改变,包括对绩效管理系统本身进行的改变和对组织的一些方面进行的改变。通常某一个部门难以同时满足系统的全部要求,因此可以考虑在几个部门同时进行试运行。

(二)实施系统试运行的注意事项

1. 试运行阶段,绩效管理体系的各个步骤会被从头至尾实施一遍,包括绩效会谈、收集绩效数据、进行绩效反馈等。但绩效评价结果不应该记录在员工个人档案之内。

2. 试运行过程中的一个重要方面,所有参与者都应当将遇到的各种困难如实记录下来,包括在填写绩效评价表格时、在绩效衡量时,以及在提供反馈时遇到的具体问题。

3. 系统的试运行可以揭示出一些必要的组织变革问题,这些变革既可能是针对系统本身的,也可能是针对组织整体的某些方面。这些变革问题越深刻,正式实施所需要的导入时间也就越长。因此,许多与绩效管理有关的组织变革都具有长期性。

4. 参与系统试运行的工作人员,作为绩效管理指导,进一步参与系统的推广工作,将对于绩效管理体系的最后成功具有特殊的意义。这些人是由各部门主管人员挑选出来的,他们具有推行和整合绩效管理工作的经验,并具有参与组织变革过程的愿望。

绩效管理系统的设计与实施是一个逐步优化的过程。试运行可以使一个组织在整个范围内实施绩效管理系统之前,及时发现缺陷进行弥补。现实中的试运行也可能分阶段、分层次,甚至反复地进行。

三、持续的监控和评价

在试运行结束,绩效管理体系在整个组织范围内得到实施之后,另一项重要内容就是,如何利用清晰的评价指标,对绩效管理系统进行监控和评价。即监控所设计的绩效管理系统运行的有效性,并评价它在多大程度上达到预期的目的。

绩效管理系统的效果的评价方式,包括日常性的监控和一个绩效评价周期结束时进行的专题评价。评价数据的收集方法,可以采用访谈法、观察法和问卷调查法等。常用调查问卷包括"绩效管理调查问卷"、"绩效管理(分阶段)调查问卷"、"员工态度调查问卷"等。

评价绩效管理系统时,评价数据中应该包括组织中的人员对于该体系作出的反应,以及对于该体系的运行要求和绩效要求的评价。具体可以考查下列一些问题:

(1)该系统在多大程度上支持了组织目标的实现;
(2)该系统是如何与组织的关键成功因素联系在一起的;
(3)该系统是否清楚地界定和设立了个人目标;
(4)该系统与工作职责和绩效期望的关系程度如何;
(5)该系统在鼓励员工个人发展上的效果如何;
(6)使用该系统的难易程度如何;
(7)评价标准的客观或主观、清楚或模糊程度如何;
(8)该系统是否强调了组织的政策和程序;
(9)该系统是否公平和连续地运作;
(10)管理者和员工绩效管理培训效果如何;
(11)该系统是如何与工资挂钩的。

四、对于绩效管理参与者的培训

对绩效管理系统的参与者进行有效的绩效管理培训,是绩效管理系统成功实施的关键。科学合理的培训,一方面能向绩效管理体系参与者提供各种必要的技能和工具,以帮助其更好地完成绩效管理工作;另一方面也有助于提高绩效管理系统的参与者对于这一系统的满意度。

(一)绩效管理参与者培训的目标

1.让参加培训者了解组织引进绩效管理系统的原因、目的、绩效管理包括哪些过程等。可以通过编制组织的绩效管理指南,简要说明组织引进绩效管理系统的原因,并采用简报、研讨会、讲座、报告等方法,使全体员工对此有一个深入、全面、系统的了解。

2. 说明管理者、团队领导、每个员工的贡献,包括他们工作的意义、关系、公开和诚恳的信息交流。说明管理者和团队领导的贡献是帮助、辅导,而不是判断。员工应该明确他们能从自评中得到什么好处以及他们在自我开发中的作用。

3. 培训实施和管理绩效管理系统的技能。比如,提供反馈、接受反馈、就绩效目标和胜任特征达成一致、绩效标准的使用、回顾结果的分析和使用方法、个人发展计划、自我管理学习等绩效管理技能,都需要经过专门的培训才能被掌握。

(二)绩效管理参与者培训的内容目标

人力资源部门需要向参与绩效评价的评价者提供适当的培训。评价者需要明白为什么准确的评分和有效的反馈是重要的,以及这些结果是如何得到的。对评价者的培训通常集中于以下几个方面:

1. 如何进行评价面谈;
2. 如何提供绩效反馈;
3. 如何设定绩效标准;
4. 如何运用绩效评价工具;
5. 如何选择适当的绩效评价方法;
6. 如何确认良好绩效;
7. 避免评价中的各项失误。

第三节 绩效管理体系的组织保障

绩效管理系统的有效实施,除了实施过程中的采取沟通与申诉、试运行、监控与评价、培训等内容以外,还需要企业组织制度等方面的保障。本书第二章"战略绩效管理"部分介绍了战略层面的绩效管理活动与组织战略、组织结构、组织文化和组织技术等因素的匹配。本节将介绍绩效管理体系需要的企业内部门设置、管理职责分工、人员安排等具体的组织制度层面的支撑。

一、绩效管理系统运行的组织保障体系的一般内容

绩效管理是一个完整的系统,不仅包括由员工绩效与组织绩效整合的组织层次系统,还包括由绩效计划、绩效实施、绩效考评、绩效反馈和绩效改进而构成的流程系统。而绩效管理系统的构建要以企业内部形成分工明确、职责清晰的组织体系为基础,企业内形成合理的组织体系是实施绩效管理的基本条件。绩效管理系统有效实施的组织保障,主要可以通过以下途径实现:

1. 成立由公司高层领导,尤其是总裁挂帅、各大部门领导参与的绩效管理推进委员会,明确各委员的职责,确定推行的方式、日程、问题解决等事宜。

2. 成立各个部门或系统的绩效管理推进小组。小组成员是各部门有一定管理经验的管理者和员工组成。各小组负责在本部门有效推行绩效评价制度,并定期向绩效管理推进委员会和绩效管理支持和咨询小组汇报工作进展和过程中发现的问题。

3. 成立以人力资源部为主导、顾问介入的绩效管理支持和咨询小组,协助各推进小组开展工作,培训各小组成员,向高层及时汇报推进过程,解决过程中遇到的各种问题。

4. 由绩效管理支持和咨询小组成员向委员会成员和推进小组成员培训绩效管理的思想、操作方法、制度内容和注意事项,并负责向全体员工进行宣传。

5. 绩效管理推进小组和支持、咨询小组对绩效评价实施全过程进行定期跟踪,了解制度操作、部门和员工绩效改进等方面的情况,及时总结经验、吸取教训,以便及时对制度进行优化、改进工作。

二、不同层面管理者在绩效管理系统运行中的角色差异

企业在设计和实施绩效管理制度时,一定要考虑自身的特点和环境的作用。在制度推行的过程中,有些环境是无法改变或短时间难以改变的,也有些需要一定程度的"松土"才能得以改变。这是因为企业文化与氛围是企业长期运作中逐步形成的共同思想、作风、习惯、价值观念和行为准则。既然是信仰、价值观和习惯,那么改变起来就比较困难或需要一定的时间。绩效管理的推行往往伴随着管理者和员工观念和行为规范的改变。

(一)企业高层管理者的高度重视和支持是首要条件

对于高层管理者来讲,既然绩效管理是企业战略落实的载体和构建、强

化企业文化的工具,高层管理者就必须给予高度重视。高层管理者既是绩效管理政策的设计师,又是绩效管理推行的倡导者。离开高层管理者的支持和推动,再适合的绩效管理制度最终往往也是流于形式。

高层管理者在绩效管理中的角色主要包括:

1. 氛围营造者。企业高层管理者要通过各种方式在各种场合下向企业员工传达绩效管理的紧迫性和必要性,在企业中营造一个实施绩效管理的良好氛围。

2. 资源支持者。绩效管理工作在人力、物力和财力上都需要企业作出相应的投入。比如,需要专门设立推行机构,进行相关的咨询和考察,要组织各种培训以及具体推行中员工和管理者时间、精力的投入等。企业高层管理者要加大这方面的资源投入,扩大相关的预算,在资源上提供有力的支持。

3. 政策设计师。由于绩效管理与公司的战略和价值观直接相连,因此在评价指标的设计和评价理念的制定方面,如公司倡导团队协作,还是个人差异;公司强调结果还是过程;评价与分配直接还是间接挂钩等,都需要公司高层领导进行取舍,作出决策。

4. 制度的推动者。对于确定的绩效管理制度,公司领导应该身体力行地予以推动。

(二)中基层管理者在员工绩效管理工作中充当关键角色

设计绩效管理系统的一个重要原则是让使用该系统的人参与设计。员工、同事和直接上司是绩效管理系统的前台使用者,他们的充分参与是提高管理效果的保障,而人力资源部门人员则是后台支持者。员工的直接上司的参与,具有不可替代的重要意义。

对于中基层管理者和广大员工来讲,绩效管理首先是管理,它是管理者和员工之间的事情,对于管理者来讲,大多数情况下,只要是"管理",就是要"绩效"。离开了绩效的管理,不能称之为"真正的管理"。绩效管理的责任主体自然而然就是管理者莫属了。因此,认清自身的责任,掌握好绩效管理理念、方法,大力推动和有效实施绩效管理,是中下层管理者义不容辞的责任。

中基层管理者在绩效管理中的角色主要包括:

1. 宣传员角色。中基层管理者承担着向员工传播和解释企业政策意图的责任。他们要帮助员工认识绩效管理的重要意义,因此,他们自己首先要全面深刻地理解企业实施绩效管理的目的和各项规章制度,这样才能做一个合格的宣传员。

2.基础信息提供者。因为一般来说管理者都是各业务领域的骨干专家,在制定指标和目标的时候,很多的资料和信息要从他们那里得来,之后经过提炼和概括后才能形成。

3.评价者角色。各级管理者在对员工的评价活动中充当评价者的角色,这就要求他们认真严谨地履行评价者的职责。

4.被评价者角色。管理者作为企业的一员,他们同样要接受上级主管对自己的评价。他们在绩效管理工作中的表现直接会影响员工的态度和做法。

三、人力资源部在绩效管理系统实施中的地位

尽管绩效管理作为人力资源职能中的一个重要组成部分,绩效评价的结果可以作为薪酬分配、职位轮换和员工培训的重要依据,但绩效管理的主体"一定不是"人力资源部。评价的主体不是、也不可能是人力资源部。这一点从绩效管理的定义可以明白地得到反映。绩效管理是在管理者与员工就目标与如何达到目标而达成共识的过程,以及增强员工成功地达到目标的管理方法。绩效管理的真正主角是各部门的管理者和员工,而不是人力资源部。

在绩效管理体系实施过程中,人力资源部门负责制定绩效管理策略、流程指标体系的设定原则,在对中层经理进行培训之后,整个绩效管理过程将由中层经理与员工一起完成具体评价指标的设定。而整个绩效管理过程中,中层经理将定期检查员工的绩效状况,并及时给出绩效发展建议。当然,对评价过程进行监控及对评价结果进行分析仍将是人力资源部门的重要工作。这种做法将使得中层经理更加关注如何帮助员工提升绩效,从而提升部门的绩效,而人力资源部门则能从更为宏观的角度监控企业的绩效状况。

人力资源部在绩效管理中承担的责任和扮演的角色,应该体现在如下方面:

(一)人力资源部是绩效管理制度的设计制定者

企业要有效地实施绩效管理,就必须有一个相对统一、完善的绩效管理制度,作为大家共同遵循的规则。否则,可能会导致各部门遵循的思想和方法都不统一,评价出来的结果千差万别,评价者的解释大相径庭,评价结果无法应用。

(二)人力资源部是绩效管理制度实施的组织者

绩效管理制度的实施往往需要有一个统一的时间安排,例如,什么时候

开始签订工作目标;签订的绩效目标是否符合 SMART、SMTABC、5W2H 等原则;管理者有没有进行数据信息的收集和记录;什么时候启动评价;什么时候进行一次评价和二级审核;评价结果有没有向员工反馈;反馈方式是否恰当;什么时候上报评价结果等,都需要有人去组织和监督。对评价过程的监督和把握是员工获得客观公正评价的重要保障。

(三)人力资源部是绩效管理制度实施的咨询者

人力资源部通过参与并指导评价目标和指标的设计、评价方法的选择,绩效管理制度的拟订等工作,掌握了绩效管理的理念和操作技巧,这样在各管理者和员工实施绩效管理的过程中,人力资源部就可以针对绩效管理方方面面的问题提供咨询和答疑。

(四)人力资源部是绩效管理制度的培训和宣传者

仅有咨询和监督是不够的,很多管理者和员工对绩效管理的理念和操作方法不熟悉或理解不深,这样就需要人力资源部加大对他们的培训、宣传和引导。

伴随着人力资源管理专业的职业化进程,企业人力资源管理人员在工作岗位中承担的包括绩效管理工作在内的人力资源管理工作的内容也在不断规范化。在我国劳动与社会保障部颁布的"企业人力资源管理人员国家职业标准"中,将"企业人力资源管理人员"这一职业名称解释为"从事人力资源规划、员工招聘选拔、绩效评价、薪酬福利管理、激励、培训与开发、劳动关系协调等工作的专业管理人员"。表 8-1 显示的是该职业标准中描述的不同职业级别的人力资源管理者在绩效评价工作中承担职责的差异。

表 8-1 企业人力资源管理人员职业标准中规定的绩效管理内容

职业等级	职业资格名称	从事绩效评价工作的主要内容
四级	人力资源管理员	1.评价的实施。能够印刷、发放各种评价材料;能够安排布置有关会议场所,为评价工作的顺利进行提供服务 2.评价数据处理。能够收集、分类、记录、统计、保存评价数据
三级	助理人力资源管理师	1.建立评价制度。能够掌握培训的基本原则和培训制度的主要内容;收集相关背景材料,为建立各项评价制度提供依据。 2.评价实施。能够运用办公软件设计评价表格,汇总评价数据与相关资料。 3.评价效果总结。能够起草评价效果总结;能够按照有关规定,对评价文档进行分类管理。

职业等级	职业资格名称	从事绩效评价工作的主要内容
二级	人力资源管理师	1.评价的组织与实施。能够筹划、组织评价活动,提出组建评价机构的建议;用准确的语言和文字表达评价意图和方法,保证评价工作的有效实施;根据管理权限,能够准确具体地把评价结果反馈给被评价者,并提出改进与发展建议;能够妥善调解、处理评价申诉。 2.评价结果的总结与运用。根据评价结果,提出奖惩、薪酬、培训等建议并实施;能够提出评价效果的分析报告。
一级	高级人力资源管理师	1.建立评价体系。能够按照组织发展目标及组织文化的需要,确立以绩效评价为核心的完善的评价体系;能够指导下级制定并提出评价制度方案,确定客观、科学的评价标准和方法。 2.实施评价指导。监督、指导评价过程,保证结果公正和真实;能够适时提出对评价结果的运用方法,引导员工向组织目标凝聚。

资料来源:《企业人力资源管理人员国家职业标准》,劳动与社会保障部批准,2001年8月。

思考题

1.理想的绩效管理体系应具备哪些特征?

2.员工绩效管理体系设计的内容包括哪几项?

3.如何理解"对于许多组织来说,员工绩效管理的起点应该是公司组织层次"?

4.绩效管理体系设计的主要内容是什么?

5.在绩效管理与组织文化的关系上,有两种相反的观点,一是"绩效管理体系设计应该适应组织文化",二是"绩效管理应是推动组织文化变革的一种方式",请谈谈你的看法。

6.你怎样看待人力资源部在绩效管理系统实施中的地位?

本章案例:一套不成功的绩效管理制度

某企业聘请了某咨询专家,帮助调查分析半年前新推行的绩效管理系统的实施情况。该咨询专家分别采访了企业的某部门主管 A,其下属 B,人力资源部负责绩效考评工作的负责人 C。以下是访谈录音记录:

(1) 采访部门：主管 A

问：绩效考评制度推行半年了，您对于绩效考评是如何理解的？

答：说实在的，我也不清楚绩效考评是咋回事，只觉得稀里糊涂填什么表，打什么分，净浪费大家的时间。

问：对于公司的考评制度，您是不是清楚？

答：不清楚，反正人力资源部告诉我去领表，要我什么时候交结果，服从命令呗！

问：人力资源部对于考评制度有没有进行过培训？

答：好像没有，我记不清楚了。

问：您平时依据什么给员工评价？

答：我在销售部门，当然要销售量，不过，有时也综合看员工的能力、态度、服从性、责任心等因素，后面的因素也非常重要。

问：你们采取的是季度评价，季度初有没有跟员工定季度目标，比如销售量？

答：大家都有数，我工作也忙，对他们也很熟悉和了解，没必要那么啰嗦。

问：部门平时沟通多吗？

答：大家天天都忙，有时又飞来飞去，哪有时间沟通，偶尔有那么一两次，不过是针对个别员工。

问：那您说他们对工作能很清楚？

答：还可以吧！我们工作性质单一。

问：对于公司绩效考评工作，您有什么好的建议？

答：说心里话，建议公司废除绩效考评，考评一点用都没有。

问：为什么这样认为？

答：一点都不增值！

(2) 采访部门：下属 B

问：您好，您平时有考评结果吗？

答：听说有，但从来没有沟通过，不知道是哪一个等级。

问：公司有明确的绩效评价制度，你对于里面的内容是否了解？

答：不是非常清楚，只是听几位同事提起过。

问：人力资源部没有给你们培训过？主管 A 没有向你们传达过？

答：没有！听主管讲评价结果是保密的，不允许大家乱打听。

问：部门平时沟通多吗？

答:几乎没有,大家自生自灭吧!

问:组织氛围怎么样?

答:怎么说呢,我感觉一潭死水,几个主要骨干都走了,剩下的也都无精打采,说心里话,我都想走,只是很留恋这帮同事,对公司有感情了。

问:平时也会找主管寻求工作支持,或者一些非正式沟通吗?

答:领导比我们还忙,天天看不到人,工作有难算自己倒霉吧!

(3)采访人力资源部考评负责人C

问:绩效评价制度推行约半年了,您认为绩效评价在公司推行的情况如何?

答:还可以吧。

问:为了推行这个制度,你们做了哪些工作?

答:我们这里只有两个人,还能做什么?

问:难道只是人力资源部参与吗?没有建立一个推行小组,没有让所有中层管理者介入吗?

答:没有,大家都认为这是人力资源部的职责范围。

问:高层领导也这样认为吗?

答:不只高层,我们部门的领导也认为这是人力资源部的事情,从制度的制定到评价表的设计,都是我们几个作出来的;推行嘛,更是我们两个人努力的结果;效果嘛,我们也无能为力!

资料来源:张建国、徐伟,《绩效体系设计:战略导向设计方法》,北京工业大学出版社,2003年,第238~241页。

思考提示:

(1)你如何看待该企业的绩效评价制度在实施中的窘境,其中的原因有哪些?

(2)成功实施绩效管理到底有哪些必备条件?

(3)设计和实施绩效管理制度的基本程序应该是怎样的?

练习题:为企业中的某类人员设计绩效管理制度

作为学习《绩效管理》课程的总结,要求选修的同学分成几个小组,分别选取所熟悉的某类组织中的特定人员,收集资料,为其进行绩效管理制度的设计。具体要求如下:

(1)在本教材进程初期,布置作业内容,落实分组;

(2)在课程进程中期,各组提交初步选题及调研思路,与任课教师进行可行性讨论;

(3)各作业小组进行实地调研,完成某类人员的绩效管理制度设计方案;

(4)各组代表汇报所设计的绩效管理制度的内容、设计过程,并回答大家提问;

(5)各组回顾绩效管理知识学习与绩效管理体系设计的过程,与大家分享心得。

绩效管理体系设计作业的流程图如下:

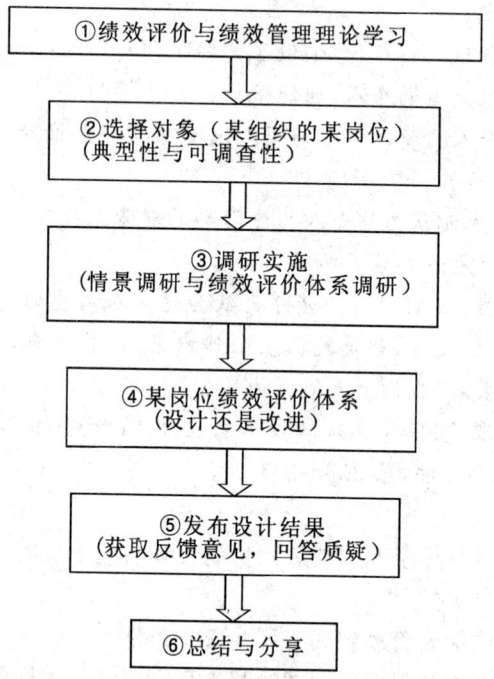

参考文献

1.张建国、徐伟,《绩效体系设计——战略导向设计方法》,北京工业大学出版社,2003年。

2.吴铮、孙健敏,《绩效评估中的政治因素》,《经济与管理研究》,2006(2)。

3. 申刚正,《人力资源也需要营销》,《中国社会保障》,2005(10)。

4. 仲理峰,《建立科学有效的绩效管理系统》,《中国人力资源开发》,2003(11)。

5. 高振勇,《绩效考核部门间评分差异调整——以某设计院后勤人员绩效考核为例》,《价值工程》,2007(1)。

6. 王嘉锐、韦达欣,《基于NET的网上绩效考核的设计与实现》,《警察技术》,2005(5)。

7. 张大亮、林奕专,《绩效管理的系统性分析》,《企业经济》,2003(4)。

8. 盛宇华、王平,《绩效显现时滞与动态测评》,《郑州航空工业管理学院学报》,2000,18(3)。

第九章
绩效管理理论与实践的新发展

本章学习要点

- 关注工作环境的变化对于绩效管理带来的影响；
- 了解当前员工绩效管理实践发展的新特点；
- 了解当前员工绩效管理有关理论发展的新趋势。

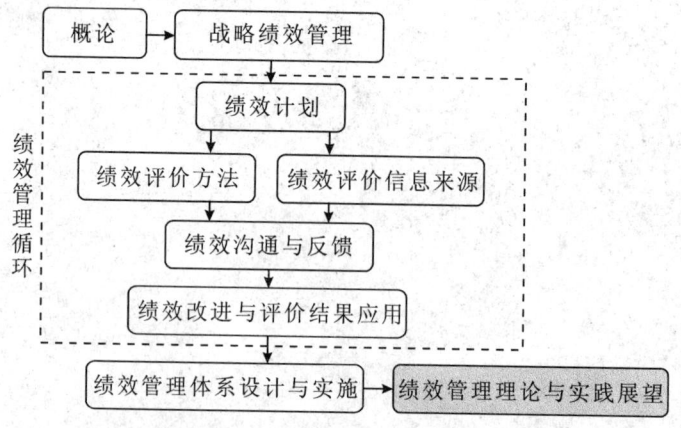

员工绩效是员工与工作相互匹配的结果,个体的绩效是组织绩效的关键,而识别和评价员工绩效是提升影响组织绩效的关键。变动的工作环境与工作方式,为绩效管理理论和实践提出新问题,也使得绩效管理理论研究和实践应用出现新的趋势。本章关注的内容是:在员工自身的能力、态度及其所从事工作的性质和工作方式发生新的变化时,绩效评价和绩效管理的含义及方式会如何改变,绩效管理的实践应用和理论发展会有哪些新的特点。

第一节 变动的工作环境下的员工绩效管理

随着世界经济全球化程度的加深以及知识经济时代的兴起,企业生存环境更加动荡多变。当代组织中的工作环境和工作方式发生重大变化,这些变化为绩效评价和绩效管理带来新的问题,使得人力资源工作变得更为复杂。关注变化中的员工绩效评价与绩效管理,能够为人力资源管理政策制定者和人力资源实践者提供有益的指导。

一、变动的工作环境对于绩效管理的影响的一个分析框架

在分析对于绩效评价与绩效管理活动具有重要影响的工作环境的变化时,简单地使用组织扁平化、自我管理的工作团队、工作再设计、远程工作以及其他当前流行的组织实践形式来描述这一变化,已经不能有效地反映现实情况。表 9-1 显示的是新兴的 IT 行业与传统行业在绩效目标上产生的区别。

表 9-1 传统行业和 IT 行业的绩效目标

传统行业	IT 高科技行业
明确的组织分工	机动的组织分工
明确的岗位职责	不固定的岗位职责
全部工作落实到个人	全部工作由团队完成
明确的过程控制	不强调过程控制
明确的 KPI 量化	不容易量化 KPI 标准
明确的考评系统	缺乏明确的评价
明确的正向强化措施	难以完全采用奖惩

本节从一个更宽泛的视角,来搭建一个描述这些变化对于绩效管理的影响的框架。变化的工作环境可以从工作本身(work,即工作的性质与结构)、工作者(worker,即完成工作的工作者的特征和来源等因素)、工作方

式(working，即工作者完成工作的具体过程，包括时间上的顺序与空间上的协作等方面)三个方面来考虑。如果再拓展一些工作环境的边界，还可以归纳为工作性质、员工构成、客户参与、技术手段，以及组织结构特征等五个方面。表 9-2 为工作环境变化对于绩效管理基本流程的影响的列表。

以下分别是变动的工作环境对于绩效管理的影响的几个方面：

表 9-2 变动的工作环境对于绩效管理不同环节的影响

		绩效管理的工作环境的变化				
		工作性质	员工构成	客户参与	技术手段	组织特征
		绩效目标和标准具有更大的动态性，工作职责稳定性和工作元素的普遍性弱化	员工构成多样化，尤其临时员工比重加大，绩效评价复杂性明显增加	客户成为员工绩效定义和评价的关键因素	工作与技术日益融合，技术成分扩散到各种工作分类	组织结构灵活化和有机化，团队工作形式增多，发展适应性团队成为重要内容
对绩效管理基本流程的影响	绩效目标与计划	绩效的涵义和内容发生改变，出现适应工作职责动态和模糊性要求的新的绩效指标和标准	绩效目标设置上有所差异；对于全职员工期望任务绩效之外的周边绩效，而对于临时员工的期待主要是任务绩效	绩效目标和标准的确立更需要关注客户的诉求，更多地从企业内外部客户角度出发	员工个体的绩效贡献更难与技术贡献明确区分	适应机动的组织分工，绩效目标和考评维度不同以前，成员在团队内的合作意识和合作能力变得更加重要
	绩效评价方法	结果导向型的绩效评价方法，更多地需要行为导向型绩效评价方法的补充	不同类型员工的评价方式存在差异。全职员工更多运用综合评价方法，临时员工评价则更关注即期绩效的评价方法	为了收集来自客户的关键信息，绩效评价方法向着方便于客户参与，进行了积极的调整	能够区分组织绩效中个体与技术的贡献的评价方法更受重视；信息技术提供的绩效评价信息更丰富	上级拥有评价员工的完整信息已越来越不可能，评价员工的工作成果、行为、能力和特质的方法需要改变
	绩效评价源	多源评价和情境模拟测验等评价形式具有了更重要的地位	全职员工的绩效评价源相对丰富，而临时员工的绩效评价主要是实时的直接主管评价和客户评价	来自客户的外部评价信息在决定评价结果时的份量不断增加	出现计算机化绩效监控(CPM)系统，但普遍利用信息技术监控员工绩效，有利有弊	与赋权管理、团队组织等管理方式相适应，采用多源评价形式来解决评价结果失真和片面等问题
	绩效实施与沟通	区分任务绩效与周边绩效的个体差异	不仅关注工作任务完成，更加关注员工行为表现和投入程度。随着临时员工运用比重的增加，绩效沟通受到更多重视	通过实施沟通计划，使得多方参与者清晰理解绩效管理体系的运行方式变得重要	信息技术的客观公正性适合于应用到容易被人为的偏见、主观性所干扰的沟通过程中；建立在最新技术基础上的绩效诊断受到关注	从组织体系上落实绩效考评申诉机制，以提升评价的客观性与合理性，减弱绩效评价中组织政治因素的负面影响
	绩效改进与结果运用	绩效结果应用从主要关注绩效目标完成与薪酬的联系，到更加重视员工的绩效提升与职业发展	注重为绩效管理参与者提供培训，一方面提升其必要的知识与技能，另一方面改善其对于绩效管理系统的满意度	以客户评价意见为导向的绩效改进效果更为突出	运用人类绩效技术(HPT)解决工作场所中绩效改进的问题；绩效改进和提高的软件技术应用的前景令人乐观	个人层面的绩效诊断与组织层面的绩效改进向结合的趋势更加明显

二、工作性质变化及对绩效管理的影响

工作内容的相对稳定性和工作元素的相对普遍性都在不断减少（工作的共性在减少）。组织中具有普遍性的工作描述的工作数量减少，明确定义一个人的工作绩效标准变得更加困难，员工绩效测量变得更加困难。

这种困难主要体现在多方面，而其中最需要重新澄清的两个关键问题是"评价什么"和"谁来评价"。即：一是要决定职责所在的行为中哪些方面可以用来测量个体对组织目标贡献的大小；二是要找到能够提供职责所在行为的各个方面信息的人员。

在"评价什么"方面，新的绩效指标和标准需要适应工作职责的动态和模糊性的要求，并且需要补充新的绩效测量内容。例如，高效的学习应该成为绩效定义和评价的重要方面之一。因为技术的进步、质量要求的提高、工作调整等工作环境的改变，都需要员工重新学习以胜任不同的工作，员工的持续学习行为对于组织应对一系列环境变化变得很重要，并成为一个衡量有关组织和个体效率的标准。

在绩效评价源（评价主体）方面，由于工作独特性增加，绩效测量面临的情境性差异更大，单源评价所不能解决的评价结果失真和片面等诸多问题，需要在更广泛范围内收集体现绩效的有效行为事件，多源评价和情境模拟测验等评价形式具有了更重要的地位。

三、员工构成中临时员工增加对绩效管理的影响

传统的绩效评价对象通常被假定为拥有长期稳定工作的全职员工。但是目前，日益激烈的竞争使得许多企业越来越多地雇用临时员工，包括合同工、季节工、兼职人员。灵活的临时员工雇用制度，可以提高企业应对外部经济波动的柔性，降低企业的培训费用和薪酬的支出，从而提高企业的经济效益。

随着临时员工比例的增加，也带来了绩效评价方面的问题。对于临时员工的绩效进行定义、激励和管理，成为组织中新的研究课题。自从我国2008年实施新的劳动合同法以来，采用劳务外包形式进行员工雇用的企业的比重有所增加，临时员工日益成为组织人力资源整体中重要的一部分。对于临时员工的工作态度和行为的研究受到更多的关注。

通常意义上，全职员工除了工作报酬的期望以外，还很大程度上关注职业的成长，而临时员工的工作动机主要是为了获得一份经济收入。影响

他们的工作态度和工作绩效的内在因素有着很大不同。对于全职员工所期望的任务绩效之外的周边绩效的贡献,不大可能出现在临时员工的贡献中。

因此,今后研究和应用中需要关注的是,临时员工与全职员工在工作任务、工作状态、报酬形式、工作态度等方面具体有哪些重要的区别,以及这种区别对于绩效评价与绩效管理活动具有哪些深刻的意义。

四、来自服务对象的影响——客户导向的绩效标准

传统组织中绩效的定义倾向于依照工业革命时代的模式,即采用内在的设置,以及内在的相关标准来定义效率。一旦确定这种标准,绩效的优劣就可以非常直观地界定出来,而且这种绩效定义通常是由组织中的专家根据任务事件和主题内容来进行界定。随着服务型社会的出现,客户已经成为员工绩效定义和评价的关键因素。并且,客户的概念已不再限于外部的购买者,也包括员工在企业内部的服务对象。

在当今客户需求多样化的时代,经济环境要求企业必须开发出合适的绩效评价方法,尽量最小化评价时间、最大化改进经营活动,而这样的绩效评价系统应该以客户为起点。那么,一套以客户为起点的绩效评价体系应该具有什么样的特征呢?具体可以表现在以下几个方面:

● 在整个企业内追踪客户导向的关键成功要素。所选的评价标准应该是那些从企业内外部客户的角度出发、带来成功的要素。如质量的一致性、客户获得满足其需求的性能和功能、及时送货、成本等。

● 在所有工序中贯彻持续改进。如设立竞争性的产品目标成本,这个成本标准要能够告诉他们多快可以完成它,这就是所谓的"目标成本法"。

● 对于业内最好的和自身系统之间的差异作出及时反馈。评价标准应该可以表明表现得最好的公司之间的差距有多远,因此还要不断提升设定的外部基准。评价标准应尽可能地帮助组织了解和奖励一些成功因素,这些因素有助于公司的一些关键活动取得重大成功。

● 帮助完成跨职能整合。公司看待问题必须跨职能,深入到经营过程中,因此若要建立这样的跨职能小组去解决过程问题,那么他们解决问题的努力应被视为小组的努力,应该用基于小组的汇报来取代基于部门的汇报。

● 建立内部有机相连的评价系统。评价指标应与组织的总目标及每个人有机相连。

五、技术发展对绩效管理的影响

自从产业革命以来,技术就一直是影响组织中工作设置变化的重要因素,而当今基于信息技术的革命又进一步加剧了这种影响的深度和广度。技术存在于硬件和软件之中,技术的应用能够拓展人类的能力,因而能够提升组织中员工的绩效水平。技术手段的改进既影响绩效贡献的归因与判定结果,也影响工作绩效的监控与测量过程。

(一)技术因素对于员工绩效贡献的判断产生影响

越来越多的工作和技术整合在一起,技术已经对工作绩效产生巨大的影响。并且技术高成本、技术快速变化,以及技术成分已经扩散到几乎所有的工作分类。由此产生的对于绩效评价的影响,我们在进行绩效评价时,已经越来越难以将员工的贡献从技术的贡献中区分出来。这种变化影响绩效管理中的目标达到测量(goal attainment scaling),影响个人工作行为对于组织绩效的贡献的归因过程。例如,我们在评价办公室文秘人员的绩效时,很难从不断升级的办公室自动化的硬件和软件条件对于绩效的贡献区分开来,技术条件的差异成为影响这些工作岗位上的人员绩效差异的重要因素。因此,我们需要重新思考关于人—技术(P—T)之间交互作用的模型。

(二)技术(主要是信息技术)改进对员工绩效监督产生影响

利用信息技术监控工作者的绩效也变得更加便利。信息技术的发达,对个体绩效的区分和评价提出挑战。用于监控工作者绩效的技术变得越来越复杂:在许多以技术成分为特征的工作中,可以通过技术追踪员工的行为,并使用这些信息对个体绩效进行评价。利用信息技术对员工工作绩效进行实时监控,既会产生正面的积极效应,也存在一定的负面影响。

计算机化绩效监控(computerized performance monitoring,CPM),包括运用新的技术进行记录、存储、提取,以及呈现与人或系统绩效有关的信息。它能够提供有关出勤、速度、差错,以及完成速率的信息。CPM在美国一些工作领域中的使用率正在增加。使用计算机对工作行为进行连续记录,提供了对绩效进行更加准确的记录和回放的可能性。因此,可以增加绩效评价的客观性,便于对一段时间内的绩效进行综合评定。但是,有关绩效的电子数据,还是需要由人来作出判断,由人来使用。如果过于滥用计算机化绩效监控,或者对于监控信息的处理不当,很可能会为员工的职业健康和福利改进带来负面影响。

六、新的组织特征对绩效管理的影响

工作组织正处在经济、技术、社会文化等环境的不断加速变化之中,组织结构形式发生剧烈变化。主要趋势是官僚化和机械化的弱化,灵活化和有机化的增加。管理层次的减少会增加员工的满意度,而决策权力下放给基层组织,工作中的人员组织方式发生变化。

工业经济时代,大规模的重复生产方式为员工的直接上级观察和考评员工的工作成果提供便利,以员工的直接上级为考评源(考评主体)评价模式。新的经济条件下,定制生产方式正在逐渐替代大规模大批量重复生产方式,充分授权、自主管理以及以团队为单位的工作组织形式在企业中普遍运用,员工上级拥有评价员工的完整信息已越来越不可能,需要寻求拥有关于工作成果、行为、能力和特质相对充分信息的新的评价源或组合使用这些评价源。

工作组织方式的一个重要变化,就是从个人到团队的工作结构的转变。在传统组织中,每一项工作通常是定向到某个具体的员工身上,我们可以很好地区分每个员工的职责,并确定每项工作需要的知识、技能、能力以及其他个人特征,从而开发出工作绩效标准。而在许多现代组织中,工作结构已经从围绕个体的组织形式转变到围绕工作团队的组织形式。相应地,以团队为定向的方法,将工作定向到团队身上,而且随着时间以及团队人员的变化,与团队成员有关的职责也会发生变化。

由此对于绩效评价产生多重影响,区分、评价、奖励,以及开发个体绩效将变得更加困难。成员在团队内的合作能力等对于团队的绩效来说变得更加重要。传统的等级组织中领导者监督角色,也难以胜任对以自我指导为特征的工作团队的领导。况且有些员工工作不稳定或者同时在多个项目团队中承担任务,对其的监督并不在监督者的直接范围内,这就给领导和监督问题提出一些明确的挑战。作为员工的开发者、激励者,以及评价者的管理角色,在团队工作方式下需要重新定义[见资料框9-1]。

资料框9-1: 绩效管理面临的工作和组织的重大转变
- 从稳定的工作责任向不稳定的工作责任
- 从许多员工担负相似的责任转向许多员工各自担负独特唯一的责任
- 从机器驱动且相对标准化的人—技术界面转向以人为驱动且多变的界面
- 从内部定义的绩效标准转向客户定义的绩效标准
- 从当前绩效最大化的设计转向保证未来绩效的设计
- 从基于个体结构的依赖转向给予团队结构的依赖

第二节 员工绩效管理应用的新发展

变动的工作环境，推动着绩效管理实践的发展。一方面，从关注单一的工作绩效发展为兼顾多种绩效类型，丰富了绩效的内涵；另一方面，从关注绩效评价与绩效管理本身拓展到关注影响绩效管理的组织政治、法律、伦理、文化等多维因素，进一步明确了绩效管理改进与组织绩效提升的内在关系。

一、绩效类型的多样化

（一）团队绩效管理：适应工作单元的转变

21世纪以来，员工高度参与下的组织变革为绩效管理带来新的特点之一，就是与组织绩效改进相联系的团队绩效管理更为重要。大量企业实践发现，团队的组织形式比传统的组织形式更具有优势，能更好地发挥员工潜能，使企业更灵活地面对日益激烈的市场环境变化所带来的挑战。随着越来越多的组织开始采用团队为基础的工作结构，工作单元开始从个人向团队转变，这个变化给个体工作绩效的评价带来挑战。团队任务需要由个体行为和团队成员之间的合作来完成，传统的以个人绩效和任务界限为基础的绩效评价，也需要拓展到个体和团队的绩效层面上来检验员工的适应性，绩效研究也已经突破个体层面向团队层面发展。随着团队在企业发展中的作用越来越大，如何构建高绩效团队的问题也越来越受到企业管理者的关注。

1.团队不同于群体的概念

团队与群体的概念有所不同。所有的团队都是群体，而只有符合一定条件的群体才算得上是团队。

群体（group）是两个或两个以上相互作用、相互依赖的个体，为了某一特定目标组成的集合体。而团队（team）是指为了实现某一组织目标而相互协作的个体所组成的正式群体。考虑到团队成员的异质互补的特点，我们也可以认为团队是由少数有互补技能、愿意为了共同的目的和业绩目标而相互承担责任的人们组成的群体。

总之，团队是由两个或两个以上相互依赖的、承诺共同规则、具有共同愿景、愿意为共同目标而努力的、具有互补技能的成员组成的群体,其目的是通过相互的沟通、信任、合作和承担责任,产生群体的协作效应,从而获得大于个体成员绩效总和的团队绩效。

2.从个人绩效到团队绩效

所谓团队绩效,是组织对团队有效产出的期望的结果,是团队成员对组织利益相关体的共同承诺,是他们为达成组织所设定目标而共同协作完成任务的效率和效果。

传统的绩效评价单纯地强调成员的个人绩效,评价对象的独立性较高;团队注重员工之间的合作,团队内的个人绩效评价由单纯地强调成员个人绩效转变为个人绩效和团队绩效并重,成员之间的独立性较低。如果以传统的绩效评价对团队进行绩效考评,以个人绩效作为评价基础,这与团队工作方式的要求不尽适合,在这种制度引导下,可能会减弱团队运作的动力基础。

团队绩效评价,实际上包括团队整体绩效评价和团队中成员的个人绩效评价。个体是团队的基础,团队的绩效并不等于个体绩效的累加,如果不实行团队中的个人绩效评价,仅仅关注团队水平的绩效,会导致"大锅饭"现象产生;而过于强调个人水平的绩效评价,而忽视了团队相互联系与合作的最大特点,又会降低团队协作意识,具有局限性。

企业日益采用团队工作方式,但企业绩效评价体系还未及时适应。在团队工作方式下,员工工作更加灵活和弹性化,成员的职责安排也更加弹性化、模糊化,成员的合作意识及相互间默契成为团队绩效的关键。在团队工作方式下,团队的整体素质和积极性成为组织绩效的关键。引入适当的团队绩效评价体系,对团队内的成员进行个人绩效评价,将个人工作转化为团队协作,充分发挥团队的最大潜力,实现组织和个人的双赢。

3.团队绩效评价的实施

深入剖析团队绩效的影响因素,有助于企业的管理者更有效地管理团队,使之成功服务于组织的战略发展。团队的输入资源转变成最终的团队绩效需要经历一系列的工作转化过程,从团队的组建到团队的运营,再到团队产生绩效,在这整个过程中,有很多因素影响着团队的发展。

正确地将团队绩效的考评结果运用于人力资源管理的各个方面,是团队绩效管理是否成功的关键。团队绩效评价结果是否得到有效的运用,将直接影响团队及其成员的工作满意度和积极性,影响整个团队的健康快速发展。

(二)人类绩效技术:组织绩效改进的技术基础

本书第七章的"绩效改进与评价结果应用"部分,提到员工绩效评价与组织绩效改进的关系。而近年来在企业中应用的人类绩效技术试图为组织绩效改进提供技术基础。

人类绩效技术发端于学习心理学家和教育技术专业人员,在探讨培训或教育项目实践中的低效率问题,综合考虑教学与培训之外其他影响因素(如组织发展、人事选择等)时,而提出的一个概念。他们认识到"教学系统"这一概念已不能够涵盖所进行的实践,于是他们引入了"绩效系统"的概念,在此基础上,逐步发展和形成了人类绩效技术领域的独特的分析组织中人的绩效问题的视角与概念框架。近年来,人类绩效技术开始更多地从教育教学领域向企业管理领域发展,成为探讨组织绩效改进的重要工具。

绩效技术定位于方法或过程,并且是整体性和系统化的方法或过程。绩效技术研究和关注的是工作场所中个体、团体和组织的绩效问题;其最终目的在于改进组织绩效,实现组织的最高发展目标;对于绩效技术解决问题过程和方法的认识基本上是一致的,都遵循基本的绩效技术过程模型;都突出和强调识别与分析绩效问题的重要性;强调解决绩效问题方案的综合性、多样性与成本—效益性。

绩效系统(performance system)是系统理论在工作场所中应用的一个分支,是绩效技术专业人员在解决工作场所中绩效问题时所提出的独特视角与基本框架。

绩效系统是系统方法与理论在工作场所中针对人的绩效问题而形成的概念体系,是为了便于研究而从人的绩效角度对组织进行的抽象化认识和理解,它包含了多种影响人类绩效的因素,其目的在于工作场所中绩效的改进。绩效技术专业人员专注于设计和开发绩效系统。

绩效技术是为了获得理想的绩效而采取的系统方法,关注以结果为导向的系统中的"人"的绩效,通过对组织、团队及员工个人三个不同层面的考察,研究如何提高人的绩效。探讨绩效评价中的技术影响,为人类绩效技术在改进组织绩效的对策研究提供启示。

(三)素质绩效:寻找产生高绩效的素质特征

1.素质绩效与以素质为基础的绩效管理

素质(competency,也称胜任能力)是指有助于个人或团队获得成功的知识、技能,以及行为价值观的综合体。通常要经过多年的工作、培训、实践之后,才能最终成为人的另外一种自然特性。近年来,以素质为基础的绩效管理越来越受到关注。素质绩效成为预测员工产出高绩效行为的重要依据。

以素质为基础的绩效管理的根本在于,素质是区分绩效优秀与绩效一般人员的最好依据。而要根据素质来衡量员工的绩效水平,就需要一个统一的衡量标准。这个标准由一套保证从事某类工作的员工能够取得高绩效的素质及其素质等级所构成。这个保证员工能够取得高绩效的标准体系就是素质模型。

在企业内部建立和发展素质模型是为了帮助企业找到合适的人员来完成企业的战略目标,同时,内部人员也得到了个人相关素质的发展与培养。人员的素质支持企业的战略经营,企业的绩效要求人员不断成长。两者相辅相成,不断更新。

2.素质模型在绩效管理中的应用

以某企业研发人员为例,建立素质模型。对于企业的研发人员,不能仅仅把他们的单位时间的科研成果作为评估他们绩效的唯一标准,因为这种评估的方法不适合研发人员的工作性质和工作特点。研发人员的工作结果和任务不易衡量。所以,相比之下,针对他们建立素质模型,结合研发人员的工作特点选择合适的人才,并进行相关素质的培养和激励,将极大地促进企业产品的创新和提升企业的竞争力。

首先,明确企业的目标和研究岗位,确定绩效标准。结合企业的战略目标,可以认为研发人员进行研发的目的是使企业产品得以更新,满足消费潮流,并开发出新的产品以扩大企业的市场份额。因此,可以采用工作分析的各种工具与方法对研发工作的具体要求加以限定。我们确定企业研发人员的绩效标准是对新产品的开发力度。

其次,选择效标样本。根据这一绩效标准,选择绩效高的一组研发人员(优秀组A)和另一组绩效平平的研发人员(普通组B),对这两组人员进行关键事件访谈。通过对他们的深度访谈,让他们对所经历的影响绩效的关键事件进行详尽的描述。

接着,建立素质模型。把所获得的这些素质特征进行编码,统计处理,将它们转化成文字。然后提取出现频率较高的通用素质,例如:思维能力、成就导向、团队合作、学习能力、坚韧性、主动性、指导性、寻求信息、组织承诺、正直、自信、灵活性等。经过专家小组的讨论和分析之后,确定出研发人员的核心素质,即思维能力、成就导向、团队合作、学习能力、坚韧性和主动性。提炼出核心素质以后,利用不同的行为标准划分素质等级,并系统分析各素质之间的关系。

成就导向和主动性是研发人员的动力性素质，团队合作和坚韧性是研发人员的认知性素质，而思维能力和学习能力是支持性素质。动力性素质和认知性素质在支持性素质的基础之上就产生了思维能力和学习能力。在此关系的基础之上，再确定各项素质在绩效管理中的权重比例，例如，思维能力(60%)，成就导向(37%)，团队合作(36%)，学习能力(35%)，坚韧性(32%)，主动性(20%)。关于研发人员的素质模型就基本上建立起来了。

最后，就是验证已建立的素质模型。选取另一个效标样本，如优秀组B和普通组B。再次用关键事件访谈法来收集数据。分析员事先不知道哪个是优秀组B，哪个是普通组B。然后，分析员运用已建立的素质模型分析此模型能否区分第二个效标样本。如果结果是肯定的，就得出研发人员的素质模型，如果结果是否定的，就还需要检查过程中是否有操作错误，是否需要重做一次。

针对企业的在职员工，可以根据素质模型中核心素质所占的权重比例，对他们进行相关素质的培养。这样将有利于提高组织的绩效和企业的竞争力。

（四）适应性绩效：绩效与环境的动态匹配

在高度市场化与全球化的竞争环境中，企业必须通过改变工作、员工结构和工作结构来进一步地改善生产率。技术的变化和自动化程度的提高改变了工作任务的本质，企业购并与组织重构都要求员工学会新的方法来增强竞争力。经济全球化背景下，许多工作要求员工在不同文化、不同价值观下完成。在快速多变的环境中，只有提高员工的适应性、多样性和对不确定环境的容忍程度，才会使员工显得更有效率。任务绩效和周边绩效模型忽视了个体对新任务和新要求的适应性情况的描述，因而适应性绩效成为绩效管理研究的新热点。

适应性绩效，是对任务绩效与周边绩效的绩效二分法的重要补充，是对绩效研究领域重要的发展（如图9-2所示）。

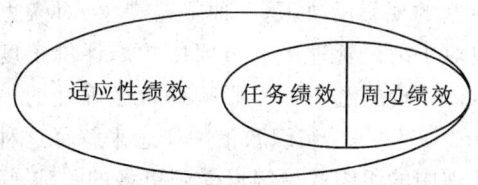

图9-2 适应性绩效、周边绩效和任务绩效的关系

适应性绩效把绩效管理的思想扩展到以员工和组织共同的长期最大利益为核心的"人—职务—组织—环境"相匹配的绩效管理模式,使得绩效管理过程既是组织绩效提升过程,同时也是员工工作知识和能力的成长过程。战略性的绩效管理范围就扩展到组织的边界之外,既保证组织与环境的相互协调和促进,又实现企业和员工利益共同增长。

从本质上讲,适应性绩效与任务绩效及关系绩效是一种相互补充的关系,各自适合于不同的情境。例如在相对稳定的组织和管理情境下,任务绩效和关系绩效是绩效评价中比较适宜的评价指标;而处在变革中的组织则对其成员的适应性提出了更高的要求,此时适应性绩效可能更为重要,因此在对变革效果进行评价时适应性绩效的高低应成为一个需着重考量的方面。

由于适应性绩效更强调任务达成过程中的行为而非最终的结果,而行为具有相对稳定性和一致性的特点。因此在实施评价时,可根据适应性绩效各维度所包含的具体内容,查找员工的以往绩效行为记录,根据这些记录进行评价。

二、绩效管理相关视角的拓展

员工绩效管理是组织管理的组成部分之一,是实现组织绩效目标的工具。评价绩效管理的成效,需要超越绩效管理自身的体系,而具有一个更加开阔的视野。影响绩效管理的组织政治因素、法律与伦理因素、组织文化,以及经济波动等因素,都可以是绩效管理相关视角的组成部分。

(一)绩效管理中的组织政治因素

1.组织政治的含义及影响因素

主流的绩效管理研究一直以理性模型为基础,即认为绩效评价的目的就是对被评价者的绩效进行精确测量,但近年来一些绩效管理研究表明,绩效评价还是一种组织政治过程。相关研究表明,组织政治(organiztional politics)是组织生活的现实反映,是一种普遍现象,对人力资源管理实践有重要影响,当然也对于绩效管理产生重要影响。评价精度往往并不是绩效评价的真正目标,而评价的意图才是影响评价准确性的更重要的因素。自从 Mayes 和 Allen(1977)提出组织政治的概念来解释这种绩效评价的失效现象以来,绩效管理中的组织政治因素受到更多的关注。

组织政治(organizational politics),是指个体或群体在选择不确定性或不一致的情况下,通过获得、开发和使用权利及其他资源获得自己偏爱的结果的活动。

可以从以下几个方面理解组织政治的含义：首先，组织政治行为是在一定条件下发生的，在绩效评价、晋级加薪、资源分配等重大决策尚不确定的情景下，政治行为发生频率较高；其次，政治活动的目的是希望决策有利于自己；第三，为了达到自己的目标，个体或群体常常会采用多种方法使用权利影响。

组织政治的影响因素，既有个人因素，也有组织因素。其中，组织因素主要包括：

● 模糊性——组织缺乏明确的目标、政策与规章，决策程序和决策标准不明确、不公开，大家都担心自己利益受损，便积极开展政治活动，而这时个人的目的也容易达到。

● 竞争程度——个体或群体在稀缺资源、晋升机会等方面竞争越激烈（尤其是零和博弈时），组织政治行为为越容易发生。

● 组织文化——不同的组织文化会限制或者纵容政治行为。

2. 对于组织政治的管理

员工的组织政治认知对员工自身的态度和行为有重要影响。尽管组织政治行为经常指向个人利益，但并不总是对组织有害。它可能产生的积极影响包括：有助于事业发展，鼓励不同观点相互辩论，有利于强者脱颖而出，有助于组织变革等。可能的消极影响包括：容易滋生腐败，浪费资源，降低士气，激化矛盾等。因此，有必要对组织政治进行适当的管理和引导。

对组织政治的管理可以考虑以下途径：

● 减少管理中的模糊性。例如在绩效考评、管理者晋升、薪酬确定、人才聘用等重大决策上增加透明度，减少暗箱操作等；

● 增加对组织政治行为的敏感性。不必否认身边的政治行为，应认真分析其发生的原因，弄清谁在搞政治行为、意图何在；

● 增加资源。组织政治的根源是资源缺乏。尽可能拓展资源，可以减少组织政治行为；

● 开放沟通。广大员工监督决策过程，广开言路；

● 以身作则，赏罚分明，扬善除恶。

3. 研究绩效评价中组织政治行为的启示

基于组织政治行为的绩效评价只求能达到其组织政治性的目的，并不追求评价的准确。这一点应该引起绩效评价者的注意。关注绩效评价中的组织政治行为，可以为管理者和组织带来以下启示：

管理者应该认识到：

● 组织活动中政治的需要经常取代绩效评价中所期望达到的准确性和诚实性的目标；

● 绩效评价不仅仅用作判断和操纵的目的，更是作为激励和奖励员工的工具；

● 管理者应知道绩效评价像其他组织活动一样，会对下属具有引导作用；

● 为政治目的高评或低评也许会暂时帮助管理者完成一些特定的目标，但这种有意操纵行为最终会损坏管理者和组织整体的利益。

对组织整体而言：

● 绩效考评应在一个支持的组织文化中实行；

● 系统正式的评价应从组织的最高层开始；

● 在绩效评价的培训中应公开地讨论政治方面；

● 准确有效的绩效评价能帮助组织在法律方面保护自己。

(二)绩效管理中的法律问题

企业如何在人员招聘方式、绩效管理体系、薪资结构体系等人力资源管理系统的各方面进行调整以适应的日益复杂的法律环境，是提高企业竞争力的重要方面。绩效管理是人力资源管理的重要工作之一。在绩效评价后，需要依据评价结果，对业绩不佳的员工及时进行绩效改进以至末位淘汰。现实中也经常会因绩效评价引起法律纠纷。绩效管理中涉及的法律问题也是其需要关注的重要视角之一。

所谓绩效管理中的法律问题，主要是指在设计和实施绩效管理体系的过程中确保其合法性、公平性和可接受性的问题。

1. 对于以工作分析为基础的绩效评价工具的关注

由于绩效评价的结果，与员工的晋升、降职、岗位调动，甚至解雇等人事决策紧密相连，对于员工的利益影响重大。在市场经济发达国家，对于绩效评价的法律规定是比较严格的。其相应的法院判决，将注意力主要集中在工作分析与评价工具上。工作分析是构建绩效评价工具的基础，工作分析的结果规定了判别员工工作是否有效的重要标准。工作分析提供的信息将工作内容与绩效评价的内容联系起来。

2. 与法律和道德的冲突问题

中国的一些企业由于考评产生的法律风险，最常见的是组织"劳动合同"的违约。有的劳动合同期限是 3—5 年甚至更长，而考评是一年修改一次,有的考评方式和结构化的考评工具直接与劳动合同发生冲突,如"末位淘汰制"常常不符合劳动合同的条款。考评中打分的"积极性、主动性等"软性指标在劳动合同中无法作为辞退职工的法律依据。还有的情况是装备的差异和个人能力的差异难以辨析的时候,对个人绩效的考评所带来的法律风险。

我国企业的员工绩效评价体系也面临着对劳动法律的适应问题。在新的劳动合同法实施的背景下,企业合法有效地开展绩效评价与薪酬体系设计,开展劳务派遣和人事外包等活动时,如何控制法律风险,是对企业人力资源管理的一大挑战。

3. 符合法律要求的绩效评价的构成要素

现在通行的绩效考评的方法是建立在工作分析基础之上的。《美国1978年统一法典》(the 1978 Uniform Guidelines)明确指出:"必须进行工作分析,对成功的绩效所要求的重要工作行为进行分析,任何工作分析都应强调与之相关的工作行为与任务。"

符合法律要求的绩效评价的构成要素包括:
- 以工作分析为基础确定绩效评价标准
- 不存在歧视性后果并具有必要的证据
- 具有足以限制管理者随意性的正式评价标准
- 具有正规的等级评价手段
- 评价者与被评价者相识并有工作接触
- 参与评价的负责人受过有关训练
- 具有防止管理者独自控制员工职业发展的再审查程序
- 具有帮助表现差的员工进行改进的咨询建议

(三) 经济波动背景下的绩效管理

企业经济效益相对降低,部门职能和岗位设置必然重新设置,人员淘汰在所难免。国内人力资源的过剩,给企业岗位的更新换代、优胜劣汰提供了条件。建立完善的绩效管理体系也迫在眉睫。在法律法规的允许的范围内,把平时业绩不佳、工作态度有问题的员工,合法合理地"请他离开",将成为人力资源管理工作的一个重要课题。在优胜劣汰的过程中,企业只有足够的、符合劳动法规定的事实证据来支持解除或辞退员工的决定;准确、客观的评价成绩,也为部门负责人提供了"择优录取"的依据[见资料框9-3]。

> **资料框9-3：** 从（美国）法院判例总结与主要裁决意见，设计有利于进行自我辩护的工作绩效评价体系：
> - 进行工作分析，以确定哪些绩效要素是成功完成工作所必需的；
> - 将这些绩效要素合成为评价工具；
> - 确保向所有的评价者和被评价者都提供没有法律漏洞的工作绩效标准；
> - 使用明确的加以界定了的工作绩效要素；
> - 在使用图尺度评价法时，避免使用抽象的、不能用可观察行为来证实的要素名称；
> - 使用较为客观的主管人员来进行工作绩效评价；
> - 训练主管人员正确地使用工作绩效评价工具；
> - 使评价人与被评价雇员能够有频繁的日常接触；
> - 尽量使用一个以上的评价者各自独立完成同样的工作绩效评价；
> - 建立正式的申诉渠道和上级人事部门对绩效评价结果审查的制度；
> - 如果发生了解雇事件，制作与被解雇雇员有关的书面工作绩效评价，以对解雇的原因作出解释；
> - 在适当的时候，对工作绩效较差的雇员提供正确的指导。

由于经济的不景气，员工的主动离职意愿将会有所降低，珍惜工作机会的意识应有所提高。在对绩效不理想的员工进行绩效反馈面谈时，部门负责人对员工本人提出绩效改善的要求或期望，会得到员工更积极的反映。在这样的客观环境及主观心态的共同作用下，绩效评价的效果会更加突出。

（四）绩效管理的负面作用

1. 对于绩效评价的失效原因的深思

（1）失效的绩效考评的含义

失效的绩效考评是指由于考评者、被考评者或者组织的有意或无意的某些行为破坏组织绩效考评的意图的结果。失效的绩效考评是由组织的、管理的和员工的因素导致的，这些因素对绩效考评的整体效果有降低或弱化的作用。

（2）引起失效的绩效考评的因素

● 组织因素

组织因素包括设计很差的考评表格与程序，缺乏高层管理者的支持，缺乏有效的评价者的培训，缺乏足够的资源进行有效的绩效奖励，以及非支持性的组织文化。

第九章 绩效管理理论与实践的新发展

● 管理人员的因素

在绩效考评中,如果缺乏进行有效评价的能力和动机,而又扮演了评价者的角色,管理人员常常被认为是绩效考评之所以失效的主要原因。当管理者没有建立起明确的绩效标准,没有对正在进行的绩效提供测量与反馈,没有花足够的时间准备和操作考评,以及没有能够坦诚地与员工共同回顾他们的绩效时,绩效考评便容易失去效果。

● 员工(被考评者)因素

如果员工对考评有不现实的期望,对绩效反馈防范心重,对考评玩世不恭或不屑一顾,或者在绩效回顾和对绩效回顾的反应中被动应付,也能够使绩效考评失去效果。

(3)有效的绩效考评为组织带来的利益

有效的绩效考评的整个过程为组织提供许许多多的潜在利益。

这些利益包括:

● 有效的绩效计划和目标设置;

● 系统评价和记录员工对组织所作的贡献的基础;

● 对员工发展和绩效改进的更加重视;

● 为一些关键性的人力资源管理决策,包括薪酬、晋升、解雇和培训等,提供的系统化的依据。

2. 对于绩效主义弊端的反思

通常的绩效评价体系的完善,代表着企业管理的规范化和科学化程度的提升。但是过度的绩效评价导向,也会导致员工的"挑战精神"的弱化。如[资料框9-4所示]。

从索尼的案例中我们可以看出,因实行绩效主义,职工逐渐失去工作热情。在这种情况下是无法产生"激情集团"的。所谓"激情集团",是指在参与开发CD技术时期,公司那些不知疲倦、全身心投入开发的集体。在创业初期,这样的"激情集团"接连开发出了具有独创性的产品。索尼当初之所以能做到这一点,是因为有井深大的领导。从事技术开发的团体进入开发的忘我状态时,就成了"激情集团"。要进入这种状态,其中最重要的条件就是"基于自发的动机"的行动。比如"想通过自己的努力开发机器人",就是一种发自自身的冲动。与此相反就是"外部的动机",比如想赚钱、升职或出名,即想得到来自外部回报的心理状态。如果没有发自内心的热情、而是出于"想赚钱或升职"的世俗动机,那是无法成为"开发狂人"的。

> **资料框 9-4： 绩效主义毁了索尼:"挑战精神"消失了**
>
> 今天的索尼职工好像没有了自发的动机。为什么呢？我认为是因为实行了绩效主义。绩效主义就是:"业务成果和金钱报酬直接挂钩,职工是为了拿到更多报酬而努力工作。"如果外在的动机增强,那么自发的动机就会受到抑制。
>
> 如果总是说"你努力干我就给你加工资",那么以工作为乐趣这种内在的意识就会受到抑制。从 1995 年左右开始,索尼公司逐渐实行绩效主义,成立了专门机构,制定非常详细的评价标准,并根据对每个人的评价确定报酬。
>
> 但是井深大的想法与绩效主义恰恰相反,他有一句口头禅:"工作的报酬是工作。"如果你干了件受到好评的工作,下次你还可以再干更好的工作。在井深大的时代,许多人为追求工作的乐趣而埋头苦干。
>
> 但是,因实行绩效主义,职工逐渐失去工作热情。在这种情况下是无法产生"激情集团"的。为衡量业绩,首先必须把各种工作要素量化。但是工作是无法简单量化的。公司为统计业绩,花费了大量的精力和时间,而在真正的工作上却敷衍了事,出现了本末倒置的倾向。
>
> 因为要评价业绩,几乎所有人都提出容易实现的低目标,可以说索尼精神的核心即"挑战精神"消失了。因实行绩效主义,索尼公司内追求眼前利益的风气蔓延。这样一来,短期内难见效益的工作都受到轻视。……不管是什么样的企业,只要实行绩效主义,一些扎实细致的工作就容易被忽视。
>
> 索尼公司不仅对每个人进行评价,还对每个业务部门进行经济评价,由此决定整个业务部门的报酬。最后导致的结果是,业务部门相互拆台,都想方设法从公司的整体利益中为本部门多捞取好处。
>
> 在今天的日本企业中,患抑郁症等疾病的人越来越多。这是因为公司内有不称职的上司,推行的是不负责任的合理主义经营方式,给职工带来了苦恼。
>
> 不论是在什么时代,也不论是在哪个国家,企业都应该注重员工的主观能动性。这也正是索尼在创立公司的宗旨中强调的"自由,豁达,愉快"。
>
> 过去人们都把索尼称为"21 世纪型企业"。具有讽刺意味的是,进入 21 世纪后,索尼反而退化成了"20 世纪型企业"。我殷切希望索尼能重现往日辉煌。
>
> 资料来源:天外伺郎:绩效主义毁了索尼,中国企业家,2007(3/4)

绩效评价需要与组织文化和战略的结合,单纯强调绩效的弊端也是非常突出的。我们对于一般意义上的绩效评价持否定态度,并且认为需要超越绩效评价。未来真正拥有竞争优势的,将是那些能够激发组织成员超越自利性追求的企业。

第三节 员工绩效管理理论的发展趋势

绩效管理作为人力资源管理学科的一门课程，有其特殊性。会因为不同的需要而呈现出不同的发展趋向。一方面，绩效评价是人力资源管理实践中的核心内容之一，同时也是工业组织心理学长期研究的重要内容之一。

一、绩效管理学科的发展趋势

目前对于员工绩效及其影响因素的研究不断取得新的进展。基本结论认为，工作绩效是一种由行为、结果和过程组成的多维结构，是可以进行评价的。员工的工作绩效受到个人特质因素、个体态度因素（组织承诺、工作满意度、离职倾向、自我效能感等）、组织因素（薪酬结构、组织文化、上下级关系等），以及其他外部因素的综合影响。

多年来，绩效评价的研究一直致力于减少评价误差和提高评价的精度，研究者们探讨了评价工具、评价者的认知加工过程、评价中的情感因素、评价者的角色等对绩效评价结果的影响。

任务绩效与周边绩效的绩效成分的划分，改变人们传统上把任务绩效以外影响绩效评价的因素当作误差处理的思路，引发了大量的研究。

（一）绩效管理研究的两种取向

绩效管理作为一种管理思想和方法论，其根本目的是不断促进员工发展和组织绩效改善，最终实现企业战略目标。20世纪70年代美国管理学家Aubrey Daniels提出"绩效管理"这一概念后，人们展开的系统研究，主要采取了两种取向：

其一是个体取向，认为绩效管理是指导和支持员工有效工作的一套方法（Armstrong,1994），旨在开发个体潜能，实现工作目标。国内外大多数研究侧重于个体取向，同时国外主流的绩效评价与绩效管理的教材，也是以心理学和组织行为学为基础，关注绩效评价过程中的评价者双方关系、员工对于绩效目标认知与行动的关系、绩效评价的主观误差与客观误差等问题。

其二是组织取向，即认为绩效管理是管理组织绩效的一种体系（Williams,1998），旨在实现企业发展战略，保持竞争优势。将绩效管理同组织战略相联系，是当前绩效管理理论发展的一个重要趋势。

(二) 绩效管理的发展趋势

绩效管理理论在形成和发展中吸纳了各种管理理论的思想、方法。尽管绩效管理理论常常被列入人力资源管理范畴，但是其内涵和体系还很不成熟。它还只是各种管理理论在绩效管理领域整合、应用的结果。对它有影响的理论可分为两个层次：一是控制论、系统论、信息论、行为科学、管理学等，它们构成绩效管理的一般理论基础；二是目标管理理论、管理控制理论、成本收益理论、权变理论、激励理论等成为绩效管理的直接理论基础。对绩效管理的研究，需要更广泛、更深入地引进、吸收其他学科的理论和方法。

目前绩效管理的发展趋势上，有以下三个重要特点：

1. 从目标导向到过程管理

传统的绩效评价单方面强调目标的设置与分解，现在的绩效管理趋势不仅强调目标设置和分解，更强调从绩效计划、辅导到评价和激励的全过程管理和监控，尤其要突现管理者的沟通、反馈、辅导和激励的作用。

2. 从结果导向到发展导向

传统的绩效管理或是仅仅关注工作任务和结果的完成水平，或是更多强调绩效目标完成与薪酬激励之间的关系；现在的绩效管理趋势除关注上述方面之外，更加关注员工的行为表现和投入程度，更加强调员工的个人成长和发展。

3. 从单向评价到系统评价

传统的绩效评价主要是人力资源部门或员工直接上司的单一评价，忽视了员工工作生活的生态系统性特征。现在的绩效管理认为，个体发展的生态系统包括宏观及微观不同层面，需要从上级、下级、同事、自我、客户、供应商及合作伙伴等多个侧面来评价员工和管理者的绩效和行为。我们要用一种动态发展的眼光来看待员工，摆脱机械静止乃至带有成见的眼光。管理者要承认每个员工都有发展和改进的可能性，不断地站在员工的最近发展区给予其积极的期待。其次，应拥有"赏识"眼光和"接纳"心态，更多地关注员工的优点，真诚接纳其不足和短处，要关注其未来发展。

二、研究内容与方法的发展趋势

工作绩效的测量在人力资源管理的理论和实践中都起着十分关键的作用，在测量工作和绩效的所有方法中，绩效评价则是组织中工作绩效测量的一个重要的、也是最盛行的方法，组织中的许多决策都是建立在绩效评价基础之上的。对于绩效评价的内容的研究是绩效管理研究中比较集中的领域。

(一)对于绩效评价的影响因素的关注范围的拓展

绩效管理研究的基本框架,把影响绩效评价的因素范围逐渐扩大,由只关注认知因素,到关注经验、个体的性格特征、评价者与被评者的情感关系等变量,对不同评价者的绩效评价的影响。在研究内容上既关注评价工具的作用,也关注认知加工过程,同时还关注情感作用以及不同评价者的作用,表现出一种明显的力图整合前有的研究、并使模型更加符合实际的绩效评价过程的研究倾向。

(二)与员工个性有关的工作绩效测量

员工的个性因素是影响员工工作绩效的重要因素。在企业中,个性测量也一直是招聘、人事评价和晋升提拔的重要工具。研究表明,个性成份与工作绩效具有较明显的相关,对工作绩效具有预测力。传统的工作绩效测量主要是看重任务绩效的测量。而近期研究发现,任务绩效和周边绩效对解释总的绩效几乎同样重要,周边绩效也是绩效评价的重要内容。从企业实践看,一方面,人们越来越重视员工在集体中的协作能力、团队意识、首创性、工作积极性和组织公民行为(organizational citizenship behavior);另一方面,已很难仅从任务绩效的维度对现代组织中的某些职业(如管理人员)作出准确合理的评价,这使周边绩效成了近期绩效评价研究所关注的焦点。

一般来说,在人事评价与选拔中,认知能力测验和工作知识能有效地预测任务绩效,而个性测验能有效地预测周边绩效。当然,不同的个性因素对周边绩效的预测情况也有差异。例如,责任意识既能预测周边绩效中的关系维度,也能预测动机维度;而外向性对关系维度有预测力,但不能预测动机维度。

(三)对于周边绩效的测量的研究

把绩效成分按照任务绩效与周边绩效划分,改变人们传统上把任务绩效以外影响绩效评价的因素当作误差处理的思路,使得绩效管理理论和实践更加深入。但周边绩效的测量一直是一个没有很好解决的问题。最近研究表明,周边绩效的测量需要考虑以下两个问题:

1. 周边绩效测量的构思

目前对周边绩效维度结构的研究还处在起步阶段,研究者提出的构思框架还有待于进一步的实验验证。在测量与个性有关的周边绩效时,指标选择是研究构思的关键问题之一。绩效指标选择不明确,将影响与预测指标的关联度。目前情况是,任务绩效测量的信度比较高,而周边绩效指标的选择上还存在一些不足,缺少严格的以工作分析为基础的周边绩效指标的构建。

2. 周边绩效的评定者

周边绩效主要涉及支持组织气氛和文化的那部分工作行为,它相对于任务绩效而言更难进行评价,评定者的主观感受可能会不自觉地影响评价。在这种情况下,采用多个不同角度的评价(如360度评价)比单一评价对周边绩效行为的评价更准确。

(四)对于新的评价方法的探索

绩效评价在本质上包含着判断(judgment)和评定(rating)两部分内容。绩效评价方法的研究也正是从这两个方面的深化入手的。

1. 在判断方面,新的研究主要侧重提升处理复杂性情景的判断能力。除了层次分析法、灰色理论、模糊综合评价法以外,近年来基于B-P神经网络的绩效评价开始获得更多运用。人工神经网络是由大量称为神经元的简单信息单元广泛连接组成的复杂网络,用于模拟人类大脑神经网络的结构和行为,它善于从近似的、不确定的、甚至相互矛盾的知识环境中作出决策。在进行具有高度复杂性的绩效评价指标体系确立时,它可以模拟专家对员工绩效进行定量评价,较好地避免了评价过程中的人为失误,计算速度快,使得评价的客观性和准确性有所提高,还能进行大规模的评价。

2. 在评定方面,评价方法的探索主要侧重在如何完善多质多源(multi-trait—multirater)的绩效评价机制。不仅是从评价技术上,更是从组织和制度层面,不断拓展参与评价的行为主体的广度和参与提供评价信息源的深度。互联网技术的发展,也为多源、实时、动态的绩效评价方法之拓展提供了重要的技术支持。

思考题

1. 客户导向的绩效标准应该包括哪几个方面?
2. 团队绩效评价的实施应该注意哪些问题?
3. 素质与能力的区别是什么,以及素质的类型包括哪三种?
4. 怎样理解人类绩效技术?
5. 简述适应性绩效、周边绩效和任务绩效的关系。
6. 目前绩效管理的发展趋势有哪些重要的特点?

本章案例：绩效考评的另一面

某公司的人力资源总监最近很郁闷，前段时间根据销售人员月度评价体系模糊的缺点，人力资源部牵头对其进行了重新设计，没想到这个被寄予厚望的新体系实施后事与愿违，产生了一些令人担忧的现象。

公司的传统做法是，由部门自主确定销售目标，月底按销量的一定比例提取奖金到部门，由部门主管进行分配。按照流行的绩效评价观点，这种基于部门主管主观判断的奖金分配方式，对员工的激励性不足。为了促进销售人员的积极性，人力资源部将销售人员销售目标达成率与奖金系数挂钩，设置了阶梯式的奖励机制：

达成率＜60%	0
60%≤达成率≤80%	达成率的平方
80%≤达成率≤100%	达成率
达成率＞100%	达成率的平方

没想到，政策实施后却出现了这样的情况：由于销售目标比较有挑战性，部分销售人员不再把注意力完全放在销售上，而是将自己每月的达成率"精确"地控制在80%～81%，以保证每个月的达成率都能超过80%。

更令人头疼的是，新政策实施后，公司的氛围发生了微妙的变化。在公司迅速扩张的时期，员工身上普遍存在的那种"超乎平常的'亢奋'和'战斗欲'"正逐渐趋于消失。在这之前，虽然没有奖励机制的牵引，但各部门除销量目标外，还会在重点产品销售等方面主动确定一些"不可能完成的任务"，自己确定挑战目标，公司积极向上的氛围非常浓厚。实施目标绩效评价之后，很多人开始把精力放在就销售目标与公司讨价还价上，反而失去了之前的进取精神，公司氛围的变化令人担忧。

思考提示：

(1) 你如何认识绩效评价实施过程中出现的"事与愿违"的负面效应？
(2) 如何从管理制度和绩效评价者的层面，避免绩效评价的负面作用？

资料来源：康至军，《绩效考评的另一面》，《IT经理世界》，2007(2)。

练习题:绩效评价中的伦理问题

[目标]

1. 使你明白许多绩效评价决定都涉及伦理问题。
2. 使你更加熟悉一些绩效评价中的伦理问题。
3. 使你更加熟知用于判定一项行为是否符合伦理的多重标准。
4. 使你意识到一位经理人在评价下属人员时可能受到诱惑,从而作出不道德决定的一些原因。

[课外准备时间]

用15分钟时间阅读提出的每一种问题情境并回答这些问题。

[程序]

一开始教师(或指导者)将学生按3至5人一组分成若干个小组(或团队)。你的小组将讨论下述的每一种情境并回答问题。

1. 案例中的这位经理人是否按符合伦理的方式行事?是或者不是(写在大写的"E"字母下,E=ethical)
2. 你的小组(或团队)是否将按照与这位经理人一致的方式行事?是或者不是(写在大写的"G"字母下,G=group)
3. 你的小组(或团队)是否相信绝大多数经理人员都将作出与上述经理人一样的评价决定?是或者不是(写在大写的"M"字母下,M=most managers)

在尝试回答第一个问题之前,你的小组(或团队)也可以就下面这些问题中的部分或全部作出判断。

A. 该项行为是否涉及蓄意欺骗?
B. 该行为是否有意以损害一方利益为代价而保护另一方利益?
C. 对于各方来说,该项评价行为是否公平与公正?
D. 当公开或秘密进行该项评价行为时,你本人或经理人是否会感到舒适?
E. 你作出该项评价决定是否是基于你可以离开这个环境或你不必忍受该决定的后果?
F. 你是否会向其他人推荐该项评价行为?
G. 该项评价行为是否会建立良好的信誉或更好的关系?

教师宣读下列的每一种情境故事并回答上面问题中的A、B和C。仅回答是或否即可。

[情境故事]

1. 某位主管有两位下属,其中一位绩效平平,另一位则十分突出。当前在另外一个部门有一个那位表现优异的下属非常想得到的职位空缺。为了降低失去一位优秀下属的风险,于是这位主管便在评价表格中蓄意地给其打了低分。

2. 一家公司最近受到了歧视少数民族的指控。该公司否认该项指控并要求公司中所有主管确保他们没有歧视行为。为了避免发生任何歧视指控的可能,有一位经理便将一位绩效较差的少数民族雇员的评级提高了。

3. 另一位经理人有一位非常难缠并且具有攻击性的下属。为了避免绩效面谈中可能发生的冲突,于是他便为这位下属打出了高于其实际绩效的分数。

4. 一家公司采用360度绩效评价系统,并要求所有的下属都要评价他们的主管并为他们打分。有一位经理人想要得到提升,出于"投桃报李"心理的考虑,便为他所有的下属人员都打出了高于他们实际应得的分数。

5. 一位经理人意识到有一位雇员的出勤是如此之差,以至在未来的几个月里,她(指下属)几乎将不可避免地遭到解雇。为了更加确定该判断,并为未来的解雇决定找到理由,这位经理便为她打出了低于其实际绩效水平的分数。

6. 一位经理人为了大幅提薪而希望得到提升。他相信他将是候选者之一,进而认为在一定程度上他发展高绩效下属的能力也将会得到评定。为了提高获得晋升的机会,他为其所有下属都打了很高的分数。

7. 一位经理人想挽留住一位打算接受另一职位的下属,准备给她提薪,由于提薪是基于业绩的且提薪的总数是确定的,因此这位经理人打算给另一位下属低于其实际绩效的分数,减少其提薪的幅度,将更多的利益分给他想挽留的人。

8. 一位经理人想开除一位他所不喜欢的下属,于是给了这位下属很低的评级并寄希望于他能够主动辞职。

9. 一位经理人想帮助一位下属获得提升,因此她给了她一个高于其实际绩效的评价。

	Ethical	Group	Most managers
情境1	是 不是	是 不是	是 不是
情境2	是 不是	是 不是	是 不是
情境3	是 不是	是 不是	是 不是
情境4	是 不是	是 不是	是 不是
情境5	是 不是	是 不是	是 不是
情境6	是 不是	是 不是	是 不是
情境7	是 不是	是 不是	是 不是
情境8	是 不是	是 不是	是 不是
情境9	是 不是	是 不是	是 不是

参考文献

1. 加里·莱瑟姆,《绩效评价》,中国人民大学出版社,2002年。
2. 迪恩·斯彼德,《绩效考评革命》,东方出版社,2007年。
3. 天外伺郎,《绩效主义毁了索尼》,《中国企业家》,2007(3/4)。
4. 张建卫、刘玉新,《绩效管理与员工发展:一种发展心理学视角》,《商业经济与管理》,2006(8)。
5. 杨凤岐、袁庆宏,《我国员工绩效管理研究现状——基于文献内容分析的初步判断》,中国人力资源管理教学与实践第八届年会会议论文,2007年8月。
6. 陈捷,《个性与工作绩效关系研究的新进展》,《心理学动态》,1999(2)。
7. 康至军,《绩效考评的另一面》,《IT经理世界》,2007(2)。
8. 周厚余、郑全全,《适应性绩效研究及其对绩效管理的意义》,《人类工效学》,2006,12(4)。

9. 徐芳,《研发团队胜任力模型的构建及其对团队绩效的影响》,《管理探索》,2003(2)。

10. 梁建、王重鸣,《中国背景下的人际关系及其对组织绩效的影响》,《心理学动态》,2001,9(2)。

11. Kevin R. Murphy: Performance Appraisal: An Organizational Perspective, Simon & Schuster, Inc. 1991.

12. B. T. Mayes, R. W. Allen, Toward a theory of organizational politics, Academy of Management Review, 1977.